르네상스의 역사와 초상화

글 김인철

우리는 역사에서 알지 못한 것을
역사로부터 배운다
- 헤겔

YANG 양문 MOON

르네상스의 역사와 초상화

1490년 이탈리아

부르고뉴 공국
(프랑스, 1477)

부르고뉴 공작령
(합스부르크, 1477)

스위스 동맹

티롤(합스부르크

제노바

리옹

사보이 공국

아오스타

샹베리

밀라노

마세라노

코모

밀라노

베르가모

브레시아

베로나

비

노바라

크레마

로디

크레모나

만토바

트렌토 주교령
트렌토

도피네(프랑스령)

토리노

파비아

몬페라토

알레산드리아

아스티

피아첸차

만토바 백작령

토르토나

후작령

파르마

살루초 백작령

제노아

레지오

공국

페라

모데나

볼로

오랑쥬

아비뇽
(치여사)

텐다

체바

말라스피나

이돌

프로방스 령
(프랑스, 1481)

제노아 공화국

마짜

루카 공화국

루카

피렌체

니스

모나코

피렌체공

마르세유

피사

아

볼테라

시에나 ₤

피옴비노

시에나공화국

콘테아

엘바

코르시카
(제노아)

사짜리

사르데냐 왕국
(아라곤)

갈리아리

이탈리아 주요 가문과 영토(1499년)

- 스포르차(밀라노, 제노아 등)
- 아라곤(나폴리)
- 메디치(피렌체)
- 에스테(페라라, 모데나, 레지오)
- 곤차가(만토바)
- 몬테펠트로(우르비노)
- 팔레올로기(몬페라토)
- 말라테사(리미니)
- 벤티볼리오(볼로냐)
- 사보이(피에몬테, 사보이아, 니차)
- 알레라미치(살루초)
- 말라스피나(루니지아나, 마사, 카라라)
- 발리오니(페루지아)
- 델라 로베레(세니갈리아)
- 아피아니(피옴비오, 엘바 등)
- 다 바라노(카메리노)
- 콜로나, 오르시니, 카에타니
  사벨리(로마, 라치오)

부르크 주교공령

오스트리아(합스부르크)

카린티아(합스부르크)

도례

프리울리 공국

루노

치비달레

고리치아 백작령

아킬레이아

비

니스 공화국

네니스

이스트리아 변경국

벨리아

헝가리
왕국

자벤나

리

세나

리미니

페사로

우르비노

세니갈리아

비로 공국

앙코나

로

카메리노 공국

아

카메리노

스폴레토

차라

달마시아

스팔라토

브라차

쿠르출라

라구사

라구사 공화국

오스만 제국

알바니아

량령

라퀼라

키에티

포지아

바를레타

나폴리

바리

나폴리 왕국

(아라곤 왕국 계승 권역)

살레르노

브린디시

타란토

레체

팔레르모

메시나

시실리 왕국(아라곤)

출처: 위키피디아

5

메디치 가문

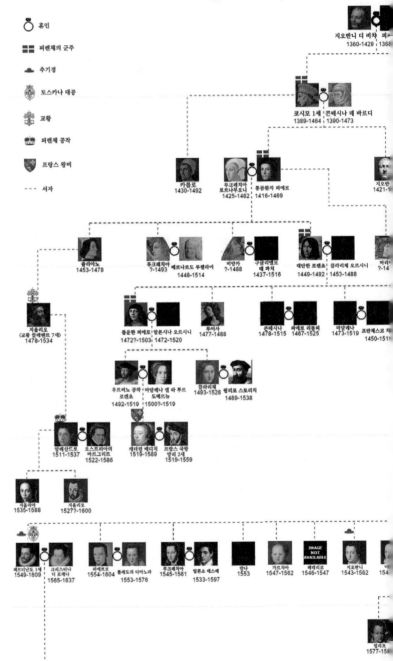

○ 혼인

■■ 피렌체의 군주

⚓ 추기경

토스카나 대공

교황

피렌체 공작

프랑스 왕비

--- 서자

지오반니 디 비치 피
1360-1429 · 1368

코시모 1세 · 콘테시나 데 바르디
1389-1464 · 1390-1473

지오반
1421-1

카를로
1430-1492

루크레치아 · 퐁푸란자 피에로
토르나부오니
1425-1482 · 1416-1469

줄리아노
1453-1478

루크레치아 · 베르나르도 루첼라이
?-1493 · 1448-1514

비앙카 · 구글리엘모
?-1488 · 데 파치
1437-1516

대단한 로렌초 · 클라리체 오르시니
1449-1492 · 1453-1488

마리
?-14

자울리오
(교황 클레멘트 7세)
1478-1534

불운한 피에로 · 알폰시나 오르시니
1472?-1503 · 1472-1520

루이사
1477-1488

콘테시나 · 피에로 리돌피
1478-1515 · 1467-1525

마달레나 · 프란체스코 차
1473-1519 · 1450-151

우르비노 공작 · 마달레나 델 라 투르
로렌초 · 도베르뉴
1492-1519 · 1500?-1519

클라리체 · 필리포 스토리치
1493-1528 · 1489-1538

알레산드로 · 오스트리아의
마르그리트
1511-1537 · 1522-1586

캐더린 메디치 · 프랑스 국왕
앙리 2세
1519-1589 · 1519-1559

지울리아 · 지울리오
1535-1588 · 1527?-1600

페르디난도 1세 · 크리스티나
디 로레나
1549-1609 · 1565-1637

피에트로 · 플레도의 디아노라
1554-1604 · 1553-1576

루크레치아 · 알폰소 데스테
1545-1561 · 1533-1597

안나
1553

카르지아
1547-1562

페테리로
1546-1547

지오반니
1543-1562

이
154

IMAGE
NOT
AVAILABLE

필리포
1577-15

가계도

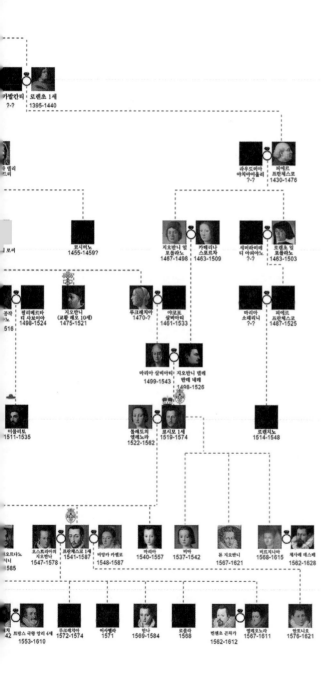

카발칸티
?-?

로렌초 1세
1395-1440

라우도미아
아치아이율리
?-?

피에르
프란체스코
1430-1476

코시미노
1455-1459?

지오반니 일
포폴라노
1467-1498

카테리나
스포르차
1463-1509

세미라미데
디 아피아노
?-?

로렌초 일
포폴라노
1463-1503

필리베르타
디 사보이아
1498-1524

지오반니
(교황 레오 10세)
1475-1521

루크레치아
1470-?

야코포
살비아티
1461-1533

마리아
소데리니
?-?

피에르
프란체스코
1487-1525

마리아 살비아티
1499-1543

지오반니 델레
반데 네레
1498-1526

이폴리토
1511-1535

톨레도의
엘레노라
1522-1562

코시모 1세
1519-1574

로렌치노
1514-1548

오스트리아의
지오반나
1547-1578

프란체스코 1세
1541-1587

비앙카 카펠로
1548-1587

마리아
1540-1557

비아
1537-1542

돈 지오반니
1567-1621

비르지니아
1568-1615

체사레 데스테
1562-1628

프랑스 국왕 앙리 4세
1553-1610

루크레치아
1572-1574

이사벨라
1571

안나
1569-1584

로몰라
1568

빈첸초 곤차가
1562-1612

엘레오노라
1567-1611

안토니오
1576-1621

7

저자의 글

르네상스는 고대 그리스-로마에서 이루어진 멋진 문화 예술의 부흥을 이르는 말로, '재생', '부활'이라는 뜻인데 프랑스의 근대 역사가였던 쥘르 미셸레가 르네상스(Renaissance), 즉 다시(re) 태어남(naissance)으로 처음 썼다. 14세기에서 16세기 유럽, 특히 이탈리아를 중심으로 이루어졌던 문화 전반을 말한다. 그렇다면 초상화의 개념은 무엇일까.

나는 여전히 사진을 무섭게 여기는데 특히 내가 알고 사랑하는 사람들의 사진을 그리 좋아하지 않는다. 그렇게 이루어진 초상화는 우리 자신보다 더 빨리 사라지지만, 그림으로 그려진 초상화는 여러 세대에 걸쳐 남는다. 게다가 그려진 초상화는 표현되는 존재에 대한 사랑이나 존경으로 만들어진 감정의 결과물이다. 옛 네덜란드인들이 우리에게 남긴 것은 무엇일까?
바로 초상화이다.
- 빈센트 반 고흐가 1889년 9월 21일 막내 여동생에게 쓴 편지에서

〈초상화로 읽는 세계사〉의 속편으로 시작했던 글의 내용과 제목을 바꾸었는데 그 까닭은 속속들이 나타나는 르네상스의 명작 초상화들 때문이었다. 다빈치를 비롯하여 라파엘로, 미켈란젤로, 티치아노, 브론치노, 지오르지오네 등에 더하여 안드레아 델 사르토, 그리고 여성 초상화가 소포니스바 앙귀솔라와 라비니아 폰타나 등에 의하여 처음 생각했던 제

목을 바꾸어 르네상스의 역사를 담은 명작 초상화에 집중했다.

그래서인지 정리한 결과물에 역사, 특이하면서 중요한 개인, 귀족들도 있으며 아름다운 여성들, 은행가들, 용병들이 뒤섞였는데 거기에 역사적으로 중요한 교황, 추기경들까지 더해져 산만하기만 하다. 그러면서 르네상스의 초상화이자 빛나는 문화유산으로 남은 걸작을 빠짐없이 실은 것 같아 뿌듯함을 느낀다.

쓰면서 르네상스로 다시 살아난 인문 정신과 인문학의 전개를 알 수 있었고, 당시 가톨릭에 반발하며 비롯된 종교개혁의 시작과 전개는 물론 그 시기 교황들이 어떤 역할을 했는지 등을 비교적 자세히 살펴볼 수 있었다. 그리하여 종교개혁의 거대한 흐름 속에서 인문주의를 배제하지 않았고, 오히려 장려하여 르네상스 예술을 만드는 토대를 세운 가톨릭 지도자, 귀족 권력자들에게 경의를 표한다.

또한 교황, 추기경들에 대하여 비판적인 자세로 글을 시작했지만, 프랑스, 스페인, 잉글랜드 및 신성로마제국과의 외교적 관계를 알게 되었고, 아울러 출신 가문, 가문들 사이의 치열했던 알력 등을 접하면서 그들을 인간적으로 이해하게 되었다.

피렌체의 메디치 가문을 비롯하여 여러 귀족 가문이 직물 산업, 은행업 등을 진흥시켜 고도의 경제적 능력을 바탕으로 르네상스를 만들었고, 그 결과 도시국가들과 교황권이 정치적, 문화적으로 치열한 경쟁을 벌여 인문학과 관련 예술을 진흥시켰기 때문에 우리가 잘 알고 있는 뛰어난 예술인을 배출할 수 있었다.

글을 쓰는 데 일종의 지침이 된 것으로, 당시 초상화가를 비롯하여 여러 귀족, 종교 지도자들과 함께 호흡했던 화가이자 인류 최초의 본격적인 미술사학자라고 할 수 있는 지오르지오 바사리(Giorgio Vasari)가 1550년에 쓴 대작이자 역작 '뛰어난 화가, 조각가, 건축가의 삶(Lives of the Most

Eminent Painters, Sculptors & Architects)'을 언급하지 않을 수 없다.

〈르네상스의 미술가 열전〉으로 번역되어 나와 있는 책은 의사이자 생화학자였던 무사(無蓑) 이근배(李根培, 1914~2007) 선생의 노력에 따른 것임을 알린다. 방대한 분량의 원서를 선생이 각고의 노력 끝에 번역하여 내놓았기 때문에 지침으로 삼을 수 있었다. 지면을 빌어 선생께 감사드린다.

더불어 야코프 부르크하르트(Jacob Bruckhardt)가 쓴 〈이탈리아 르네상스 문화(Die Kultur der Renaissance in Italien)〉 및 에벌린 웰치(Everlyn Welch)의 〈르네상스 이탈리아 미술(Art in Renaissance Italy)〉 역시 참고했음을 밝힌다.

르네상스 화가들 역시 따로 정리했음에도 지면이 넘쳐 다음으로 미루며 별도의 책으로 또는 속편에 수록하기로 한다. 우여곡절 끝에 책을 내놓으면서 성원해준 분들을 비롯하여 도서출판 양문의 김현중 대표께도 감사의 뜻을 전한다.

2024년 12월

추천사

신 중심의 사회에서 인간 중심의 사회로 관점이 옮겨지면서 개인의 성취와 정체성을 중시하는 문화적 변화

〈르네상스의 역사와 초상화〉라는 김인철 교수의 책을 추천하기 전에 두 가지 단어를 이해해야 했는데 하나가 초상화이고 또 하나가 르네상스였다. 화가가 자신을 그리면 자화상이고 다른 사람을 그려주면 초상화일 것이라는 지극히 상식적인 지식만을 가진 나에게 초상화가 가진 진정한 의미가 무엇인지부터 배워야 했다. 르네상스 시기에 원근법, 명암법, 유화 기법 등 회화 기술이 발전하면서 더 정교하고 사실적인 초상화가 가능해졌을 뿐 아니라 단순하게 인물의 외형을 기록하는 것을 넘어 그 인물의 성격과 내면을 표현할 수 있게 되었다.

더욱이 신 중심의 사회에서 인간 중심의 사회로 관점이 옮겨지면서 개인의 성취와 정체성을 중시하는 문화적 변화로 이어졌고, 초상화는 이러한 변화를 시각적으로 표현하는 중요한 수단이 되었다고 본다.

이 책에서 얻은 귀한 수확은 종교개혁과 교황들 그리고 그 교황을 배출하게 된 메디치 가문(The House of Medici)에 대한 배경이다. 메디치가는 막강한 힘을 가졌던 두 명의 교황 레오 10세와 클레멘트 7세를 배출하는데 두 사람 중에서 레오 10세는 종교개혁자 마르틴 루터의 도전에 직면하게 되고 로마 대성당의 건축을 강행하면서 그 과정에 재정의 파탄을 맞았지만 힘들게 건축했던 성당과 예술가들의 유물이 세계 각처에서 관

광객을 끌어들이는 위대한 자산이 된다.

이 책은 내게 배움이 되었고 깨달음이 되어 주었고 미술에 전문적인 지식이 없는 일반인들에게도 그림과 관련된 시대적 배경에 대한 목마름을 채워 줄 수 있을 것 같다.

최정권 | 설교자이며 목회자로 현재 한국성서대학교 총장이다. 설교학과 목회학을 전공하며 미국에서 이민 교회를 섬긴 후 CBS TV에서 '성서 학당'을 강의했으며, 극동방송 '성서의 시간'에 이어 '1분 칼럼'을 진행 중이다.

미술평론가와 함께 읽는 유럽의 예술과 역사

"이건 단순히 그림이라고 할 수 없다. 사람이 그림 속으로 걸어 들어가기 때문이다."

자크-루이 다비드가 그린 '나폴레옹의 대관식'을 보고 나폴레옹이 했던 표현으로 묘한 울림을 준다. 따라서 인터넷에서 영화를 찾아본다. 더 큰 울림이 온다. 이 책을 읽으며 다시 접한 영화 '삼총사'를 비롯하여 셰익스피어의 희곡 '햄릿', 로버트 브라우닝의 시 '나의 전처 공작부인' 등 문학 작품도 다시 읽었다. 셰익스피어의 '햄릿'의 경우, 영문학을 전공한 나는 원서로 읽고 영화로 보고 연극 상연을 기록한 필름으로도 보았다.

'곤차가의 살인(The Murder of Gonzago)'을 소재로 한 '쥐덫(The Mousetrap)'이 작품의 3막 2장에 나오지 않았던가. 게다가 브라우닝의 '나의 전처 공작부인(My Last Duchess)'은 학생들에게 영시를 가르칠 때, 극적 독백(dramatic monologue)의 훌륭한 예로 강조했었다.

그런데 '햄릿'의 '곤차가의 살인'이 카밀라 곤차가의 초상화로 알려진 이탈리아의 명문가의 비극에서 비롯된 극중극이었다니. 또 '나의 전처 공작부인'에 나오는 공작은 페라라 5대 공작 알폰소 2세 데스테였고, 공작부인은 루크레치아 데 메디치였다니.

책에서 공작의 가문은 900년 된 전통 귀족 데스테 가문이었고 부인은 부유한 신흥 귀족이었으며 공작이 어린 부인을 유기하다시피 멀리한 결과 죽음에 이르게 했다고 한다. 시인 브라우닝은 작품 속에서 남편이 부인을 독살했다는 암시를 풍기고 있지만, 이탈리아의 역사에서는 루크레치아가 16세에 폐결핵으로 사망했다고 밝히고 있어 이 또한 새롭게 알게 된 사실이다. 이런 내용들을 미리 알았더라면 학생들에게 역사적 사실에 입각한 보다 풍요롭고 흥미로운 수업을 할 수 있었을 텐데, 하는 아쉬움이 밀려왔다. 관련 초상화들을 이미지 파일로 만들어서 빔프로젝터로 보여주면서 말이다.

이 책의 제목에는 '르네상스'라는 말이 들어가 있다. 14세기~16세기 이탈리아를 중심으로 일어났던 르네상스 즉, 문예부흥은 인간성 해방을 위한 '인문주의'로 요약될 수 있다. 책 속에서 인문주의, 인문주의자라는 용어를 자주 쓰고 있는 저자는 이 시기 프랑스의 대표적 인문주의자로 프랑수아 1세를 꼽고 있다. 그는 당시 유명 화가로 명성을 떨치던 안드레아 델 사르토를 불러들였고, 레오나르도 다빈치를 설득하여 프랑스로 초빙해 불후의 명작 '모나리자'를 그리게 했다. 그 결과 다빈치는 프랑스에 머물다 죽음을 맞이했으며 '모나리자'는 루브르 미술관에 남게 되었다.

이렇듯 책의 곳곳에서 이탈리아 르네상스의 역사를 인문주의로 규정하고 초상화에 얽힌 일화들을 통해 구체적으로 손에 잡힐 듯이 밝혀가는 저자 또한 현대의 인문주의자가 분명하다. 이 책에 등장하는 이탈리아 여러 가문의 명칭이나 초상화로 그려진 인물들의 비교적 긴 이름들은 조금 낯설다. 하지만 내용은 흥미롭게 술술 읽히며, 읽고 난 후 예술과 역사를 보는 시야가 훨씬 넓어진 느낌이 물씬 드는 역작이 틀림없다.

홍은택 | 시인, 대진대학교 영어영문학과 교수 및 한국 영미문학교육학회 회장을 역임했고 계간 '시안' 시 부문의 신인상을 받았다. 시집 〈통점에서 꽃이 핀다〉, 〈노래하는 사막〉 등을 펴냈고, 공역 시선 〈영어로 읽는 한국의 좋은 시〉와 시론집 〈윌리엄 칼로스 윌리엄즈의 시 세계〉를 출간했다.

꿈을 크게 가진 만큼 아름다운 역사책을 읽었으면

30여 년 학생들을 가르치면서 역사에 대한 중요성을 더욱 알게 되었고, 그러면서 관련 책을 찾아 읽었는데 그랬던 시작이 늦어지면서 아쉬움을 크게 간직한 채 정년 퇴임하고 말았다. 하지만 계속 역사책들을 읽으면서 지내고 있고 가능하면 나의 아이들, 주변 지인들의 아이들, 그리고 젊은이들에게 책 읽기를 권하고 있다. 그러면서 교육자는 현장에서 물러났어도 어쩔 수 없다는 생각이다.

이 책은 어찌 보면, 그림책이랄 수 있어서 일단 부담이 덜할 수 있다는 느낌이지만 그렇다고 마냥 쉬운 내용은 아니다. 국사 교육도 그리 심도 있게 이루어지지 않는 상태에서 세계사, 그것도 르네상스 시대를 알게 되는 일은 어쩌면 사치라고 할 수도 있지만 그만큼 정말 좋은 시간과 마주할 수 있다고 생각한다. 그러면서 학생들, 앞날을 위하여 큰 꿈을 지닌 젊은이들이 읽으면 좋겠다고 여긴다.

유럽에서 가장 중요했던 시기의 역사와 더불어 미술을 중심으로 크게 꽃피운 르네상스 시대를 정말 깊이 이해할 수 있는 멋진 시간을 가질 수 있고, 그만큼 감동이 적지 않을 것이다. 꿈을 크게 가진 만큼 아름다운 역사책을 읽었으면 한다.

박정용 | 풍성중학교에서 교감으로 퇴임했으며 영신고등학교, 영등포여고, 풍납중학교, 구룡중학교, 아주중학교 등에서 근무했다.

르네상스 미술의 탐구는 르네상스의 정수(精髓)를 이해하는 첩경

인류 문명의 역사를 탐구하다 보면, 인류 문화의 시작과 발달은 미술의 그것과 그 궤를 함께하고 있음을 쉽게 발견할 수 있다. 이는 인류 문명의 발전은 미술 문화와 긴밀히 연결되어 있다는 사실을 말하는 것이다. 다시 말해 미술을 통해 시대의 정치 사회적 의미와 역사적 상황, 예술의 흐름 등을 이해할 수 있다. 이 책은 르네상스 시대의 초상화에 대한 탐구를 통해 르네상스라는 시대가 주는 정치 사회적 의미와 함께 미술사에 있어 획기적 혁신과 가치를 가져다준 작품을 평가하고 있다.

학문 또는 예술의 재생 부활이라는 뜻을 나타내는 르네상스는 14세기에서 16세기에 이르기까지 유럽에서 일어난 문화 혁신 운동이었다. 르네상스는 고대 그리스-로마의 문학, 사상, 예술을 본받아 인간 중심의 새로운 유럽 문화의 새로운 시대를 열었을 뿐만 아니라 오늘날 유럽과 서구 문명의 토대를 창출하는 데 있어 절대적 역할을 하였다.

고전주의의 부활, 인본주의, 자연의 재발견, 개인의 창조성 등이 르네상스 운동의 목표이자 결과였는데, 이 같은 르네상스 운동의 정신과 예술적 특성 등이 가장 두드러지게 나타난 분야가 미술이었다. 당시 미술은 과학의 차원으로 인식되기까지 하였으며, 자연을 탐구하는 수단인 동시에 발견의 기록으로, 가시적인 세계에 대한 관찰에 바탕을 두고 원근법 등의 수학적 원칙에 따라 만들어지기도 했다. 따라서 르네상스의 미술을 탐구한다는 것은 르네상스의 정수(精髓)를 이해하는 첩경이 된다고 해도 과언이 아니다.

특히 이 책은 르네상스 시대 탄생한 초상화에 평가의 초점을 맞추었는데 이에 주목할 필요가 있다. 초상화는 미술작품으로서의 가치뿐만 아니라, 동시대의 정치 사회적 흐름과 의미 등을 함축하고 있는데, 이런 의미에서 김인철 교수의 역작 〈르네상스의 역사와 초상화〉는 르네상스의 한 시대를 망라하는, 말 그대로 르네상스의 미술사로서의 의미를 넘어 르네상스의 역사서라고 할 수 있다.

박재범 | 중국 북경사범대학 연구학자 및 한중대학교(구 동해대학교) 중어중문학과, 외국어학부 교수였다. 〈중국현대소설의 전개〉, 〈중국현대소설사〉 등을 썼고 〈묵자〉, 〈중국당대문학사〉 등 번역서를 냈다.

르네상스 여성들의 활약상을 따로 묶어 언급하여 역사의 그늘에 가려진 여성을 다시 살펴볼 수 있었다

지난 여름 약 40일간의 이탈리아 여행길에서 가장 기억에 남는 그림이 있다면 피렌체의 우피치 미술관에서 마주한 '우르비노 공작 부부의 초상화'일 것이다. 마주 보는 남편과 아내, 두 사람을 각각 그린 두 폭짜리 초상화에는 아름다운 사랑 이야기와 현숙하고 지혜로운 아내의 이야기, 용병 대장으로 한쪽 눈을 잃어가며 도시국가 우르비노를 이끈 참된 지도자 이야기를 품고 있었다(이 책의 '우르비노의 귀족들' 편에 소개되어 있다).

이렇게 하나의 초상화를 탐색하다 보면 한 인간의 인생 이야기뿐 아니

라 그가 살았던 시대의 역사도 알게 된다. 우르비노는 르네상스를 시작한 매우 중요한 도시가 되었다.

근대라는 역사를 시작하는 르네상스의 초상화들을 묶어 쓰신 김인철 교수의 이 책은 초상화라는 점들을 이어 가다 보면 어느새 인물과 인물이 선을 만들고 르네상스라는 커다란 역사를 그려볼 수 있도록 짜여있다.

책의 첫 부분에서 나모증이 있는 사람, 추악한 공작부인, 집시 소녀 등 종교와 신 중심 시대인 중세 초상화에서는 볼 수 없는 현실 속 인간의 모습을 소개한 것은 아름답지 않고 신성하지 않은 인간에게까지 눈을 돌린 인간중심주의의 부활, 르네상스를 명확히 보여준다. 또한 여인들 초상화들을 통해 르네상스 여성들의 활약상을 알 수 있게 따로 묶어 역사의 그늘에 가려진 여성을 다시 살펴보게 한 것은 매우 의미 있다.

초상화란 한 인간의 유일무이성인 개성을 그림으로써 이 순간 살아있는 존재로 우리에게 다가오며 말을 건다. 죽은 역사가 아닌 그림 속에서 눈빛과 표정과 자세로 이야기한다. 저자의 글을 통해 들려오는 르네상스의 생생한 역사를 되짚으며 재미뿐 아니라 오늘날 우리가 살아가는 이 시대에 교훈 또한 얻게 될 것임을 확신한다.

박윤희 | 영어 전문번역가, 여명학교 교사로 근무했다.

목 차

르네상스의 여인들

르네상스의 주요 가문

은행가 가문

또 다른 르네상스인들

NATIONAL PORTRAIT GALLERY

초상화의 이해

안토니아 곤잘레스 | 추악한 공작부인 | 집시소녀 | 아나 데 몬데사
어린 소녀 비아 메디치

안토니아(토니냐) 곤잘레스

에이미 라이센스는 그녀의 책(16세기 여성 100인)에서 16세기 후반, 곤살부스 또는 곤잘레스 가족이 머리부터 발끝까지 털로 뒤덮인 '원숭이 닮은 가족'으로 유럽 전역에서 유명해지면서 결국 프랑스와 이탈리아의 궁정에까지 알려졌다고 썼다. 그들이 바로 초기의 다모증 또는 암브라스 증후군으로 알려진 대표적인 사례로 보인다.

그중 안토니아 혹은 토니냐라는 이름의 소녀가 1588년경 퐁텐블로성에서 태어나 프랑스 왕가의 새로운 일원으로 기록되었고, 그랬기 때문에 겉보기에 우아한 귀족 여성으로 자랐지만, 실제 그녀를 비롯한 곤살부스 가족은 왕실의 소유물이 되어 영혼이 없는 동물로 취급되며 마치 노예와 다름없는 삶을 살았다.

베니스에서 태어난 아버지 페드로 곤살부스는 베니스 대사에 의하여 열 살 때 프랑스의 앙리 2세 궁정으로 보내졌고, 말도 제대로 못 했던 그는 우리 안에 갇혀 날고기를 먹으며 지냈다고 한다. 그러던 중 그를 검사했던 의사가 그리 해롭지 않다고 하여 국왕은 페드로를 부담 없이 애완동물로 키우기 시작했다.

그러다가 페드로 스스로 몇 가지 언어를 구사하기 시작하는 등 지적 능력을 보이자, 왕비이자 섭정이었던 캐더린 메디치가 털이 없는 보통 여자, 즉 궁정 하인의 딸과 결혼을 주선했다. 그렇게 가정을 꾸린 그들은 아이 일곱을 두는데 넷은 털이 많았고 셋은 어머니를 닮아 정상인이었다. 그중 다모증의 안토니아는 귀족들로부터 애완동물과 다름없는 흥미의

안토니아(안토니에타) 곤살부스, '토니냐' 곤살레스의 초상(Portrait of Antonietta Gonsalvus), c. 1595, 라비니아 폰타나, 블루아성 미술관, 블루아

대상이자 비뚤어진 사랑을 받으면서 전시물이 되기도 했다.

어린 안토니에타 곤살부스, 일명 토니냐 곤잘레스의 실제 모습은 볼로냐 출신의 여성 화가 라비니아 폰타나가 1595년경에 그린 초상화 덕분에 역사에 남았는데 이는 회화를 떠나 여성 문제, 인권 문제에서 중요한 일이다. 전형적인 다모증 소녀 토니냐는 열 살이 되던 1547년 앙리 2세의 대관식에서 프랑스 국왕에 대한 선물 중 하나로 바쳐졌다.

그때 유럽의 여러 나라 권력자들이 이른바 '야생'을 소유하는 일 역시 그들의 특권과 명예의 하나였기에 프랑스 국왕은 퐁텐블로성 정원의 일부를 고쳐 자신의 아이들에게 제공하면서 토니냐도 함께 지내도록 했다.

따지고 보면, 아버지 페드로의 결혼이야말로 '미녀와 야수' 동화에 영감을 주었을 수 있다. 그러다가 1589년 캐더린 메디치가 사망한 후, 곤살부스 가족과 그들의 일곱 자녀는 이탈리아 각지의 다양한 귀족 가문에게 보내진다.

그렇게 이동하던 도중, 1594년 토니냐가 볼로냐에 머물렀고, 그때 과학자 울리세 알드로반디가 당시 15세 정도였던 그녀를 검사하면서 그 결과를 1642년 출간된 책(역사 속 괴물들)에 썼다. 이를 근거로 그의 친구였던 여성 화가 라비니아 폰타나(Lavinia Fontana, 1552~1614)가 토니냐를 그렸다.

당시 폰타나는 알드로반디가 펴낼 책을 위하여 다른 화가들과 함께 작업했기 때문에 8,000점에 달하는 수채화를 그렸고 그중 하나가 토니냐와 비슷하게 생긴 소녀의 초상화이다. 그리하여 머리카락에는 꽃들이, 아울러 꽃무늬 수단(brocade) 의상을 입고 있지만 그림에 대한 기록은 '머리가 원숭이와 비슷하면서, 몸 나머지 부분에는 털이 없는 20대의 털 많은 여인'이다.

살아 있으면서 오로지 대중의 호기심 충족을 위한 대상으로, 인간도 아니고 동물도 아닌 흥미로운 야생이자 공포의 대상이 되면서 때로는 시각적으로 즉각적인 반발을 일으키기도 했던, 그리고 선물로 제공될 만큼 소중하게 여겨지기도 했던 안토니아의 그림은 회화사에서 그 어떤 소녀와 비교할 수 없는 그저 순진한 어린아이일 뿐이다.

여성 화가가 그린 알려지지 않은 작품의 등장은 16세기 말 이탈리아에서 흔적도 없이 사라진 아이를 표현한 것이었다가 파리 장식 미술관에서 2023년 4월 열렸던 '흥미로운 머리카락과 모피 전시회'에서 비로소 나타나 세상을 매우 놀라게 했다.

추악한 공작부인

아름다움의 개념은 절대적인 것만이 아니기 때문에 그것을 올바르게 정의, 이해하며 제대로 즐기기 위해서는 추한 것, 잘못된 것에 대해서도 알아볼 필요가 있다.

아름답지 못한, 심지어 역겹도록 잘못되었다는 뜻의 '추'를 제대로 알면서 그것에 담긴 작가의 올바른 의도, 상징체계 같은 것이 제대로 전달될 때 그 반대 개념인 '미'를 보다 객관적으로 느낄 수 있기 때문이다.

이탈리아 기호학자 움베르토 에코는 '미의 역사'를 쓴 후 '추의 역사'를 이어 쓰면서 관련 설명을 하고 있는데, 그는 "추함이 아름다움보다 더 즐겁다"라면서 다의적 개념인 그것이 거부나 혐오와 같은 감정적 표현과 연관되며 합리적인 해석을 방해하는 일이라 주장한다.

아울러 그는 고대 그리스에서의 비롯된 아름다움에 대한 개념을 설명한 후 그것의 반대를 통해 추함을 구별하고자 시도하는데 고대 그리스인들은 추를 두고 '조화의 부족'이라고 말했다는 것이다.

추함은 육체적인 면뿐만 아니라 도덕, 종교적 부분에서도 존재하여, 기독교에서는 '추' 자체를 강하게 부인하는데 그 이유로 온 우주가 신의 작품이자 완벽한 결과물이기 때문이며, 절대자는 추한 것을 창조할 수 없다는 주장이다. 따라서 기독교에서는 죄와 고통이 신앙의 계율을 배반하는 것이기 때문에 그것들을 추라고 여긴다. 그리하여 세상의 모든 괴물, 악마, 역겨운 것들이 지옥과 연결되고, 죽음과 악마의 예술이란 것이 끔찍함을 과장하여 믿는 이에게 두려움을 심어준다는 것이다.

그는 또한 추함과 음란함으로 사람들을 웃도록 만드는 가벼운 부조리, 유머로 가장한 묘사를 비롯하여 캐리커처 미술에서 볼 수 있는 미적 설정 등이 추한 담론이자 가볍고 손쉬운 예술이 되고 있다고 말한다.

지금 보고 있는 작품은 이탈리아 북쪽 지역 플랑드르에서 그려진 것이지만, 시대나 기법은 르네상스 시기에 해당하기 때문에 당시 이탈리아와 플랑드르 회화 사이에 활발한 교류가 있었음을 알게 한다.

그림을 그린 컹탱 매씨스(Quentin Matsys, 1466~1530)는 당시 플랑드르의 중요한 초상화가 중 한 사람으로, 앤트워프의 이름난 인문학자 에라스무스와 피에르 질, 즉 페트루스 애기디우스의 초상화를 그렸는데, 아무래도 그의 대표작은 '추악한 공작부인'이랄 수 있다.

매씨스는 다빈치가 남긴 풍자적 소묘를 참고하면서 자신만의 그림을 그렸다고 했지만, 도상학자이자 미술사가로 유명한 파노프스키에 따르면, 매씨스는 자신의 친구 에라스무스의 책 '우신예찬(In Praise of Folly)'에서도 영향을 받았다고 말한다.

즉 에라스무스는 책 속에서 '여전히 요염한 여자를 연기하고', '거울에서 눈을 떼지 못하며', '역겹게 시들어버린 가슴을 드러내는 것을 주저하지 않는' 늙고 미친 여자를 묘사했다.

거기에 더하여 거대한 귀, 노출된 몸의 주름, 고릴라 같은 기괴한 얼굴에 우스꽝스러운 머리형으로 인하여 여인의 괴상함이 크게 강조되었고, 화려한 보석은 물론 가슴 아래까지 파인 무분별한 의상으로 인하여 더욱 혐오감을 증대시킨다.

당연히 어린 시절 자주 했던 것으로 보이는 귀족적인 뿔 달린 머리 장식을 한 여인은 이미 당시 유행에서 벗어나 불쾌함을 자아내고 있고, 오른손에는 약혼의 상징이었던 붉은 꽃을 들고 있는데, 이를 통하여 그녀가 구혼자를 유혹하려 한다는 사실을 알 수 있지만 '결코 피어나지 못

티롤 백작부인 마가렛, 추악한 공작부인(The Ugly Duchess, A Grotesque old Woman), 1513, 컹탱 매씨스, 내셔널 갤러리, 런던

할' 꽃봉오리가 되어 의미를 잃고 있다.

　나무 패널에 유화로 그리고자 특유의 기괴함을 담기 위하여 엄청난 양의 습작을 했던 매씨스는 인간의 허영심에 대한 날카로운 비평가가 되어 후대의 고야와 피카소를 알리는 선구자가 되었다.

　그렇다면 그림 속 주인공은 과연 누구였을까?

　이 여성은 티롤 백작부인 마가렛으로 확인되는데 당시 그녀를 적대시했던 이들이 그녀를 두고 못생겼다고 주장하면서 그런 기록이 남아있기 때문이다.

　마가렛은 고리치아 가문 마인하르디너의 마지막 티롤 백작부인이었지만, 그녀가 죽은 다음 티롤은 합스부르크 왕조의 오스트리아 세습령으로 통합되었다.

　마가렛 폰 티롤(Margaret von Tyrol, 1318~1369)은 고리치아-티롤의 하인리히와 브룬스빅 그루벤하겐의 아델레이드 사이의 유일한 자식으로, 오스트리아의 합스부르크, 보헤미아의 룩셈부르크, 바이에른의 비텔스바흐라는 세 곳 왕조와 접한 영토를 상속받을 예정이었기 때문에 매우 주목받던 신부감이었다.

　그리하여 가문 소유의 영지 유지와 작위를 확보하기 위하여 고리치아-티롤의 하인리히는 딸의 결혼을 통하여 정치적으로 유리한 동맹을 맺고자 보헤미아 백작 요한을 사위로 선택했기 때문에 1330년, 12세의 마가렛은 요한 왕의 아들 룩셈부르크의 요한-하인리히와 결혼하는데 그때 그녀의 남편은 여덟 살이었다. 그러나 나이 어린 장래의 통치자 두 사람은 점점 서로를 멸시하기 시작하더니 결국 파멸에 이른다.

　그들의 결혼 동맹은 다음과 같이 이루어졌다. 즉 이전에 맺었던 비텔스바흐 왕조와의 협정을 파기한 일이었기 때문에 1335년 고리치아-티롤의 하인리히가 세상을 떠난 후 마가렛과 요한-하인리히가 티롤의 백작과 백작부인, 케른텐의 통치자가 되었을 때, 신성로마제국의 루트비히 4세가 중재하여 케른텐 지역을 오스트리아의 합스부르크 공작 알베르트 2세에게 주었다. 그 까닭은 알베르트 2세가 독일의 알베르트 1세와 마가렛의 친고모인 고리치아-티롤 엘리자베스 사이의 장남이었다는 이유였다.

　그때 바이에른-비텔스바흐 역시 티롤을 차지하겠다고 주장했지만, 마가렛은 남편의 동생인 룩셈부르크의 카를 4세를 불러들였고, 그렇게 그곳에 온 카를이 티롤 지방 귀족들의 지원을 받아 마가렛과 요한-하인리히의 왕위 계승을 강제할 수 있었다.

그런 흐름 속에 20대 초반이 된 마가렛의 남편은 점차 폭력적이고, 거만하고, 무능하다고 알려지기 시작했고, 반면에 마가렛에 대한 평판은 현명한 정치로 존경받는 지도자였다.

그러다가 1341년 아버지가 이끄는 프로이센 십자군의 군대에 합류하고자 티롤을 떠난 요한 하인리히는 다시 성으로 돌아올 수 없게 되는데 그 이유는 마가렛이 그를 철저히 막으면서 바이에른 공작이자 바이에른-비텔스바흐 왕조의 일원인 루트비히 5세와 결혼했기 때문이었다.

그렇게 티롤에 대한 지배를 크게 강화한 마가렛은 다른 한편으로 주변의 정치적 라이벌을 서로 대립시키는 등 능력을 발휘한다.

하지만 그들의 결혼은 요한-헨리와의 이혼이 공식 확정되기 전이었기 때문에 교황 클레멘트 6세는 마가렛과 그녀의 새 남편을 파문했고, 그러는 사이 17년간 이어진 두 번째 결혼에 대한 스캔들이 점점 커지면서 마가렛은 아름다움과 명예를 훼손당하는 일 같은 좋지 않은 소문의 확대 재생산이라는 고통 속에 빠진다.

그 내용은 육체적 추함뿐만 아니라 암묵적인 성적 타락이 더해져 심지어 그녀는 '커다란 입(Maultasch)'으로도 불렸는데 이는 '매춘부' 또는 '사악한 여자'를 뜻했다. 그렇게 그녀를 일컫는 좋지 않은 말들이 이어지다가 마지막으로 나온 말이 바로 '추악한 공작부인'이었다.

게다가 자신의 통치 기간 흑사병, 엄청난 메뚜기 떼의 연속적 출현, 홍수, 화재 및 볼차노와 메란에서 일어난 격렬한 지진 등 수많은 피해가 더해져 결국 정치적으로 손가락질받는 가여운 희생양이 되고 말았다.

사실 마가렛이 그렇게 못생긴 여자였는지는 확실히 알 수 없다. 입과 턱이 크고 처져 있다는 말이 알려졌음에도 그녀의 아름다움을 칭찬하는 또 다른 기록도 있는데, 지금까지 남아있는 유일한 이미지인 우아한 여성상으로 그녀를 묘사한 인장(seal)이 있기 때문이다.

그러다가 1347년, 티롤은 마가렛의 첫 남편 요한-하인리히의 동생인 황제 카를 4세(보헤미아 국왕 카렐 1세)의 공격을 받는다. 하지만 남편 루트비히가 없었음에도 홀로 카를의 공격을 성공적으로 물리치면서 남편이 돌아올 때까지 성과 영지 등 모든 곳을 잘 막아 성공을 거둔 그녀에게 드디어 신화적 명성이 더해진다.

또한 그녀는 자신의 권리를 박탈하려는 마법의 도전까지 받았으나 그렇게 시도되었던 비열한 수단을 능숙하게 조작하여 자신의 첫 번째 결혼에 대한 무효 증거로 사용했다. 즉 마법을 역이용하여 요한-하인리히를 '무력한 남자'로 만들었기 때문에 루트비히 사이에 생겨난 자녀들이 모두 합법적이라는 결실이 이루어졌다.

1359년 교황 인노첸시오 6세는 교회법에 따라 두 사람의 파문을 철회한다.

집시 소녀

지오르지오 바사리는 자신의 서서 '르네상스 미술가 열전'에서 화가 보카치노를 두고 에밀리아 화파의 한 사람으로 언급한다. 에밀리아(Emilia)는 이탈리아 피렌체 북부의 동서로 이어지는, 즉 서쪽으로 제노아에서 동쪽으로 라벤나, 그리고 북쪽으로 파르마에 이르는 넓은 지역을 일컫는다.

16세기 그곳을 기반으로 활약했던 화가들로는 페라라의 도소 도시, 볼로냐의 루도비코와 형제, 친인척과 함께 그림을 그렸던 안니발레 차라치 및 파르마의 코렛지오, 파르미지아니노 등을 들 수 있다.

르네상스 화가 보카치오 보카치노(Boccaccio Boccaccino, c.1467~c.1525)는 페라라에서 태어나 그곳에서 공부했는데 아마도 도메니코 파네티에게 배운 것 같으며, 언제 죽었는지 몰라 그에 대하여 알려진 사항이 거의 없다시피 하지만 말년에 크레모나에서 작업장을 열어 아들 카밀로를 비롯하여 가로팔로 같은 제자를 둔 일은 확실해 보인다.

따라서 그의 큰 업적으로는 크레모나 대성당에서 볼 수 있는 프레스코 '성모의 탄생'을 비롯한 관련 종교화를 들 수 있는데, 그때 그가 맡았던 지도자 자리를 알토벨로 멜로네가 물려받는다. 또한 그가 남긴 다른 작품들은 '성 캐더린의 결혼(베니스 아카데미아 미술관)', '성모와 두 성인(베니스 산 줄리아노)', '성가족(루브르 미술관)' 등으로, 페루지노, 핀투리키오 등의 작품으로 밝혀진 것들이 예전에는 그의 작품으로 여겨졌다.

그렇다면 르네상스 화가 보카치노가 역사적으로 덜 알려지게 된 까닭은 무엇이었을까?

집시 소녀(Portrait of A Young Gypsy Woman, Una Zingarella), 보카치오 보카치노, c. 1504, 우피치 갤러리, 피렌체

사람들은 주요 미술사 책에서 그에 대한 언급이 배제된 점을 들어 정치적 내용이 많았던 미술사를 그 근거로 삼는다. 그러면서 바사리를 다시 언급하는데 그는 '열전'에서 당연히 보카치노를 언급했지만, 자신의 출신 지역이었던 피렌체 사람을 중심으로 글을 썼다는 비판 아닌 비판이 있다.

아무튼 보카치노는 1493년 제노아에서, 그리고 1497년부터 1500년까지 페라라와 베니스에서, 이어 크레모나에서 58세로 죽을 때까지 작업했다고 바사리는 말한다.

그림을 보면, 모델을 통하여 사실적이면서 감정적 가치를 포착하는 그의 뛰어난 재능의 한 예를 알게 된다. 그는 단순히 매우 어려 보이는 여인을 마치 권능을 부여하는 기법으로 표현하고 있는데 이를 통하여 물체의 윤곽을 연기 속에서 빠져 나오듯 자연스럽게 표현한 스푸마토(sfumato), 극적인 어두운 명암 대비, 색상의 결합 등을 알게 된다.

또한 주인공의 얼굴을 부드럽게 만든 예에서 피에트로 페루지노를 떠올릴 수 있고, 모호한 어두운 배경이 만들어낸 극적 표현은 다빈치식 표현 방식을 생각하게 만든다.

화가 보카치노는 이처럼 뛰어난 색상 사용과 더불어 여러 겹의 의상에서 크게 눈에 띄는 질 좋고 호화로운 직물의 질감, 단순하고 즉각적인 구성, 조화로운 표현 등에 집중하면서 크레모나의 작업장을 이끌어갔던 것 같다.

아울러 풍부한 색감, 두려움이 없으면서 사랑스럽고 무심한 태도로 보는 이와 마주하는 아름다운 눈, 끔찍할 정도로 진하게 달콤함이 묻어나는 표정 속의 둥글면서 촉촉한 눈, 단순하면서 장식적인 스카프로 조여진 빛나는 타원형 얼굴 등이 의심할 여지 없이 보카치노가 이룩한 가장 놀랍도록 생생한 작품 중 하나로 보아 무방할 정도이다.

그렇다면 주인공은 누구였을까?

그것을 알기 위한 기본적인 정보는 그녀가 입은 옷이 말해주고 있는데, 한 이탈리아 미술사가는 그녀를 당시 흔했던 집시 중 한 사람으로 언급한다.

"그녀가 머리에 두른 차도르와 같은 스카프 때문일 수 있으며, 그것 때문에 집시 소녀라고 부를 수 있다".

목에 보석을 걸고 있는 집시 소녀는 무조건적 사랑을 상징하는 루비로 된 펜던트를 하고 있는데, 이를 통하여 종교적 기원(devotion)을 알 수 있고, 함께 착용하고 있는 십자가 형태의 진주에서 기독교의 순수함을, 또한 머리띠의 보석으로 막달라 마리아를 알게 된다. 유사한 예를 보카치노가 그린 '갈보리산으로의 행렬(내셔널 갤러리, 런던)'에서도 볼 수 있다.

아나 데 몬데사

　　나중에 에볼리의 공주가 되는 아나 데 멘도사(Ana de Mendoza)는 당시 스페인의 막강한 가문 중 하나였던 멘도사 출신이었다.

　　스페인의 펠리페 2세 국왕의 국정 자문역이자 그로부터 총애를 받던 루이 고메스 다 실바와 결혼했을때 그녀 나이 13세였고, 그렇게 궁정 생활을 시작하면서 승승장구하는 남편을 따라 좋은 시절을 만끽한다. 그러면서 왕비 발루아의 엘리자베스의 측근이자 친구가 된다.

　　초상화에서 보듯이 그녀는 오래전부터 안대를 하고 있었지만, 오늘날까지 그 정확한 이유는 알려지지 않았다. 가장 유력한 원인은 펜싱 도중 부상으로 한쪽 눈을 잃은 때문인 것으로 추정된다. 하지만 그랬던 단점이 그녀의 아름다움을 더욱 두드러지게 만들면서 유명해진다.

　　그녀는 열 명의 자녀를 두었는데 그중에는 펠리페 2세 국왕과의 불륜으로 태어난 아이들도 있다는 소문이 있었지만, 확인되지 않고 있다.

　　1573년 남편 루이 고메스 다 실바가 죽어 홀로 된 아나는 파스트라나에 있는 수녀원으로 들어갔고, 그러면서 아빌라의 테레사(Teresa of Avila, 성녀 테레사 데 헤수스)에게 명하여 두 곳의 수도원이 세워진다. 그것 중 남성 수도원이 산 페드로였고, 나머지는 산 호세였는데 기꺼이 수녀원에 들어갔음에도 그녀가 계급적 특권을 포기하지 않아 카르멜 성모회의 개혁을 주관하던 테레사와 갈등이 일어났다.

　　결국 3년 후 아나는 그곳을 떠나 익숙했던 장소인 궁정으로 돌아온다. 그리고 국왕의 국무 담당 차관급이었던 안토니오 페레스와 불륜 사이

에볼리의 공주 아나 데 멘도사
(Ana de Mendoza y de la Cerda
Princess of Eboli), 소포니스바 앙
귀솔라, 16세기, 제작 연도 소장처
미상

가 된 그녀는 당시 정치적으로 영향력 있는 사람들과 만남 및 서신으로 관계를 확대하면서 삶과 종교, 정치에 대한 의견을 자유롭게 나누며 지냈다. 그때 그녀의 지나치게 직접적인 의사 표현은 주변에 적지 않은 적을 만든다.

1578년 안토니오 페레스가 국왕의 이복동생인 후안 데 오스트리아의 시종인 후안 데 에스코베도를 살해하도록 선동했기 때문에 펠리페 2세 국왕은 최종 결정을 내려 시종을 사형한다. 국왕은 곧 죄책감에 사로잡혔고, 점차 시종의 죽음에 억울한 면이 있음을 알게 되면서 안토니오와 아나에게 의혹의 눈초리를 겨눈다.

위기감을 느낀 안토니오는 왕의 복수를 피해 도망쳤지만, 아나는 1581년에 체포되어 가택 연금을 선고받은 후 파스트라나 궁전에서 감옥으로 옮겨졌다가 죽는다.

한편, 안토니오는 아나의 불행에 겉으로는 크게 동요하지 않으면서 삶을 이어갔지만 생각할수록 그녀에 대한 처벌이 가혹했다는 느낌을 지울

수 없었다. 그러다가 아나가 세상을 떠났을 때 궁정으로 용감하게 돌아와 관련하여 입장을 고백했고, 그것이 적지 않은 스캔들을 일으켜 역사에 남게 된다.

아나의 삶은 예술인들에게 적지 않은 영감을 주어 초상화가 여럿 그려졌고, 뮤즈로도 남았는데 아마도 한쪽 눈에 안대를 했던 독특한 캐릭터가 큰 몫을 했던 것 같다.

그녀를 다룬 작품들로는 쉴러의 희곡(Don Carlos, Infant von Spanien), 베르디의 오페라 (Don Carlos) 등이 있고 '에볼리 공주(Princess Eboli)'라는 캐릭터가 있는데 이는 확인해 볼 일이다. 또한 그녀를 다룬 케이트 오브라이언의 소설(That Lady)을 원작으로 1955년 같은 제목의 영화가 만들어져 전설적인 여배우 올리비아 드 하빌랜드가 아나 역을 맡았다. 이어 수많은 TV 시리즈 역시 제작되었음은 당연한 일이다.

도냐 아나 데 멘도사 이델라 세르다라는 긴 이름의 아나 데 멘도사 (Ana de Mendoza, 1540~1592)는 스페인의 고위 귀족 출신이었다.

프랑카빌라의 공작이자 멜리토의 왕자, 아라곤 총독 디에고 후르타고 데 멘도사와 시푸엔테스의 백작부인 도냐 마리아 카탈리나 데 실바 이

안드라데의 딸로 태어난 그녀는 비록 사고로 한쪽 눈을 잃은 채 살았지만, 무척 매력적인 여인이었다.

남편이 세상을 떠난 후 3년 동안 수녀원에서 보낸 그녀는 다시 궁정으로 돌아와 안토니오 페레스와 동맹 관계가 되어 국가 기밀을 노출시키는 등 배신 혐의로 체포되어 가택 연금에 이은 구금이 이어져 1592년 2월 감옥에서 세상을 떠났다.

참고로, 초상화의 기능 중에 귀족과 같은 존엄한 인물의 개인적인 단점을 지우는 일도 있어서 코엘로가 그린 그녀의 초상화 중에는 안대 없이 두 눈이 멀쩡한 것도 있다.

따라서 아나 데 멘도사와 친했던 발루아의 엘리자베스를 그려 능력을 인정받아 펠리페 2세의 궁정화가가 되었던 이탈리아 여성 초상화가 소포니스바 앙귀솔라(Sofonisba Anguissola)가 그녀를 그린 일은 당연해 보인다. 앙귀솔라는 국왕 펠리페 2세의 초상화 역시 그렸는데 이는 명작으로 남아있다(졸저 '초상화로 읽는 세계사'에 소개함).

어린 소녀 비아 메디치

너무나 예쁜 소녀 비아 메디치(Bia de' Medici, 1536~1542).

이 아기는 피렌체의 코시모 1세 메디치 대공과 대공비 톨레도의 엘레노라가 정식으로 결혼하기 전에 태어난, 이름 모를 여인에게서 얻은 사생아였다. 아마도 소녀의 어머니는 메디치가에서 고급 빌라를 소유했던 트레비오의 마을 출신일 수 있는데, 다른 글에서는 어머니가 피렌체의 귀족 여성이었다고 한다.

아무튼 코시모와 그의 어머니 마리아 살비아티만이 그녀의 정체를 알고 있었고, 당시 살비아티는 비아가 코시모의 딸이라는 사실을 인정했음에도 자세하게 밝히기를 거부했다.

비아라는 이름은 '어린 아기 소녀'를 뜻하는 아름다운 이탈리아어 밤비나(Bambina) 또는 비앙카의 줄임말로 지어졌다. 이 아이는 친할머니 손에서 메디치의 적자 자손으로 엄격한 감독과 사랑 아래 다른 아이들과 함께 컸다. 그러면서 매우 활기차고 사랑스러운 어린 소녀로 자랐다.

할머니만큼 대공 역시 그녀를 무척 사랑했지만, 불행히도 소녀는 1542년 2월에 열병에 걸려 몇 주 후에 세상을 떠나는데, 그때 불과 여섯 살이었다. 비아는 산 로렌초에 있는 가족 묘지에 묻혔고, 적자였던 이복 여동생 이사벨라는 그녀가 죽은 지 6개월 후에 태어난다.

어린 비아가 세상을 떠난 후 크게 상심한 아버지 코시모 대공은 화가 브론치노(Agnolo Bronzino)에게 죽은 아이의 초상화를 의뢰했다.

브론치노는 몇 년 전 루크레치아 판치아티키의 초상화를 그렸던 구성

코시모 1세 메디치 대공의 딸 비아의 초상
(Portrait of Bia de' Medici), 아뇰로 브론치노,
1542, 우피치 갤러리, 피렌체

에 따라 의자에 앉은 반신상의 모습으로 상상 속의 어린 비아를 그렸다. 파란색 배경이 얼굴 주위로 밝아져 강조되었지만 차가운 빛과 강한 명암 대비 효과를 적게 도입한 까닭에 얼굴색이 약간 숭고해 보이며 이상적인 상태에 가깝게 마무리되었다. 아울러 소녀의 시선은 뭔가 갈망하는 듯 보는 이를 향하고 있지만, 내면에는 별다른 감정이 없는 표정이다.

그리고 비아의 머리카락은 중앙에서 갈라져 짧은 커트로 내려졌고, 양쪽으로 땋아내린 머리가 얼굴을 감싸면서 조심스럽게 묶여 있다. 거기에 진주 귀걸이, 고전적 펜던트가 달린 금 사슬, 그리고 코시모 대공이 그해에 새롭게 시작한 피렌체 실크 공장의 제품인 부풀린 옷소매의 흰색 공단(satin)으로 만든 호화로운 드레스를 입고 있는데 금으로 이어져 내린 사슬은 벨트 역할을 하면서 끝부분의 장식술(tassel)은 오른손으로 잡으며 놀 수 있다.

비아의 모습은 공식 초상화의 자세이기 때문에 딱딱해 보이지만 손가락의 움직임을 약간 만들어 가볍게 표현했는데, 이는 마치 주인공이 일어나려는 듯한 모습이다.

작품은 어린이를 그린 초상화에서 명작 중 하나이다.

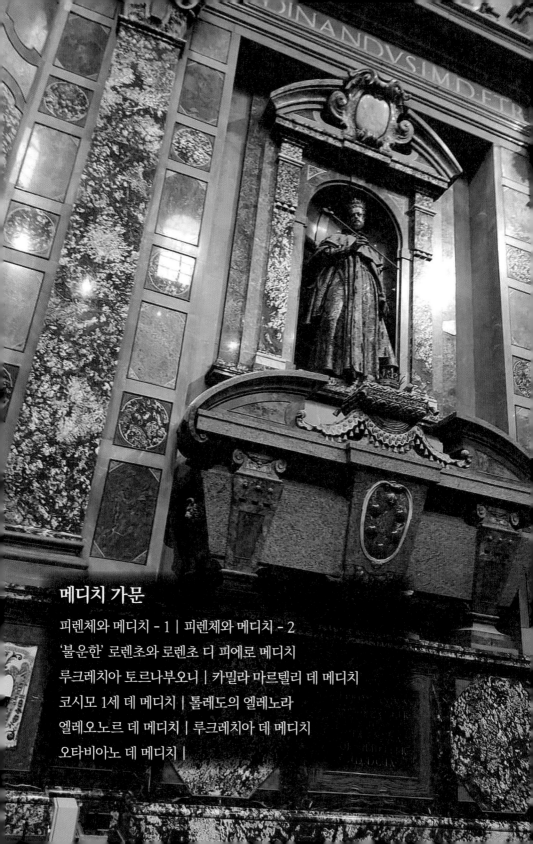

메디치 가문

피렌체와 메디치 - 1

메디치 가문은 15세기 전반 피렌체 공화국에서 은행업을 토대로 코시모 데 메디치(Cosimo de' Medici)라는 대 공작을 내세워 정치적 왕조를 처음 이룩한다. 토스카나의 무젤로(Mugello) 지역에서 시작된 가문은 점차 메디치 은행이라는 15세기 유럽 최대의 은행을 설립하면서 그것을 기반으로 번창하여 피렌체의 정치적 힘을 거머쥐었다.

그리스 신화 헤르메스가 로마 신화에서는 머큐리(Mercury, Mercurius)로 나타나는데 그 어원은 '중재자'이자 시장(market), 상인(merchant), 용병(mercenary), 자비(mercy) 등이라 그들의 정체성과 관련이 깊다. 하지만 엄밀히 따져 '의학'이라는 말과 메디치 가문 이름과의 연관은 무리로 보이며, 반면에 그들이 당초 제약(독약)업에 종사했기 때문에 비롯된 것이라지만, 이에 대해서는 자세히 확인해 볼 일이다.

메디치 가문의 부유함은 일찍이 피렌체에서 이루어진 모직 길드에 의한 직물 교역에 앞장서면서 이루어졌는데 그들은 다른 가문과 함께 이탈리아 각 지역 행정 지배 계층(signorie)을 이루어 시정을 장악하면서 그곳에 경제적 번영과 함께 인도주의 정치를 실현했다.

다른 가문들 역시 각 지역에 르네상스 문화를 가져왔는데 바로 밀라노의 비스콘티와 스포르차, 페라라의 에스테, 로마의 보르자 및 델라 로베레, 만토바의 곤차가 등이었다.

당시 메디치 은행은 1397년부터 1494년까지 거의 100년 동안 전성기를 이루면서 유럽 전체를 통틀어 가장 제대로 된 곳으로 번영을 구가했

토스카나 대공 코시모 1세의 초상(Portrait of Cosimo I de' Medici, Grand Duke), 치골리, 16세기, 메디치 리카르디 궁, 피렌체

고 존중받았다. 그랬기 때문에 그 은행의 운영 주체였던 메디치 가문은 당시 유럽에서 가장 부유한 세력이 되었고 그것을 기반으로 구축한 정치 권력으로 피렌체는 물론 다른 이탈리아 지역과 유럽에 영향력을 행사할 수 있었다.

그때 대변과 차변을 이용한 복식 부기 시스템을 개발하면서 총계정 원장 시스템을 최초로 사용했던 획기적인 회계 기업 집단이기도 했던 그들은 그 외에도 또한 피아노와 오페라를 발명, 체계화하며 관련 음악 시스템을 구축했으며, 로마의 성 베드로 사원과 산타 마리아 델 피오레 성당 건축에 막대한 자금을 댔고 브루넬레스키, 보티첼리, 레오나르도 다빈치, 미켈란젤로, 라파엘로, 마키아벨리, 갈릴레오, 프란체스코 레디 등 수많은 예술가와 작가, 과학자를 지원했다.

게다가 처음부터 개혁적 성향이었던 그들이었음에도 트리엔트공의회의 옹호 세력이 되어 프랑스와의 종교 전쟁을 수행했던 반 종교개혁의 주역이기도 했다.

그렇다면 메디치 가문은 어떤 과정으로 역사의 전면으로 나서게 되었을까? 13세기까지 이탈리아에서 금융의 중심은 시에나였지만, 1298년 그곳에서 유럽을 이끌던 본시뇨리 금융 가문이 파산하면서 시에나의 지위는 피렌체로 넘어왔고 14세기 말까지 알비치 가문이 피렌체의 금융을 이끌었다.

그러다가 1293년, 정의를 위한 조례(Ordinances of Justice)가 제정되었는데 그것이 사실상 이탈리아 르네상스 기간 내내 피렌체 공화국의 헌법이 되었다. 피렌체에는 번성하는 상인 계급이 건축한 타운하우스들에 둘러쳐졌고, 그곳에 지배자의 호화로운 궁전이 세워지며 발전하기 시작했다.

그후 알비치 가문의 주요 도전 세력 중 하나로 지오반니 디 비치 데 메디치가 이끄는 메디치 가문이 등장했고, 그의 아들 코시모 디 지오반니 데 메디치와 증손자 로렌초 데 메디치로 가계가 이어지면서 드디어 유럽에서 가장 큰 은행 시스템을 구축하여 피렌체와 다른 지역에까지 힘을 미치게 되었다.

1433년 알비치 가문에 의하여 축출되었던 코시모가 다음 해 메디치가를 지지하는 피렌체 정부(Signoria)가 구성되면서 다시 돌아왔는데 이후 메디치가는 1537년까지 피렌체 공화국을 이끌면서 르네상스라는 전성기를 만들었다. 또한 메디치는 피렌체의 다른 엘리트 가문들과 결혼, 연합 또는 고용 등으로 연결고리를 이어갔고 인연을 맺은 가문들을 통

창기병으로 그려진 **코시모 1세**(Portrait of Cosimo de' Medici as a Halberdier),
1530년 경, 폰토르모, 폴 게티 미술관, 로스앤젤레스, 캘리포니아

하여 그들의 위세는 더욱 강해질 수밖에 없었다.

그렇게 메디치뿐만 아니라 함께 힘을 합친 다른 가문들은 14세기 프랑스, 스페인과의 모직 교역으로도 세력을 키울 수 있었지만 메디치 가문의 명성은 알비치, 스트로치 등 전통적 가문과 비교하여 아직은 약세였다. 즉 살베스트로는 1378년부터 1382년까지 이어진 치옴피의 반란 기간 양모 제조업자 길드의 대변인이었음에도 힘이 없었고, 안토니오는 1396년 피렌체에서 추방당했다. 이어 1400년에는 또 다른 음모에 연루되어 가문의 각 지부 일원 대부분이 20년 동안 피렌체 정치에서 배제된다.

하지만 지오반니 디 비치(Giovanni di Bicci de' Medici, c. 1360~1429)가 드디어 메디치 은행을 만들면서 가문의 부를 확충시켜 메디치가를 피렌체 최고 부호 집단으로 만들었다. 그때 그는 추호의 정치적인 의도없이, 단지 균일하게 세금을 징수하는 등의 제도를 도입하면서 큰 믿음을 얻어 지지층을 만들 수 있었고, 그런 힘을 바탕으로 아들 코시모 1세(Cosimo the Elder)가 국가의 아버지(Pater Patriae)라고 불리면서 공식적은 아니었지만 1434년부터 서서히 공화국의 실권을 잡는다.

이후 코시모, 피에로, 로렌초로 3대 내리 집권이 이어지면서 15세기 피렌체는 강력한 도시국가로 변해갔다. 그들은 기존의 대의 기구를 폐지하지 않으면서도 정부를 완벽하게 장악했는데, 그만큼 메디치의 지도자 세 사람은 '까다로운 사람들의 독립적인 도시'를 관리하는 데 뛰어난 기술을 갖고 있었다.

그러나 1492년 로렌초가 세상을 떠난 후 아들 피에로는 1492년 프랑스의 침공에 따른 심각한 도전에 제대로 대응할 능력이 없었기 때문에 2년간 그와 그의 지지자들이 강제로 축출되면서 피렌체는 다시 공화정(Republic State)으로 바뀐다.

피렌체와 메디치 - 2

코시모의 아들 피에로(Piero di Cosimo de' Medici, Piero de' Medici, 1416~1469)는 '통풍환자 피에로' 또는 '불운의 피에로(Unfortunate Piero)'로 불렸는데 그는 통풍으로 한 발을 못 쓸 정도가 되면서 결국 병으로 죽었기 때문이다.

병약해서였는지 그는 아버지와 달리 인문, 예술 쪽에도 관심이 없었을 뿐더러 심지어 어떤 식의 힘조차 발휘할 수 없었다. 그렇게 취약한 정부를 아들 로렌초가 이어받았다.

'대단한(Magnificent)' 지도자 로렌초(Lorenzo de' Medici, 1449~1492)는 가업이었던 은행 일에 소홀히 하여 손실을 입히기까지 했지만, 아버지와 매우 달랐기 때문에 지도자 능력을 크게 발휘했고 그러면서 권력과 가업을 적절히 분산시킨다. 고집 센 아들 피에로 2세를 계승자로 삼았고 교황 레오 10세가 되는 지오반니에게 교권을 맡겼으며 상당량의 지참금품을 주어 딸 마달레나를 교황 인노첸시오 8세의 아들과 혼인시켜 메디치가와 로마에 있는 치보, 알토비티 가문과의 유대를 구축했다.

한편 1478년 일어난 '파치가의 음모(The Pazzi conspiracy)'는 부활절 미사를 기회로 메디치의 로렌초와 그의 동생 쥴리아노(Giuliano)를 제거하려 한 기도였다. 결국 쥴리아노는 사망했으며 로렌초는 큰 상처를 입는다.

은행업계에서 메디치의 라이벌이었던 파치, 살비아티 가문이 연합하여 꾸민 음모는 영향력이 컸던 두 인물 제거를 우선 목표로 하면서 자신들 편이었던 교황 식스투스 4세와 피사 대주교까지 끌어들여 미사 도중

피에로 디 코시모 데 메디치(Portrait of Piero di Cosimo de' Medici), 브론치노, 1550-1570, 내셔널 갤러리, 런던

에 벌인 역사적 참극이었다. 당시 식스투스 일파와 메디치 가문은 오랜 기간 적대 관계였기 때문에 교황이 음모를 어느 정도 추인했을 것이라는 설이 일반적이다.

즉 교황이 어떤 결과가 벌어질지 알았으면서도 중재나 간섭 등이 전혀 없었기 때문에 그가 간접적으로 관여했음이 인정되는데, 게다가 미사 도중에 일어난 살인 및 살인 기도에 대하여 일종의 선처를 베풀었기 때문이었다. 이는 누가 보아도 교황의 중대한 잘못이었다.

사건 이후 로렌초는 쥴리아노의 혼외자이자 자신의 조카인 지울리오 (Giulio de' Medici)를 아들로 받아들여 길렀는데 성장한 그는 교황 클레멘트 7세가 된다. 그리고 로렌초가 세상을 떠난 이후 아들 피에로 2세가 권좌에 올랐지만, 피렌체와 메디치가는 프랑스의 침략에 속수무책으로 당했고, 결국 프랑스 국왕 샤를 8세의 요구로 1494년부터 1512년까지 추방당한다.

은행업 이외에 메디치가는 1461년에 톨파에서 광대한 황산알루미늄 (백반 또는 명반) 광산을 발견하여 또 다른 이익을 취할 수 있었는데, 그것은 직물 매염제로 필수였기 때문에 관련 제조가 주된 산업이었던 피렌체에서 매우 중요한 물질이었다. 메디치가가 그것을 확보하기 전에는 투르

크가 유일한 수출국이었기 때문에 유럽 전역이 당연히 그곳에서 구매했지만, 메디치가로 인하여 상황이 바뀌었고, 교황 비오 2세가 메디치 가문에게 독점권을 부여하면서 주요 황산알루미늄 생산자로 만들었다.

한편 메디치가에 가해진 축출이 마무리되면서 피렌체의 통치는 코시모 1세 후손에 의하여 회복되었는데 이는 피렌체 1대 공작 알레산드로가 암살되는 1537년까지 이어졌다. 그리하여 거의 100년에 걸쳐 이루어진 통치는 반 메디치 파벌이 피렌체를 장악했던 두 차례 시기(1494~1512년, 1527~1530년 사이)에 중단되었을 뿐이다.

알레산드로 공작이 암살된 이후의 권력은 지오반니 디 비치의 막내아들이자 로렌초 1세의 후손인 메디치의 차자 계열로 넘어간 후 그의 고손자인 '위대한(the Great)' 코시모 1세(Cosimo I)부터 다시 시작되었다. 따라서 메디치 가문이 배출한 프랑스 왕비 두 사람 중 캐더린 데 메디치는 장자 계열에서 유일하게 남았던 직계 후손이었고, 또 다른 프랑스 왕비 마리 데 메디치는 차자 계열의 딸이었다.

코시모 1세와 그의 아버지는 일종의 독점권 및 판권 등을 포함하여 은행업, 제조업 부문에서 이른바 메디치 재단을 확립하면서 그 가족의

영향력은 부의 획득과 함께 예술, 문화 등의 후원으로 크게 확대되었다. 거기에 더하여 교황권까지 거머쥐면서 권력의 절정에 이르렀고 이후 수 세기 피렌체를 넘어 토스카나 공작 자리까지 차지하며 그들의 번성은 지속되었다. 그때 피렌체 사람들의 적어도 반에 해당하는, 아마도 그 이상의 숫자가 메디치 가문과 그들의 기본 사업 부문에 고용되었다.

메디치가는 16세기 막강한 힘을 가졌던 두 사람의 교황 레오 10세와 클레멘트 7세를 배출하면서 기독교계에서도 위세를 떨쳤다. 두 교황은 당시 이탈리아 교황령이라는 사실 자체로도 대단했던 로마에서 실질적이자 정치적인 힘의 주체였다.

그리하여 메디치 교황들은 라파엘로의 '그리스도의 변용'과 미켈란젤로의 '최후의 심판'과 같은 걸작을 만들게 한 중요한 예술 후원자이기도 했지만, 그들의 통치 기간은 마르틴 루터의 종교개혁 시기였고, 또한 1527년 악명 높은 '로마의 약탈'을 포함한 바티칸에서의 벌어졌던 심각한 사건들의 발생 시기와 일치한다.

대책 없이 일을 벌이던 교황 레오 10세로 인하여 바티칸의 금고는 바닥났고 결국 막대한 빚을 지게 되었다. 그리고 그가 선출되었던 1513년부

파치가의 음모에 따라 목 매달린 베르나르도 바론첼리
(Hanging of Bernardo Baroncelli, Florence), 레오나르도
다빈치, 1479, 보나 미술관, 바이욘

터 1521년 사망할 때까지 네모스 공작 쥴리아노, 우르비노 공작 로렌초, 지울리오 데 메디치의 순서로 피렌체의 권력자가 바뀌었는데 마지막 인물 지울리오가 교황 클레멘트 7세였다.

'불운한' 로렌초와 로렌초 디 피에로 메디치

피에로 디 로렌초 데 메디치(Piero di Lorenzo de' Medici, 1472~1503), 즉 '어리석은(the Fatuous)' 또는 '불운한(the Unfortunate)' 피에로는 프랑스 왕비 캐더린 데 메디치의 할아버지로, 1492년부터 유배되던 1494년까지 피렌체의 군주였다.

그는 '위대한' 또는 '대단한' 로렌초와 부인 클라리체 오르시니(Clarice Orsini) 사이에 장남으로 태어났고 동생 중에는 교황 레오 10세가 되는 지오반니와 사촌 동생으로 교황 클레멘트 7세가 되는 지울리오가 있었다.

피에로는 당시 피렌체에서 최고 고명한 학자들로부터 가문의 리더이자 국가의 통치자가 되어 아버지를 계승하도록 교육받았다. 하지만 유약하면서도 거만한, 그러면서 학습에 제대로 적응하지 못하는 성격으로 지도자로는 적합하지 않음이 점차 확실해졌다. 게다가 그는 부유했던 피에르프란체스코 메디치의 두 아들이자 4촌뻘인 로렌초 및 지오반니와 끊임없이 충돌하면서 심각한 불화를 만들었다.

그러던 중 1486년 다른 삼촌 베르나르도 루첼라이의 소개로 피에로는 토스카나 귀족 여성 알폰시나 오르시니와 결혼한 후 1492년 부친의 사망에 따라 피렌체의 최고 지도자가 되었다. 하지만 부친이 힘겹게 이룩했던 주변국과의 잠정적인 평화라고 불렸던 힘의 균형, 즉 상대적으로 평온했던 짧은 기간은 나폴리를 차지할 권리가 있다고 주장하며 침공한 프랑스 국왕 샤를 8세에 의하여 깨지고 말았다.

그때 밀라노의 섭정 군주 루도비코 스포르차(일 모로, Ludovico Sforza,

피에로 데 메디치의 초상
(Portrait of Piero de Medici), 게라르
도 디 지오반니 델 포라, 1494, 소
장처 미상

Ludovico il Moro)는 공작
이었던 어린 조카 지안
갈레아초 스포르차를
몰아내고 후 완벽한 권
좌를 차지하고자 샤를
국왕을 유인했다.

결국 밀라노 공략까
지 마무리한 샤를은 나
폴리로 향하면서 토스

카나를 통과해야만 했기 때문에 피에로에게 길을 내어줄 것과 더불어
나폴리를 함께 공격하자고 요구하자, 고민 끝에 피에로는 중립을 지키기
로 결정을 내렸는데 이를 샤를이 거부하면서 피비차노 성부터 무참히 짓
밟았다.

그러나 다시 피에로가 저항을 선택했을 때 도미니크회 수도사이자 선
동가 지롤라모 사보나롤라가 거의 실권을 틀어쥔 상황이었고, 정부 고급
관료 모두 피에로를 외면했으며, 결정적으로 사촌인 로렌초와 지오반니
역시 샤를과 동맹을 맺어 지원군과 자금을 보내고 있었다.

결국 아무런 지원을 받을 수 없는 상태에 빠진 그는 참주 정부 시뇨리
아와도 의논할 필요 없이 샤를 국왕에게 투항하고 말았다. 그리하여 토
스카나의 주요 성채 및 피사, 리보르노 등을 프랑스에 바치는 등 굴욕적
인 결과를 만든 후 피렌체로 돌아왔지만, 시뇨리아와 대중의 분노를 마

주했기에 가족을 이끌고 베니스로 도주한다.

그렇게 공식적으로 군주가 축출됨에 따라 메디치의 궁전은 약탈당했고, 참주 정부에 의하여 폐지되었던 피렌체 공화국(Republic of Florence)이라는 정부가 다시 수립되었는데, 그렇게 피렌체에서 메디치 가문이 권력을 잃은 상태는 지오반니가 교황 레오 10세로 선출되면서 피렌체의 공화정부를 항복시킬 때까지 이어졌다.

1503년, 프랑스와 스페인이 나폴리 왕국을 두고 이탈리아에서 각축전을 벌여 프랑스가 패하는데, 이때 피에로는 동맹 프랑스가 참패하는 가릴리아노 전투의 현장을 벗어나 도망치다 가릴리아노 강에 빠져 죽고 말았다. 그는 몬테 카시노 수도원에 묻혔다.

그렇다면 캐더린 메디치의 부친은 어떤 삶을 살았을까.

1516년 피렌체의 지도자가 되어 세상을 떠나던 1519년까지 재위한 우르비노 공작 로렌초 디 피에로 데 메디치(Lorenzo di Piero de' Medici, 1492~1519)는 프랑스 왕비가 되는 캐더린 데 메디치와 사생아로 태어나 피렌체의 1대 공작이 되는 알레산드로의 부친이었다.

1513년 피렌체의 정식 군주가 된 로렌초는 삼촌인 쥴리아노 데 메디치의 정부를 물려받은 것으로, 천성적으로 야심만만했던 그는 피렌체 민병대 대장으로 임명되었음에도 피렌체의 공화정 정부 체제를 더 이상 두고 볼 수 없다고 하면서 1516년 또 다른 삼촌 교황 레오 10세에게 요구하여 24세의 나이에 우르비노 공작이 되었다.

1518년 6월 로렌초는 프랑스 오베르뉴 백작의 딸인 마들렌 드 라 투르와 결혼한 후 이듬해 캐더린을 낳았지만, 캐더린이 태어난 지 불과 21일 만에 세상을 떠나는데 그 원인은 전쟁 중 입은 부상에 의한 후유증과 과로였다. 따라서 그 후 캐더린에 대한 부양권을 두 교황(레오 10세, 클레멘트 7세)이 이어 맡으면서 캐더린은 메디치가 장자 계열의 마지막 상속인이 된다.

그 시기 니콜로 마키아벨리는 자신의 유명한 저술 '군주론(The Prince)'을 로렌초에게 헌정하면서 피렌체 정부에 대한 자신의 처세를 위한 방편으로 이용했다.

루크레치아 토르나부오니

'대단한' 군주 로렌초와 그의 아버지이자 당시 피렌체의 정치 실권자였던, 이른바 '통풍환자 피에로' 또는 '불운의 피에로' 일 고토소(Piero il Gottoso, Piero di Cosimo de' Medici, 1416~1469)에게는 존경받는 어머니와 훌륭한 부인이 있었으니 그녀가 바로 루크레치아 토르나부오니(Lucrezia Tornabuoni, 1427~1482)였다.

그녀는 당대의 손꼽히는 교양인이자 시인으로, 신앙심 역시 무척 깊었고, 가난한 이들을 위한 자선 사업은 물론 학문과 예술의 큰 후원자이자 직접 쓴 저서들로 이름을 알리며 크게 존경받았다. 그녀는 피렌체의 전통 귀족 토르나부오니 가문 출신으로 아버지 프란체스코 디 시모네 토르나부오니와 그의 두 번째 부인 마리안나 지우키아르디니, 또는 세 번째 부인이었던 프란체스카 피티 사이에서 태어났고, 오빠 지오반니는 은행가이자 외교관으로 일했다.

루크레치아는 당시 여성으로는 드물게 많은 교육을 받아 수학, 재정학은 물론 문학, 수사학, 신학, 라틴어, 그리스어에도 능했다고 한다. 그리하여 자신이 후원했던 르네상스 화가 기를란다이오가 제작한 가족 예배당 프레스코화의 세 장면 속에 등장하는데 '엘리자베스의 성모 마리아 방문', '세례자 요한의 탄생', '성모 마리아 탄생 축일'이 그것들이다.

1444년 피에로와 결혼할 무렵 그녀의 아버지는 1434년부터 망명 생활하던 코시모를 지원했던 친구였기 때문에 결혼 지참금으로 1,200 플로린을 딸에게 주면서 가문이 힘을 합쳤는데 부부가 되기 전부터 두 사람은

루크레치아 토르나부오니의 초상
(Portrait of Lucrezia Tornabuoni), 도
메니코 기를란다이오, 1475, 국립
미술관, 워싱턴(D.C.)

자주 편지를 주고받는 등 친하게 지냈다.

부부는 슬하의 여섯 아이에 대한 교육에도 큰 노력을 기울여 문학과 미술 등에 흥미를 느끼도록 하면서 저명한 교사들을 집으로 초빙하여 정치학, 경영, 회계 및 철학 수업을 받게 했다.

장남으로 아버지의 권력을 이어받은 로렌초는 클라리체 오르시니와 혼인했고, 둘째 아들이자 교황 클레멘트 7세의 아버지였던 줄리아노는 1478년 파치가의 음모에 희생된다. 장녀 비앙카는 굴리엘모 파치의 배우자가 되었고, 차녀 루크레치아는 베르나르도 루첼리와 결혼했다.

피에로와 결혼한 후 정치적인 문제에 현명하고 확실하게 대하는 그녀를 두고 시아버지는 감탄했음에도 아버지의 정부를 물려받은 그녀의 남편은 고질적인 질병으로 침대에 의존해야 했기 때문에 루크레치아는 그를 위하여 침실을 궁정이자 집무실과 유사하게 바꿔야 했다.

그러면서 그녀는 더 활발하게 움직이면서 다른 이들의 도움 요청을 받아들이는 일, 혼자 외부로 가서 교황과 같은 영향력 있는 인사들을 만나는 일 등을 수행했고, 당연히 사람들의 입방아에도 오르내렸지만, 지각 있는 귀족과 하층민들로부터는 칭찬받는다.

1469년 남편이 사망한 후 그녀는 뒤로 물러나 아들을 자문하면서 영향력을 유지했는데 그랬던 그녀가 세상을 떠난 후 로렌초는 가장 먼저 어머니의 도움을 깨닫고 애석해했다.

생전의 루크레치아는 자신과 가문의 재산을 소유하고 있는 것보다는 자유롭게 사업에 투자하는 일로 밀고 갔다. 피사와 피렌체 주변의 주택, 상점, 농장을 매입하여 그것들을 임대하면서 자신의 후원 세력을 만들었는데 그랬던 일이 궁극적으로 메디치 가문의 경제력과 힘의 확장으로 이어졌다.

또한 그녀는 과부와 고아를 돕기 위하여 수녀원과 같은 시설에 많은 기부를 한 것으로 유명했다. 게다가 자신의 수입으로 가난한 가정의 여성들이 쉽게 혼인할 수 있도록 지참금을 제공하기도 했는데 가족 구성원이 교회나 정부에서 좋은 자리에 오르도록 하는 지원도 포함되었다.

그녀는 정치적 힘을 망명, 구금 또는 정치적 군사 공격을 그만두게 하는 일반인들로부터의 청원을 받아들이는 일까지 확대하여 지역민 사이의 분쟁을 중재해주도록 요청을 받기도 했는데 그중에는 20년 동안 계속된 두 가족 사이의 불화를 끝내도록 한 일도 있었다.

그렇게 피렌체의 많은 문제가 해결되고 있었음에도 메디치 가문을 의식한 다른 가문과의 갈등 구조는 그대로였기 때문에 1467년 10월 피에로와 루카 피티 사이의 견제가 심해져 루크레치아와 아들 줄리아노에 대한 암살 시도가 있었다. 두 사람은 살아남았지만 줄리아노는 결국 1478년 파치가의 음모로 희생되고 말았다.

그러면서 같은 귀족 출신으로, 남편의 가문과 다른 귀족 사이에 다리를 놓는 역할도 했고, 1450년 함께 교황 니콜라스 5세를 알현하기 위해 로마를 방문했을 때 교황은 그들에게 가족 예배당에 제단을 세울 수 있

성모 마리아의 송가, 책과 펜, 잉크를 손에 쥔 자신의 아이들과 함께 마돈나
로 그려진 루크레치아 토르나부오니(Madonna of the Magnificat, Lucrezia
Tornabuoni as the Madonna surrounded by her children hold a book and pot of
ink), 산드로 보티첼리, 1483, 118cm(톤도, 지름), 우피치 갤러리, 피렌체

도록 허가했다. 그렇게 부부는 피렌체 밖, 특히 로마 궁정에서 영향력을
높이고자 적지 않은 노력 또한 기울였다.

1467년 봄, 그녀는 아들 로렌초의 혼처를 찾고자 다시 교황을 찾아가
깊은 논의 끝에 가문의 위신을 높이고자 클라리체 오르시니와의 결혼을
결정했고, 그에 따라 1469년 6월 클라리체는 6,000플로린의 지참금과 함
께 아들의 아내가 되었지만, 아들은 신부를 별로 좋아하지 않았다.

루크레치아는 누구보다 중요한 예술의 후원자로, 그녀를 일컬어 '우리
세기의 위대한 여인'으로 불렸던 루이지 풀치에게 낭만적 시가인 '모르간
테(Morgante)'를 쓰게 했으며, 나중에 손자들의 가정교사가 되는 베르나르

도 벨린치오니와 안젤로 폴리치아노를 포함한 여러 시인을 지원했다.

그들 외에도 적지 않은 종교 기관이 도움을 받았는데 피렌체의 산 로렌초 대성당에 성 엘리자베스 방문 예배당을 추가하도록 했으며 가족의 봉헌 조각상을 수많은 교회에 기증했고 아울러 피렌체의 수호성인인 세례자 요한에게 크게 헌신했던 것으로 알려져 있다. 1467년 병에 걸렸던 그녀는 자신의 회복이 성 로무알드(Saint Romuald)의 신심 기도 덕분이라고 믿으면서 그가 카말돌리에 세운 은둔 수도원을 지원했다.

문학인이기도 했던 그녀는 종교 이야기, 연극 및 시를 썼고, 그중에는 에스더, 수산나, 토비아스, 세례자 요한, 유디트에 관한 것들이 있었다. 그리고 자신의 문학 교류 클럽에 있는 시인들에게 기사도 관련 주제를 쓰도록 권하여 이에 대한 진흥이 이루어졌으며 그녀의 작품들이 손자들에게 영감을 주면서 그들에 대한 교육에도 쓰였다. 그러면서 당시 유명 시인이었던 폴리치아노가 그녀의 시에 감탄하면서 자신이 소속된 피렌체 대학교 학생들에게 읽기를 권고했다고 한다.

그녀가 세상을 떠난 4년 후에 인쇄, 출판되었던 작품의 최종판은 2001년 제인 타일러스의 번역 및 감수를 받아 시카고 대학교에서 찍어낸 것이다.

관절염과 습진 등으로 고통받던 그녀는 주기적으로 토스카나 주변의 온천에서 치료받아야 했지만, 그것 말고도 평생 크고 작은 병치레를 하다가 1482년 3월, 피렌체에서 54세의 나이로 여러 손자가 슬퍼하는 가운데 세상을 떠났다.

카밀라 마르텔리 데 메디치

 그림 속 여인은 눈에 띄게 아름다운 옷차림으로 인하여 부유함과 함께 귀족의 일원이었음을 알 수 있다. 입고 있는 옷의 옷깃에는 금 또는 유사한 것들로 장식이 이루어져 있고 그녀의 머리에는 루비와 에메랄드가 보인다. 그러면서 커다랗게 커팅이 이루어진 다이아몬드와 고귀하게 보이는 진주가 박힌 화려한 목걸이를 착용하고 있다.

 이 초상화는 1570년대에 유행에 따라 제작된 것으로, 토스카나 대공 코시모 1세 데 메디치의 정부였다가 나중에 두 번째 부인이 되는 카밀라 마르텔리가 주인공으로 여겨진다. 아울러 당시 메디치 가문이 이탈리아 전역에서 가장 유명했던 예술을 위한 작업장 중 하나를 보유하고 있었다는 사실도 떠올리게 만든다.

 카밀라 마르텔리(Camilla Martelli, 1545?~1590)는 토스카나 대공 코시모 1세의 정부였다가 나중에 두 번째 아내가 되었다. 그리고 그녀는 훗날 모데나 공작부인이 되는 비르지니아 데 메디치의 어머니였고, 안토니오 마르텔리와 피아메타 소데리니의 딸이었으며, 코시모 대공의 첫 부인이었던 톨레도의 엘레노라가 사망한 후 코시모보다 26세 연하였음에도 불구하고 그의 두 번째 부인이 되었다.

 카밀라는 중년 이후의 코시모를 곁에서 보살폈는데 건강이 좋지 않아 은퇴한 대공은 빌라 디 카스텔로에서 살면서 총애하는 아들 프란체스코 1세에게 지위를 넘긴다.

 카밀라는 1568년 코시모와 사이에서 딸 비르지니아를 낳았음에도 코

여인의 초상, 카밀라 마르텔리 데 메디치
(Portrait of a Lady, probably Camilla Martelli de Medici), 1570년경, 알레산드로 알로리, 세인트 루이스 미술관, 세인트 루이스, 미주리

시모의 첫 번째 부인에게서 태어난 아이들로 인하여 언제나 불안했는데 그랬던 까닭은 자녀들의 심한 반대에도 불구하고 1570년 코시모가 교황 비오 5세의 일방적 권고와 명령에 따라 카밀라와 비공식적으로 결혼을 강행했기 때문이었다.

그랬음에도 카밀라는 '대공비'라는 칭호를 받지 못했는데 이에 대하여 코시모는 "나는 단지 개인적으로 좋은 가문의 피렌체 귀족 여성을 아내로 맞이했을 뿐이었다"라고 하면서 자신이 더 이상 대공이 아니기 때문에 어떤 사람이든 자유롭게 아내를 선택할 수 있다고 말했다. 하지만 두 사람 사이의 딸 비르지니아는 나중에 합법적 지위가 되어 토스카나 공작 계승 서열에 올랐다.

카밀라는 중년의 코시모와 전처 자녀들 사이에서 논쟁의 대상이 되는데 그것은 세상을 떠난 대공비 톨레도의 엘레노라의 고상함과 우아함에 비하여 상대적으로 저속해 보이는 외모에 그것을 상쇄하기 위하여 과시적 사치에 빠지는 등 행실에 적지 않은 문제가 있었기 때문이었다. 대공은 더 이상 추문을 만들지 않기 위해 거의 은둔하다시피 하면서 파티 같은 행사까지 금했다.

1574년에 한 번 이상 뇌졸중을 앓았던 것으로 보이는 코시모 1세는 순환 계통의 문제로 말을 할 수 없는 상태로 지내다가 4월에 사망했다. 그의 죽음 이후 카밀라는 피렌체의 무라테 수녀원으로 들어가 은거했고 이어 산타모니카 수녀원으로 옮겼다.

그러다가 그녀는 1586년 2월 딸 비르지니아와 페라라 공작 알폰소 1세 데스테의 아들인 체사레 데스테의 결혼식에 참석하기 위해서 수녀원을 잠시 나왔고, 이어 프란체스코 1세의 죽음 이후 더 큰 자유를 누리고 싶은 마음에 페르디난도 1세 대공에게 자신이 수녀원을 떠날 수 있게 해달라고 요청했다. 대공은 그녀의 소원을 들어주었지만 일련의 정치적 위기 이후 그녀를 다시 강제로 산타모니카 수녀원으로 돌려보냈기 때문에, 1590년 그녀는 그곳에서 세상을 떠났다.

코시모 1세 데 메디치

1537년부터 1569년 죽을 때까지 피렌체를 다스린 코시모 1세 메디치 (Cosimo I de' Medici, 1519~1574)는 유명했던 용병대장 지오반니 델레 반데 네레, 즉 루도비코 데 메디치와 '대단한' 로렌초의 손녀였던 마리아 살비 아티의 아들로 태어났다. 그는 또한 포를리 공작부인이자 이몰라 부인이 었던 카테리나 스포르차의 손자로 17세 때 1대 공작 알레산드로 메디치 가 암살당하면서 2대 피렌체 공작이 되었다.

그는 메디치 가문의 차자 계열 출신으로, 메디치 은행의 설립자였던 지오반니 디 비치 데 메디치의 증손자였던 지오반니 일 포폴라노의 자손 이었다.

코시모 1세는 공작 승계 전까지 메디치가의 본향이었던 무젤로에서 살 고 있었기 때문에 피렌체에서는 거의 알려지지 않은 인물이었지만, 피렌 체의 지도급 인사들은 새로운 공작이 되는 그에게 호감을 갖고 있었다. 따라서 그가 지도자가 되어 도시를 진흥시켜 자신들의 부가 증가시킬 것 을 바라는 분위기였기 때문에 사실상, 그리고 명목상 군주로 그를 내정 한 것이나 다름없었다. 그럼에도 의외로 심지가 강했던 코시모는 자신만 의 야망이 있었기 때문에 즉위하자마자 피렌체 공국의 권력을 '48인의 평의회'에 맡긴다는 조항에 대한 비준을 거부했다.

한편 전임 권력자 알레산드로 메데치의 사망 소식을 듣고 오래전부터 불만과 원한을 품으며 멀리 떠나 살던 피렌체 망명객들은 이웃들의 지원 을 받아 프랑스와 함께 군대를 집결시켰다.

갑옷을 입은 코시모 1세(Cosimo I de' Medici in armour), 브론치노, c. 1545,
뉴 사우스 웨일스 미술관, 시드니, 뉴 사우스 웨일스

1537년 7월, 베르나르도 살비아티와 피에로 스트로치가 이끄는 이른바 피렌체 망명군이 토스카나로 진격했고 이에 코시모는 알레산드로 비텔리를 대장으로 임명하여 자신의 정예군을 몬테무를로에서 그들과 맞서게 하면서 크게 물리쳤다. 그러면서 살비아티, 스트로치를 생포하여 피렌체 시민 모두가 보는 앞에서 전율을 느낄 만큼 처참하게 처형했다.

그렇게 승리하면서 신성로마제국 황제 카를 5세로부터 피렌체의 군주로 승인받은 그는 황제와 힘을 합쳐 프랑스에 대항하여 싸우는 일을 이어갔다(이탈리아 전쟁). 이 일로 코시모는 메디치가의 권력을 회복시켜 확고히했고, 제국의 수비대를 배치하게 하여 이탈리아에서 막강한 영향력을 행사하던 스페인으로부터 전에 없던 독립적 위치가 되게 했다.

그리하여 그는 가문의 마지막 통치자인 지안 가스토네 메디치가 1737년 사망할 때까지 메디치 가가 피렌체를 다스리도록 하는 단단한 초석을 놓는다.

코시모는 황제의 지원을 받았던 1554년 마르시아노 전투에서 시에나에서 승리하면서 그곳을 차지했는데 15개월의 지배 기간 시에나의 인구는 4만 명에서 8,000명으로 줄었고 1559년, 시에나 독립의 마지막 보루였던 몬탈치노가 코시모 영토로 합쳐졌다. 10년 후 교황 비오 5세는 코시모를 토스카나 대공으로 승격시킨다.

하지만 그가 통치하던 마지막 10년 기간에 말라리아로 두 아들을 잃어 비탄에 빠진 나머지 권력을 아들이자 후계자인 프란체스코 1세에게 넘기고 도시 외곽에 있는 별장(Villa di Castello)으로 물러났다. 그럼에도 스위스 용병을 친위 경호대로 삼을 만큼 자신의 권위를 높여갔다.

그러면서 외국 군대의 빈번한 통과로부터 피렌체를 구하고자 시에나, 아레초, 산세폴크로에 새로운 요새를 세웠고, 피사 및 피비차노에도 새로운 성벽을 축조했으며, 엘바 및 테라 델 솔레 섬에 있는 요새를 정비했다.

피렌체 시뇨리아 광장의 코시모 1세 동상(Statue Cosimo I Giambologna Piazza della Signoria), 지암 볼로냐, 1594, 청동

그는 경제적 어려움을 이유로 백성들에게 무거운 세금을 부과하면서도 피렌체 해군을 성 스테파노 기사단으로 새롭게 조직하여 레판토 해전에 참전하도록 했다.

그의 또 다른 뛰어난 업적 중에는 '우피치(Uffizi)', 즉 '사무실(offices)'을 만든 일도 있는데 이는 원래 피렌체 공회당을 비롯하여 과거에 설립된 다양한 위원회, 기관 및 길드에 대한 그의 행정적 통제를 통합하기 위해서였다. 그곳은 현재 세계에서 가장 중요하며 대단한 미술 컬렉션(우피치 갤러리) 중 하나가 되어 있다.

그리고 니콜로 트리볼로의 디자인으로 코시모가 17세였을 때 만들어진 니콜로 빌라 디 카스텔로에 있는 정원은 바로 피렌체의 새로운 황금기를 알리면서 메디치 가문의 위대함과 미덕을 보여주는 곳이다. 이곳은 분수, 미로, 동굴 및 기발한 장식물이 특징적으로 꾸며진 이탈리아 르네상스 정원의 원형이 되면서 18세기까지 후기 이탈리아를 비롯하여 프랑스 정원 양식과 축조에 지대한 영향을 미쳤다.

그는 메디치 가문의 저택으로 피티궁(Pitti Palace)을 완성했으며, 그 뒤에 웅장한 보볼리(Boboli) 정원을 만들었고, 자신의 뛰어난 선대 군주들이 그랬듯이 그 역시 지오르지오 바사리, 벤베누토 첼리니, 폰토르모, 브론치노, 건축가 발다사레 란치, 역사학자 스키피오네 암미라토와 베네데토 바르키 등을 지원했던 중요한 인문, 예술 후원자였다.

또한 지암볼로냐가 1598년에 세운 코시모 1세의 대형 청동 기마상이 현재 피렌체의 중심인 시뇨리아 광장에 서 있다. 게다가 그는 할머니 카테리나 스포르차로부터 열정과 함께 물려받은 연금술의 대단한 애호가였다.

톨레도의 엘레노라

토스카나 대공 코시모 1세의 부인은 스페인 귀족의 딸 톨레도의 엘레아노르(Eleanor of Toledo, 1522~1562, 엘레노어, 엘리노어, 엘레노라 등으로도 불리는데 여기서는 엘레노라로 부른다)였다. 엘레노라는 스페인이 다스리던 나폴리의 총독 톨레도의 알바레즈 돈 페드로의 딸이었다.

코시모 1세는 언제나 부인 엘레노라를 믿고 의지했으며 부인 역시 늘 남편을 성심껏 도우면서 아이들을 잘 길렀기 때문에 부부는 당시 기준으로 놀랍도록 정말 오래도록 평안한 결혼 생활을 했다. 그러면서 전통적인 귀족 부부의 전형으로, 함께 다양한 개혁을 이루어냈고 이전 공작들과 다른 면모를 보이고자 했다. 그리하여 대공비는 자연스럽게 남편의 정치 고문이 되면서 남편이 자리를 비웠을 때 종종 피렌체를 다스렸다. 또한 그녀는 메디치 가문이 피티 궁전을 세우도록 했으며, 새롭게 이루어진 교단 예수회(Jesuit order)를 후원했다.

그러나 그녀가 40세였던 1562년 피사로 여행했을 때 동행했던 어린 아들들(19세의 지오반니와 15세의 가르치아)이 말라리아에 걸려 사망했고 그녀 역시 일주일 후 낙담에 빠진 코시모와 임종 성사를 하려는 예수회 신부 앞에서 세상을 떠난다.

그리하여 엄숙하게 장례를 치른 그녀의 유해는 산 로렌초 성당의 메디치 가문 묘역에 묻혔음에도 그녀가 죽은 후 수 세기 동안 가르치아가 심한 언쟁 끝에 형 지오반니를 살해했다는 소문이 퍼졌고, 심지어 아버지 코시모가 이를 알고 다시 가르치아를 죽였으며, 이 장면을 본 엘레노라

톨레도의 엘레노라(Portrait of Eleonora di Toledo), 브론치노, 16c, 피티 궁, 피렌체

가 충격과 상심으로 세상을 떠났다는 소문이 돌았다.

하지만 메디치 가문이 주장했던 것처럼 엘레노라와 그녀의 아들들이 말라리아에 걸려 함께 세상을 떠났다는 사실이 현대에 이루어진 발굴과 법의학으로 입증되었다.

엘레노가가 스페인 살라망카의 알바 데 토르메스에서 엘레노라가 태어날 당시 아버지는 비야프랑카 2대 백작이자 카를 5세 황제 정부의 부총독 직위에 있었고, 알바 공작(Duke of Alba)의 삼촌이었으며, 외가 쪽으로 황제와 가까운 친척이었다. 1534년 아버지가 나폴리 총독에 지명됨에 따라 가족과 이주한 그녀는 총독 관저에서 생활하며 엄격한 교육을 받기 시작했다.

그러다가 13세가 되던 1535년 4촌 알레산드로와 함께 나폴리를 방문했던 코시모를 만나게 되는데, 당시 코시모는 총독의 첫째 딸과 결혼하게 되어 있었음에도 엘레노라에 첫눈에 반하여 결혼을 갈망했다. 그랬기 때문에 엘레노라에게 끝까지 충실했던 것으로 여겨진다.

그렇게 사랑으로 맺어진 메디치-톨레도 가문의 연결은 피렌체 공작에게 매우 전략적인 선택이기도 했는데 부인의 아버지가 이탈리아에서 대단한 지위를 갖고 있었고 아울러 황제의 측근이었기 때문이었다. 결국 코시모 1세는 오스트리아와 스페인제국을 지배하고 있던 대단한 가문과 연결되었다.

그리하여 공작의 충실한 동료로 변해간 엘레노라는 매우 지적인 면모와 함께 그에 맞는 젊음을 가진 귀족 여인으로 개인적인 재산도 적지 않게 지니고 있었으며, 섭정 시기에는 매우 적극적이며 활동적이었다. 부부는 슬하에 모두 열한 명의 자녀를 두어 자식들 교육에 크게 힘을 기울였는데 그들이 바로 피렌체와 메디치 왕조의 안전과 번영, 결속에 의한 미래였기 때문이었다.

그녀를 그린 여러 점의 '멋진, 그리고 인상적인' 초상화는 대부분 르네상스 후반기 유명했던 화가 아뇰로 브론치노에 의한 것들이다. 그녀가 23세였을 때 두 살이던 둘째 아들 지오반니와 함께 그려진 초상화는 존엄한 여성 통치자이자 어머니의 모습을 그린 전형이랄 수 있다.

모자는 짙은 청색의 하늘을 배경으로 나란히 있는 가운데, 공작부인은 당시 유행하던 방식대로 전신이 아닌 4분의 3 정도 위치로 화면에 서 있으며, 약간 고개를 돌리고 있는 방향에 아들 지오반니가 있다. 그리고 그녀를 중심으로 아들이 입고 있는 옷을 주목하면, 한눈에 매우 귀한 의상에 최고의 부유한 모습임을 알게 해준다. 그렇다고 무조건 화려하지 않은 그들의 차림과 지오반니가 입은 의상은 배경과 밀착되어 거의 융합된 것처럼 보인다.

따라서 보는 이들은 그녀가 입은 옷을 다시 살피면서 흠잡을 데 없이 완벽한 타원형 얼굴에 매끄럽고 창백하기까지 한, 마치 도자기와 같은 피부의 초상화 속 그녀의 이상적인, 그리고 아들의 다소 긴장한 표정에 귀엽기만한 모습을 그대로 알 수 있게 된다.

누군가는 그녀가 조금 오만하게 사람들을 내려다보고 있다고 하고 어떤 이는 그녀가 어딘가 지루해 보인다고 하는데 그녀의 표정에서 감지되는 냉정함과 냉담함은 궁정 초상화의 전형으로, 화가는 주인공과 보는 사람 사이에 마치 '얼음'이 있는 것처럼 묘사했다.

브론치노는 르네상스 후반기, 즉 매너리즘 시기를 시작했던 화가였다. 당시 매너리스트들은 어떤 이의 표정 뒤에 숨겨진 의미를 살리고자 하는 개념으로 초상화 그리기를 선호했기 때문인지 작품 속 모자의 표정은 그런 개념에 따른 마스크를 쓴 것으로 보인다. 그리고 그림 속 사람들이 어떤 생각을 하고 있는지, 기분이 어떤지 확실히 알 수 없지만 조금 특이한 부분은 포동포동하게 그려진 아들 지오반니가 약간의 미소를 짓고 있다는 사실이다.

엘레노라는 오른손을 가볍게 아들의 어깨에 얹고 있으며 아들의 왼손은 자연스럽게 어머니의 옷을 만지고 있다. 그렇게 절제된 친밀함과 온화함이라는 르네상스 전성기 모자의 모습은 삼각형 구도를 만들면서 '성모자(Madonna and Child)'로의 모습을 보여준다. 그러면서 아이의 모습이 어머니 모습에 영향을 주면서 섭정을 했을 정도로 대단했던 그녀의 위엄

톨레도의 엘레노라와 아들 지오반니(Portrait of Eleanor of Toledo with her son Giovanni), 브론치노, 1544-1545, 우피치 갤러리, 피렌체

있는 표정을 약간 누그러뜨리고 있다.

어머니이자 존엄한 지도자의 부인이라는 의무와 책임이 겸손과 고결함, 그에 따른 모성을 가진 엘레노라로 강조되었고, 젊고, 힘 있으며 부유한 어머니이자 전성기의 그녀를 나타내고 있는 그림에서는 신성함에 가까운 공작부인의 역할도 알리면서 다산에 따른 메디치 왕조의 미래를 과시하고자 그녀 머리 뒤에서 '후광(halo)' 효과도 볼 수 있게 했다.

아울러 배경은 깊고 어두운 하늘처럼 주조색이 파란색인데 진한 부분의 파란색은 값이 비싼 염료 청금색(lapis lazuli)으로, 이 안료는 당시 함부로 쓸 수 없는 배타성, 신성함을 나타내는 것이었다. 브론치노는 청금석이 엄청나게 비싸다는 사실을 잘 알고 있으면서도 공작부인을 그리기 위해서 반드시 사용해야 한다고 주장했다.

인물 본연의 모습을 가리키면서 그것을 통하여 엘레노라라는 귀부인의 정체성을 바로 알려주고 있어 작품 속 의상에 주목하게 되는데, 그녀역시 그 중요성을 잘 알고 있었다고 한다.

브론치노는 충분히 부유한 모습으로 존귀함을 나타내면서 호사스러움을 추구했던, 그리고 물산이 풍부했던 나폴리 총독의 딸이라는 정체성을 그녀의 의상으로 충분히 보여주며 보는 이를 압도하고 있다.

그녀는 이 드레스를 매우 좋아했고 자주 입었다고 한다. 그렇게 그녀와 잘 어울리던 의상은 사람들의 기억 속에 남아 공작부인이 세상을 떠났을 때 함께 묻은 것으로 여겨졌을 정도였다. 하지만 그녀를 감쌌던 수의는 피렌체의 의상박물관에서 볼 수 있다.

엘레오노르 데 메디치

르네상스 이탈리아의 저명한 여성화가 소포니스바 앙귀솔라(Sofonisba Anguissola, c.1532~1625)는 롬바르디아 귀족 가문에서 태어나 부모의 뜻에 따라 미술을 포함한 전인교육을 받았고 화가가 되기 위하여 어렵기만 했던 도제 수업부터 받기 시작했다.

그러다가 실력 있는 아마추어 화가였던 스페인 왕비 엘리자베스 발루아에게 스카우트되어 그녀를 가르치면서 높은 자리의 궁정 직원이 되었고, 자신의 스타일을 점차 세련되게 만들면서 궁정에서 원하던 양식을 갖추면서 국왕 필립 2세의 공식 궁정화가가 되었다.

동시대인이었던 바사리는 그녀를 두고 "그림을 그리는 노력에서 우리 시대의 어떤 여성보다 더 큰 능력과 대단한 우아함을 보여주었다. 그녀는 자연에서 작업하며, 구성하고, 색을 입혔는데 그러면서 다른 사람들의 탁월한 점을 가져오는 일에 성공했을 뿐만 아니라, 스스로 귀하며 매우 아름다운 그림을 그렸다"라고 언급했다.

별 탈 없이 보냈던 스페인 궁정화가의 직책을 그만두고 고향으로 돌아온 소포니스바는 이후 부유한 미술 후원자로의 삶을 살다가 1625년 팔레르모에서 93세의 나이로 세상을 떠났다. 그녀는 여러 유명인의 초상화를 그렸는데 그중에는 엘레오노라 데 메디치의 것도 있다.

엘레오노라라는 이름으로 태어나 엘레오노르(Eleanor de' Medici, 1567~1611)로 불린 그녀는 피렌체에서 프란체스코 1세 메디치와 그의 첫 번째 부인인 대공비 요안나의 장녀로 태어났다. 엘레오노르가 일곱 살이

만토바 공작부인 엘레오노르 데 메디치(Eleanor de' Medici Duchess of Mantua),
프랑스 푸르부스 2세, c. 1600, 소장처 알려지지 않음었을 때, 할아버지 코시모가 세상을 떠난 후 아버지가 토스카나 대공이 되었다. 1578년에는 그녀의 어머니가 죽었고, 아버지는 비앙카 카펠로와 재혼한다.

일곱 자녀 중 맏이였던 그녀의 여동생이 프랑스 왕비가 되는 마리 데 메디치였고, 또 다른 자매 안나가 14세의 나이에 죽을 때 그녀는 죽어가는 안나를 위하여 편지를 썼을 정도로 동생들을 사랑했음에도 나머지 형제자매 역시 어린 나이에 모두 세상을 떠났다.

엘레오노르는 1584년 만토바의 빈첸초 1세 곤차가와 결혼했는데, 그 일은 마르게리타 파르네세와 이혼했던 곤차가에게는 두 번째 혼인이었다. 그때 만토바에서는 성대한 축하 행사가 열렸고 부부는 피렌체로 가서 엘레오노르의 아버지 프란체스코 대공과 계모 비앙카 카펠로를 만났다.

1584년 5월, 배를 타고 만토바의 밀리오레토에 도착한 그녀는 남편 빈첸초, 파르마 공작 오타비오 파르네세를 비롯하여 피아첸차, 파르마, 만토바에서 온 많은 귀족 남녀와 함께 팔라초 테(Palazzo Te)로 가서 휴식을 취한 후, 보석으로 장식된 은색 수단(brocade) 드레스로 갈아입었다고 한다. 이후 네 마리의 흰 말이 끄는 반쯤 덮인 금박 마차를 타고 만토바 군대, 기마 호위병, 경기병, 마차를 탄 귀족 남녀와 함께 총기병과 포병대의 축하 사격속에 도시로 들어갔다.

그녀는 1586년 5월, 첫 아이인 아들 프란체스코를 낳았는데 임신 중 그녀의 아버지는 자두를 선물로 보냈다고 한다. 이듬해 시아버지 굴리엘모가 사망하면서 남편이 만토바의 공작이 되었고 어려운 임신 끝에 두 번째 아들 페르디난도를 얻었다. 그 후 몇 년 동안 엘레오노르는 더 많은 자녀를 두는데 그중 딸 마르게리타가 로렌 공작(Henry II)과 결혼했고, 셋째 빈첸초는 형들의 뒤를 이어 공작 자리에 올랐다. 그리고 1598년에 태어난 둘째 딸 엘레오노라는 신성로마제국의 황제 페르디난트 2세와 결혼

엘레오노르 데 메디치(Eleanor de' Medici), 소포니스바 앙귀솔라, 1560, 라자로 갈디아노 미술관, 마드리드

했다.

1600년 10월, 엘레오노르는 여동생 마리와 프랑스의 앙리 4세의 결혼식에 참석했고 이듬해 마리 왕비는 첫 아이이자 아들(장래의 국왕 루이 13세)를 낳았는데, 그때 엘레오노르는 그 아이를 위한 대모가 되었다. 그리고 1602년 중병에 걸린 남편이 치료받고자 플랑드르로 떠났을 때 직접 공국을 다스렸다.

그러다가 그녀 역시 1611년 병을 얻어 오랜 기간 몸져누웠는데 4월 들어 약간 회복되어 '도시에서 1마일 떨어져 있고 정원과 함께 깨끗한 물과 아름다운 지방' 포르토 만토바노에 있는 포르토 궁전에서 두 달 동안 머문다. 하지만 성모 탄생 축일 다음 날, 그녀의 건강은 급격히 악화되어 1611년 9월 44세의 나이로 사망했다. 그녀가 죽을 당시 남편 빈첸초 공작은 카살레 몬페라토에 있었지만, 그 역시 1년 후 세상을 떠났다.

엘레오노르의 시신은 나무 관 안에 눕힌 후 콜타르로 밀봉되어 검은 벨벳 천으로 덮어 납으로 된 관에 안치했다. 이후 외딴 마을에서 온 수많은 사제에 의하여 카브리아나 교구 성당으로 운구되었고 그곳에서 이틀을 머문 후 '검은 천으로 덮인 수레'로 만토바로 이동할 때 역시 검은색으로 장식한 말 여섯 마리에 이끌려 '말을 탄 사제들' 열두 명과 '불타는 횃불을 든 보병' 열두 명의 호위를 받았다. 이때 곤차가 가족을 태운 마차 열두 대와 검게 덮인 다른 마차 열두 대가 이를 뒤따랐다. 그렇게 코르테 베키아로 옮겨진 그녀의 시신은 남편 빈첸초가 돌아올 때까지 그곳에 안치되었다고 한다.

그리하여 공작이 돌아온 후 장례식을 카살레 주교가 집전했고, 유해를 주요 교회의 지도자들이 이끄는 가운데 도시의 거의 모든 시민을 비롯한 종교 기관 구성원이 코르테 베키아의 기도원에서 산탄드레아까지 가는 도보 행렬을 뒤따랐다.

루크레치아 데 메디치

초상화와 관련된 역사를 살펴보면서 주인공, 관련 인물들의 죽음이 적지 않게 독극물에 의한 살해 또는 암살이었다는 사실을 알게 된다. 즉 적대 세력 사이의 정치적 긴장과 내부적 갈등 속에 독극물 투입이라는 극단의 방법을 썼을 것이라는 추정이다.

그런데 최근에 자료들을 취합, 분석하는 기술과 의료 전문가 등의 노력으로 그들의 사인이 단순히 질병과 전염병으로 뒤바뀌는 경우가 많이 나타난다. 이번에 살펴보는 코시모 1세 메디치 대공과 톨레도의 엘레노라의 딸 루크레치아 데 메디치의 죽음 역시 독극물이 아닌 폐결핵이었던 것이 사실로 판명되었다.

한편, 로버트 브라우닝(Robert Browning, 1812~1889)은 영국의 시인이자 극작가로, 바이런, 셸리의 영향을 받았고, 알프레드 테니슨과 더불어 빅토리아 시기를 대표했다. 그의 시는 인간의 모든 강렬한 정열을 힘차게, 극적으로 노래했지만 비교적 어려운 구조였고, 깊은 생각이 필요했기에 진정한 가치는 그가 죽은 후에야 인정받았다.

그의 여러 대표작 중에 '나의 마지막 공작부인(나의 전처 공작부인, My Last Duchess)'이 있는데 이는 극적인 독백 형식이 되어 자주 선집으로 엮어지고 있으며 1842년 서정시 형식으로 발표된 작품의 제목은 단순히 '이탈리아'였다.

게다가 시 앞에는 '페라라(Ferrara)'라는 서문이 쓰여 있는데 이는 저자가 루크레치아 데 메디치(Lucrezia de' Medici, 1545~1561)와 결혼했던 페라라의 5

대 공작 알폰소 2세 데스테(Alfonso II d'Este, 1533~1598)를 나타낸 것이다.

루크레치아는 메디치 대공의 딸로 교육을 잘 받고 자랐는데, 당시 메디치 가문은 전통적 귀족 에스테 가문과 비교하여 '새로운 부자' 가문으로만 여겨졌기 때문에 알폰소 데스테가 선물을 보내면서 쓴 글에는 자신의 가문을 '900년 된 명가'로 밝히며 메디치가를 우습게 보았다.

당시 두 사람이 결합하면서 루크레치아는 상당한 지참금을 가지고 왔지만, 알폰소 데스테는 그랬던 신부를 2년 동안 버려두다시피 했기 때문에 그녀는 1561년 4월 21일 16세의 나이로 세상을 떠난다. 그리하여 독살 또는 독극물 중독이라는 강한 의혹이 이어졌고, 사망 원인이 결핵이었을 가능성이 컸음에도 독살 관련 소문은 알폰소 2세의 적대 세력에 의하여 꾸며진 것으로 추측되었다.

그후 1564년 알폰소 공작은 신성로마제국 황제 페르디난트 1세와 보헤미아와 헝가리 안나의 여덟째 딸이자 티롤 백작 페르디난트 2세의 누이인 바르바라와 다시 결혼했다. 이때 바르바라의 오빠인 백작이 두 사람의 결혼을 연결했고, 자신의 수행 책임자였던 니콜라우스 마드루즈가 전언문 등을 담당했는데, 그가 아마도 브라우닝의 시 속의 공작이 언급한 사람 중 하나로 여겨진다.

따라서 시적 구성에 나오는 내용을 살펴보면 루크레치아 메디치에 대하여 알 수 있으며, 화가 프라 판돌프와 조각가인 인스브루크의 클라우스가 함께 해당 시에 등장하는데, 이들은 허구의 인물들이다. 시 속 화자는 페라라 공작 알폰소로, 그는 장래 새 부인이 되는 가문의 사절들에게 자신 집에 있는 예술 작품을 둘러볼 수 있게 한다. 그러면서 커튼을 내려 한 여성의 그림을 보여주며 고인이 된 아내의 초상화라고 하면서 손님들에게 앉아서 그림을 보도록 권했고, 자신을 결코 기분 좋게 만들지 않았음에도 공작부인은 맑고 쾌활했으며 적극적이며 친절했던 성격이었

루크레치아 데 메디치(Lucrezia de' Medici), 알레산드로 알로리, 1560, 노스 캐롤라이나 미술관, 롤리, 노스 캐롤라이나

다고 말한다.

　그는 그녀와 자신 사이에 관계를 모호하게 표현하며 결국 "내가 명령을 내리자 모든 미소가 일제히 멈췄다"라고 했는데 이를 두고 브라우닝은 "내가 추측한 바는 공작의 언급이 바로 그녀를 죽이라는 명령이었다는 뜻 아니면 그가 그녀를 수녀원에 가두었을 수도 있다"라고 썼다.

　루크레치아 메디치는 코시모 대공의 딸로, 1558년부터 1561년까지 3

년간의 공식 명칭이 페라라, 모데나, 레지오 공작부인이었다. 일찍 세상을 떠난 언니 마리아의 결혼 상대였던 남편과 결혼했던 그녀의 결혼 생활은 짧았고 불행했다. 폐결핵으로 세상을 떠났음에도 사망 직후 남편의 명령에 따라 독살되었다는 소문이 파다했고, 그랬던 의심이 브라우닝에게 영감을 주었다.

피렌체에서 태어난 그녀 역시 좋은 교육을 받았고 어머니가 수립했던 스페인 궁정 예법에 따라 엄격하게 자랐다. 그때 대공 가족의 소녀들은 허락 없이 자신들의 방을 함부로 떠날 수 없었으며, 오직 함께 있을 수 있는 사람은 담당 가정교사뿐이었다. 그래서 그녀들을 개인적으로 만날 수 있는 사람들이라고는 부모와 형제 외에 나이 많은 고해성사 담당 사제들 정도였다.

어린 시절부터 딸에게 적합한 혼처를 찾기 시작했던 부모의 노력으로 몬탈토의 3대 공작인 돈 페드로 데 아라곤 이 카르도나와 결혼하게 되어 있었다. 그러면서 1552년 그녀는 교황 율리오 3세의 조카인 파비오 달 몬테와 약혼했지만, 1555년 교황이 사망한 후 그 약혼은 취소된다.

1557년, 친프랑스적 입장이었던 페라라 공작 에르콜레 2세 데스테와 스페인의 펠리페 2세는 화해의 표시로 페라라의 세습 군주 알폰소 데스테가 스페인의 동맹국 피렌체의 코시모 1세의 장녀 마리아 데 메디치와 결혼을 결정하지만, 얼마 지나지 않아 마리아가 사망했기 때문에 루크레치아가 그 자리를 대신한다.

당시 에스테 가문의 왕자와 메디치 가문 공주 사이의 결혼은 에스테 궁정에 포진했던 친프랑스파의 반대에 직면했고, 대신 그들은 프랑스 국왕 앙리 2세의 누이 마르그리트와 딸인 엘리자베스를 세습 왕자의 아내로 제안했기 때문에 페라라에서 피렌체에 도착한 대사들은 아직 루크레치아를 본 적이 없는 상태에서 그녀의 평범한 외모와 건강이 좋지 않다는 소문만 믿고 의도적으로 페라라 궁정에 그런 사실을 퍼뜨렸다.

그랬음에도, 1558년 4월, 피사에서 결혼 계약이 체결되었으며 곧이어 신부에게 금화 20만 스쿠디의 지참금이 주어졌다. 아울러 5월 페라라의 고위직 사절 대표가 약혼의 표시로 루크레치아에게 반지를 선물했는데 그때 대사들은 비로소 그녀를 대면하면서 크게 안도했다. 그들에게 공주는 단지 예의 바르고 순결한 소녀였을 뿐이었다.

1558년 5월 피렌체 피티 궁전 예배당에서 엄숙하게 혼례를 올릴 때 알폰소 데스테는 24세였으며 루크레치아는 13세였다. 알폰소는 결혼식 사흘 후 결혼 계약에 서명하면서 장인과 이루어진 구두 합의에 따라 피렌체를 떠난 데 이어 파리의 프랑스 궁정으로 가서 페라라 공국이 진 30만 두카트의 빚을 갚겠다고 약속했다. 이때 루크레치아는 시아버지가 페라라로 이주하라는 권유에도 불구하고 어머니의 요청에 따라 피렌체에 남아 남편이 자신을 데리러 올 때까지 기다렸다.

새롭게 페라라의 세습 공주가 된 그녀는 외부 세계와 고립된 채 피티 궁전의 방에서 계속 살았다. 그러면서 무수히 많은 편지를 보냈을 정도로 남편을 사랑했지만, 알폰소는 아무런 답장도 하지 않았을 만큼 그녀에게 철저히 무관심했다. 그렇게 남편이 오기를 기다리면서 그녀는 거의 아무것도 먹지 않고 말도 하지 않았으며 매일 아침 예배에서 그를 위해 오랫동안 기도했고, 그때 코시모 1세 공작은 귀국을 늦추는 사위의 자세에 불만을 표시했다.

1559년 10월, 에르콜레 공작이 사망한 후 페라라, 모데나, 레지오의 공작이 된 알폰소는 드디어 공식적인 공작부인을 데려가고자 피렌체로 왔기 때문에 1560년 2월, 루크레치아는 엄숙하게 페라라로 입성했다. 그러나 그곳에 도착하기 이전부터 허약했던 공작부인은 그 후 거의 모든 시간을 자신의 방에서 보냈으며, 도착한 지 1년이 채 안 된 1561년 4월, 한 달 동안의 발열, 심각한 체중 감소를 겪으면서 기침을 지속하다가 코피를 쏟은 후 사망했다.

그때 코시모 대공이 공작부인에게 보낸 의사의 편지에 따르면, 그녀의 남편은 루크레치아가 투병하는 동안 줄곧 건강 상태에 대해 걱정했다고 한다. 그리하여 의사는 부검 결과 공작부인이 패혈증의 일종으로 사망한 것으로 보고했고, 현대의 연구자들도 그녀를 죽음으로 이르게 한 원인이 폐결핵이었다고 결론짓고 있다. 그럼에도 그녀가 독살되었다는 소문은 곧바로 퍼져나갔다.

루크레치아는 페라라에 있는 에스테 가문의 조상 묘인 코르푸스 도미니 수도원에 묻혔다. 그 후 공작은 1565년 오스트리아의 바르바라 대공녀와, 1579년에는 마르게리타 곤차가와 결혼한다. 루크레치아와는 물론 이어진 두 번의 결혼에서도 자녀가 없었기 때문에 공작의 사망한 이후 페라라 공국은 교황령의 일부가 되었고, 모데나와 레지오 공국은 데스테 가문의 후손이라는 비합법적인 혈통을 이어받은 알폰소의 조카 체사레 데스테에게 넘어갔다.

오타비아노 데 메디치

1508년 다빈치, 미켈란젤로에 이어 라파엘로가 떠난 뒤 피렌체 미술을 이끌어간 대표적인 화가는 바로 안드레아 델 사르토(Andrea del Sarto, 1486~1531)였고, 그는 대규모 작업장을 운영하면서 폰토르모, 로소 피오렌티노와 같은 매너리즘을 여는 화가들은 물론 프란체스코 살비아티, 지오르지오 바사리와 같은 화가들과 바치오 반디넬리와 같은 조각가를 제자로 둔다.

프레스코화와 패널화 화가이자 능숙한 제도사로서 다작이었던 델 사르토는 약 30년에 이르는 경력 기간 소수의 초상화를 그렸는데 그것이 실제 그의 주된 회화 세계는 아니었다. 그렇지만 독특했다고 할 수 있던 그의 스타일은 절대 뭐라 할 수 없는 그만의 세계를 만들었기 때문에 몇 점 되지 않는 초상화를 집중하여 주목하게 만든다.

지금 보고 있는 작품은 1520년대 중반에 제작했을 가능성이 큰데, 그는 성숙 단계의 정점이었던 생애 마지막 10년 동안 맹렬하게 작업하면서 자신만의 개성을 유감없이 발휘했다(그는 1530년에 전염병으로 사망한다).

그때 그는 피렌체의 수호성인인 세례자 요한의 삶을 묘사한 '키오스트로 델로 스칼초'의 프레스코화 작업에 몰두하고 있었는데 이는 그의 경력에서 가장 중요한 작업 중 하나였고, 그러면서 피렌체 외곽에 있는 수도원 성당인 산 살비의 식당에 기념비적인 '최후의 만찬'을 그렸다.

알다시피 다빈치가 같은 주제를 그려 좋은 선례를 만들었던 것처럼, 그림 속 예수 주변에 모인 사도들은 다양한 감정과 표현을 보여주고 있으며, 델 사르토는 다빈치와 라파엘로가 보여준 관행에 따라, '최후의 만찬'과 다른 작품을 위하여 머리와 손 연습으로 뛰어난 분필 소묘 습작을 통하여 개별 인물의 고조된 감정 상태를 구체적으로 탐구할 수 있었다.

그의 초상화에서 모델들의 머리 연구로 시작되는 것 역시 드문 일이 아니었는데, 이는 인물들의 외적인 모습은 물론 내면의 활력을 정확하게 포착하기 위한 것이었다.

그의 또 다른 초상화 작품 '로렌초 디 마테오 페리'를 통하여 그의 스타일이 어떤지 구체적이고 명확하게 알 수 있게 되며, 그렇게 그가 마무리를 잘하기 위하여 남긴 소묘들은 많이 남아있지 않지만, 이 작업에서 예리하게 포착된 모습을 토대로, 관련 흔적들이 더 있었을 것이라는 사실을 상상하기 어렵지 않다.

그리하여 화면 속에 남은 증거를 통하여 초상화가 그려진 연대를 알 수 있는데, 모델의 옷, 특히 챙이 넓은 모자와 그 아래 망토에 이어지는 볼륨 있는 윗 소매의 짧은 튜닉을 통하여 1520년대임을 알게 된다.

아울러 어떤 미술사가는 사르토와 동시대 화가 로소 피오렌티노가 그린 두 점의 초상화를 비교하면서 두 작품 모두 누군지 알 수 없는 모델에 모자, 아래로 여유 있는 소매의 튜닉 차림이라는 사실을 들면서 사르토가 그린 것과 유사함을 알리고 있다(피렌체에서 이들 그림에서 볼 수 있는 남성 의상에서의 화려함은 곧 사라지고 작은 베레모와 더 좁고 경사를 이루는 소매로 대체되었다).

보고 있는 화면 속 모델이 누구인지 알 수 없지만, 우아하고 값비싼 옷차림으로 인하여 분명히 부유함과 높았던 사회적 지위를 알 수 있는데 그 근거로 사르토를 후원했던 프란치아비지오의 초상화에서와 마찬가지로 당시 상인, 장인, 공무원 등 역시 초상화의 대상이었기 때문에 그림을 통하여 각자의 직업을 알 수 있는데, 이는 중요하다.

초상화가 그려졌을 1520년 무렵의 피렌체는 명목상 공화국이었음에도

한 남자의 초상, 오타비아노 데 메디치(Portrait of a man, Ottaviano de' Medici), 안드레아 델 사르토, 1524-1526, 개인 소장

오랜 기간 그곳에서 실질적 정치 권력을 휘두른 막강했던 메디치 가문은 겉으로는 공화주의라는 과거의 허상에 집착하면서도 실제로는 그렇지 않았다. 그들은 축출된 망명 기간을 거친 후 다시 돌아와 장악력을 회복했는데 그것은 1529년과 이듬해에 이어진 피비린내 나는 피렌체 포위전과 공화정의 확실한 몰락, 그리고 메디치 가문의 권위적 세습 공작자리 등극이라는 절차로 절정에 달했기 때문이었다. 그러면서 정치적으로 매우 어렵던 10년 동안, 피렌체는 친메디치파와 친공화파로 나뉜다.

그리하여 여러 화가가 그려 남긴 공화주의적(반메디치적) 감성을 나타내는 요소들을 그림 속에서 찾아보기 어렵다는 사실로, 초상화는 친메디치 진영의 누군가를 묘사한 것일 수 있는데 그 까닭은 모델이 친숙한 메디치의 문장(stemma)과 더불어 그들의 전통적 색상인 빨간색과 파란색을 옷을 입고 빨간색과 파란색 외투를 착용하고 있는 모습으로 뒷받침된다.

그러면서 이 인물이 메디치 가문의 하위 분파의 한 귀족이었던 오타비아노 데 메디치(Ottaviano de' Medici, 1484~1546)라는 의견이 제시되었는데 명확하게 입증된 것은 아니지만, 설득력 있게 받아들이며 신중하게 고려할 가치가 있다.

　오타비아노 데 메디치는 로렌초 디 베르나르데토 데 메디치와 카테리나 네를리의 아들로, '대단한' 로렌초의 먼 사촌이었고, 오타이아노의 첫 번째 영주이자 메디치의 또 다른 분파인 오타야노(Ottajano) 가문의 창립자였다.

　그는 메디치의 본가는 아니었지만, 코시모 1세 메디치에게 충성했기 때문에 '발리아의 8인'과 '24인의 의회 위원', '시민의 특별 행정관 12인', '요새의 검찰관' 같은 주요 직책을 맡을 수 있었고, 이어 1531년 스페인과 교황군이 도시를 재탈환 이후 알레산드로 공작이 취임했을 때 피렌체 공화국의 최고 사법 집행관이 되었는데, 이는 형식적이었을지라도 매우 명예로운 직책이었다.

　그렇게 피렌체의 행정 최고위직을 차지했던 그는 1518년 바르톨로메아 지우니와 첫 결혼을 했지만, 부인의 죽음 이후 역시 사별로 혼자였던 프란체스카 살비아티와 재혼하는데 그녀는 야코포 살비아티와 루크레치아 데 메디치의 딸이었다.

　그가 첫 번째 부인으로부터 얻은 아들 베르나르도(베네데토)는 오타야노-나폴리에 근거를 두게 되는 오타야노 메디치 가문을 창립했고, 또 다른 아들 알레산드로는 피렌체의 대주교가 된 이후 교황 레오 11세(Pope Leo XI)가 된다.

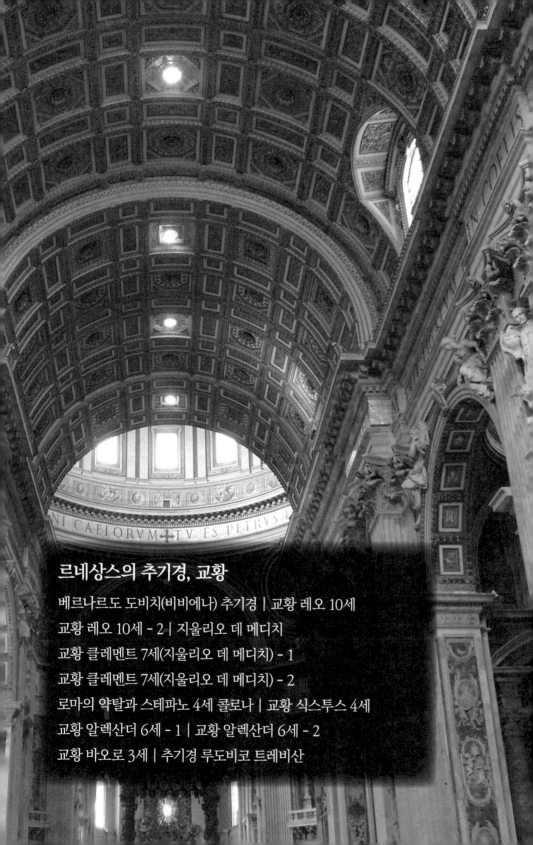

르네상스의 추기경, 교황

베르나르도 도비치(비비에나) 추기경

비비에나로 알려진 베르나르도 도비치(Bernardo Dovizi, Bibbiena, 1470~1520) 추기경은 학자이자 외교관이었으며, 교황 레오 10세의 친구이면서 그로부터 크게 신뢰받으며 지냈던 개인 비서이기도 했다.

그림 속에서 그는 흰색 가운과 짧은 모제타(Mozeta) 망토, 빨간색 비레타(biretta, 모자), 그리고 같은 색의 실크로 만들어진 공식 복장 차림이며, 오른팔을 의자 팔걸이에 놓았고, 왼쪽에는 교황에게 보내는 것으로 보이는 '우리의 가장 신성한 파파'라는 문구가 적힌 편지를 들고 있다.

아래를 살짝 내려보고 있는 시선과 함께 고개를 약간 돌려 옆쪽을 보고 있는 자세는 전체적으로 피라미드형으로 된 화면 구도를 조금 크게 만들면서 전경의 흰색 소매로 눈길을 이끌며, 능직(damask)으로 된 망토(mantle)의 두께와 대비되는 날렵하고 가볍게 보이는 천에는 미세하게 주름이 잡혀 있다.

하지만 이 초상화에서 가장 눈에 띄는 부분은 모델의 기민해 보이는 표정과 더불어 주의 깊어 보이는 시선이다. 이는 그의 권위와 함께 지적인 힘은 물론 인간적 본질까지 전달하고 있는 듯하다.

작품은 1637년 지안카를로 데 메디치 추기경 컬렉션의 일부였는데 아마도 비비에나의 후손들이 그림을 기증했을 것으로 추정된다. 그러다가 프랑스 혁명 뒤였던 1799년 파리로 보내졌고, 1815년 이탈리아로 회수된 후 이듬해 팔라티노 갤러리의 토성의 방에 보관되면서 오늘날에도 볼 수 있다.

비비에나 추기경(Portrait of Cardinal Bibbiena), 라파엘로, 1516, 우피치 갤러리, 피렌체

1516년경 라파엘로는 로마에 있는 귀족 저택들의 장식을 위하여 다른 화가들과 경쟁을 벌이면서 사제들과 추기경들로부터 큰 관심을 받는 주인공이 되었고, 베르나르도 도비치 비비에나 추기경은 의심할 바 없이 자신의 직업적 동료들보다 라파엘로와 더 많은 만남의 시간을 가졌을 것이다.

당시 비비에나 추기경은 교황청에서 가장 힘 있는 인물 중 한 사람이었으며, 아울러 교양 있는 작가였기에 교황 레오 10세와 마찬가지로 고전, 즉 인문주의의 열정적 전문가이기도 했다. 그래서 코미디 작품을 썼고, 그러면서 라파엘로와 적지 않은 작품 계약하며 서로를 향한 신뢰를 굳건히 했다.

그랬던 친밀함을 바탕으로 하여 라파엘로는 추기경의 초상화를 그린 것으로 보이는데, 그래서인지 비비에나의 영민한 정신과 아름다움을 추구했던 훌륭한 삶, 인문적 취향을 분명하게 표현하고 있다. 아울러 흰색과 빨간색으로 이루어진 구성과 특징적인 마무리로 라파엘로의 작업이었음을 분명히 하고 있으나 상세 질감 표현 같은 부분은 확실히 라파엘로가 그린 그림보다 더 경직되어 보인다. 그래서 일부 비평가들은 이 작품이 라파엘로 제자의 작품이라고 생각하면서도 분실되었을 수 있는 원본의 사본일 수 있다고 여긴다.

베르나르도 도비치(비비에나 추기경)는 이름에서 알 수 있듯이 피렌체 동쪽, 아레초의 북쪽 마을인 비비에나에서 태어나 일찍부터 적지 않은 문학적 교육을 받았다. 그는 미래의 교황 레오 10세가 되는 지오반니 메디치의 개인 교사이자 유능한 동반자, 친구가 되어 1494년 11월 메디치 가문 권력자들이 피렌체에서 추방되었을 때도 그들을 굳건히 지지했다.

얼마 지나지 않아 그는 교황 율리오 2세(Julius II)의 보호를 받으면서 로마 교황청의 명예를 드높였다는 찬사를 받았고, 1513년 지오반니 메디치를 위한 평생 후원자의 대표가 되어 부단한 노력과 지원을 한 결과 지오반니가 교황에 선출될 수 있었다.

그랬기 때문에 새 교황 레오 10세는 1513년 9월 비비에나를 포르티코에 있는 산타 마리아 교회의 부제 추기경으로 임명함으로써 공로에 보답한 데 이어 자신의 재무 담당관에 앉히면서 중요 임무 여럿을 맡겼을 정도로 신뢰를 이어갔다. 그후 비비에나는 우르비노 전쟁(1517)에서 교황군을 지휘했고 이어 프랑스 공사(1518)가 되었다.

하지만 프랑스에 머물면서 그곳에 대해 강한 애정을 크게 키워 교황으로부터 신뢰를 잃게 되는데 그럼에도 추기경으로서 꾸준하고 묵묵하게 예술에 대한 폭넓은 후원을 이어갔기 때문에 오랜 친구 사이였던 라파엘로로 하여 바티칸에 있는 비비에나의 개인 공간을 위한 고전적이며 에로틱한 스타일의 프레스코화를 포함하여 여러 작품을 남기게 했다.

비비에나가 이룩했던 문학적 업적 중에서 주로 최초의 주목할만한 희극이었던 이탈리아어 산문 '라 칼란드라(La Calandra)'를 들 수 있는데 이 작품은 아마도 1507년경 우르비노에서 처음 상연된 것으로 여겨지며 이어 로마에서도 매우 큰 관심 속에 공연되었다.

7년 후, 레오 10세와 만토바 후작부인 이사벨라 곤차가 데스테가 참석한 가운데 플라우투스의 명작 '메나에치미(Plautus's Menaechmi)'가 무대에 올랐는데 노골적으로 부도덕한 장면을 담았음에도 현대적 특징을 갖추면서 반짝이는 재치와 섬세한 내용의 공연으로 호평받았다고 한다.

교황 레오 10세 - 1

지오반니 메디치(Giovanni di Lorenzo de' Medici, 1475~1521)라는 이름의 교황 레오 10세는 로렌초 메디치의 차남으로 피렌체에서 태어났다. 일찍이 종교계에서 힘 있는 사람을 만들고자 했던 아버지의 뜻에 따라 그는 1489년 추기경이 되었고 이듬해 교황 율리오 2세가 세상을 떠남에 따라 추기경단(Sacred College) 내의 다른 젊은 후보자들을 누르고 교황에 선출되었다.

통치 초기에 제5차 라테라노공의회의 마무리를 주관했지만, 합의된 개혁 조항들을 시행하는 데 어려움을 겪었고, 값비싼 전쟁까지 치르면서 조카 로렌초 디 피에로를 우르비노 공작으로 만드는 데 성공했으나 막대한 재정 지출을 감수해야 했다.

또한 그는 성 베드로 대성당 개축을 위하여 기부했던 사람들에게 면죄부(Indulgence)를 발행했기 때문에 이를 빌미로 마르틴 루터가 95개의 항의 요구 조항을 내놓게 했던 이른바 개신교 세력이 요구한 '종교개혁'이라는 물결의 근거를 제공한 인물이었다.

그러면서 재직 중 적지 않은 자금을 차입하고는 이를 신중하게 지출하지 않았는데, 그가 그때 벌인 여러 과업이 지금까지 남아 전 세계 사람들을 불러 모으는 문화유산, 예술 작품들이다. 즉 그의 재임 중 성 베드로 대성당의 재건이 진행되었고, 이를 위하여 라파엘로와 같은 이로 하여금 바티칸을 장식하게 했으며, 로마 대학교를 재편하여 문학을 비롯한 고대 인문 연구를 크게 장려했다.

사촌 루이지 데 로시, 추기경 지울리
오 메디치와 함께 한 교황 레오 10세
(Portrait of Leo X with cardinals Giulio de'
Medici and Luigi de' Rossi), 라파엘로, 우
피치 갤러리, 피렌체

1521년에 세상을 떠나 로마의 산타 마리아 소프라 미네르바에서 영면한 그는 선출될 때 사제직군(즉 부제, 사제, 주교 등의 직급)에 속하지 않았던 마지막 교황이었다. 그리고 메디치 가문 출신이라 권력 관계에 있어서 아무래도 자신의 가문을 살펴야 했는데, 이는 로마 주변의 안정과 자신의 권력 기반 강화를 위했던 일로, 당시 로마 교황들의 일반적인 자세였다.

따라서 그는 동생 줄리아노와 그의 아들이자 자신의 조카 로렌초에게 막강한 세속적 경력을 쌓도록 했는데 그것은 로렌초에게 피렌체를 다스리게 하면서 줄리아노에게는 파르마, 피아첸차, 페라라, 우르비노의 권력을 잡도록 하는 것이었다. 그러나 사보이의 필리베르타와 결혼했던 줄리아노가 1516년 사망함에 따라 교황에게는 로렌초가 마지막 희망이 되었다.

한편, 당시 투르크 세력이 막강해져 프랑스, 스페인, 베니스 및 신성로마제국은 그들에 맞선 전쟁을 자제하는 시기였음에도 레오 10세는 잉글랜드의 헨리 8세로부터 전쟁 비용으로 15만 두카트를 얻어냈고, 그 대가로 프랑스를 상대로 한 스페인과 잉글랜드제국 연합에 가담한다.

1517년 2월 시작된 우르비노 전쟁은 결국 공작의 축출과 로렌초의 승리로 끝났지만, 전 교황 알렉산더 6세의 정책을 부활시켰음은 물론 교황령에서 약탈과 무정부 상태를 만들어 십자군 전쟁 준비를 방해했으며 로마 재정까지 망친 결과를 남겼다. 아무튼 그렇게 로렌초는 우르비노의 새로운 공작이 되었다.

전쟁 이전부터 교황은 추기경들과 갈등 관계였기 때문에 우르비노 전쟁으로 인하여 갈등이 심해졌고, 소위 말하여 교황 자문 추기경단은 이미 식스투스 4세 때부터 세속적으로 매우 골칫거리였기 때문에 교황은 그들에 의한 자신의 독살 기도 같은 일에 먼저 대비하면서 음모를 역이용하여 그들 중 한 명을 잡아 처형한 후 다른 이들을 투옥시키는 등의 처벌로 대응했다.

그러면서 그는 동유럽을 위협하고 있던 오스만 투르크의 술탄 셀림 1세의 진격을 막아야 할 필요를 느끼면서 심각하게 십자군 계획을 수립하기 시작했고, 기독교 세계 전체에 휴전을 선포함과 동시에 그들 사이의 크고 작은 분쟁의 중재자가 되어야 했다. 그 결과 신성로마제국 황제와 프랑스 국왕이 오스만에 대항하는 군대를 이끌었고, 이어 잉글랜드, 스페인, 포르투갈이 함대를 제공하는 연합군이 콘스탄티노플로 향했다.

하지만 십자군을 위하여 십일조 및 면죄부 판매로 모금한 돈이 다른 방법으로 사용되었던 일이 알려지면서 신성로마제국과 프랑스 사이의 평화의 중재자라는 교황의 위치는 잉글랜드의 울시 추기경(Cardinal Thomas Wolsey)으로 옮겨갔다.

1519년 헝가리와 셀림 1세와 휴전협정을 맺었음에도, 오스만 투르크의 다음 술탄인 술레이만이 이를 파기하고 1521년 침략을 단행하여 베오그라드 성채까지 점령하는 일이 벌어지고 말았다. 그때 놀란 교황은 당시 프랑스와 전쟁 중이었기 때문에 약 3만 두카트를 헝가리에게 보낼 수 있을 뿐이었다.

그리고 교황은 당시 가톨릭을 믿던 그리스인들을 인정하면서도 칙령을 내려 로마 가톨릭 성직자가 그리스 교회에서 미사를 집전하는 일은 물론 그 반대 역시 불허했다. 이 규정이 나중에 교황 클레멘트 7세와 바오로 3세에 의하여 강화되면서 로마 가톨릭 세계와 동방 정교(Uniate Greeks) 사이의 갈등과 분열은 결국 영원히 해결점을 잃고 말았다.

교황 레오 10세 - 2

레오 10세 재위 기간 이루어진 개신교의 시작, 즉 종교개혁에 대하여 살펴보는 일 역시 중요하다. 실제로 그는 마르틴 루터(Martin Luther, 1483~1546)에 의하여 촉발된 종교개혁 움직임으로 인하여 재위 기간 내내 불안할 수밖에 없었다.

당시 면죄부(indulgence) 설법자들이라는 사람들이 있어서 그들이 마치 시위하듯 교황권의 잘못을 지적하며 구체적인 내용을 널리 알렸는데, 이는 당연히 위법이었다. 그들의 움직임에 따라 마르틴 루터는 1517년 95개 조항의 항의문을 발표했고, 관련 글은 마침 독일에서 만들어진 금속활자에 의해 팸플릿 형식으로 대량 인쇄되어 독일은 물론 전 유럽에 퍼졌다.

그랬음에도 교황은 관련 움직임이 매우 민감한 사실임을 파악하지 못한 상태에서 1518년 2월 아우구스티누스파(the Augustiniansm, 마르틴 루터가 소속되어 있던 교단)의 총괄 담당 대주교를 통하여 관련 수도사들에게 침묵을 명한다.

그러자 5월, 루터는 자신의 의견에 대한 설명문을 교황에게 보냈고, 8월에 로마로 출두하라는 소환 명령을 받았다. 하지만 무슨 까닭에서인지 소환은 취소되었고 대신 루터는 이듬해 10월 교황의 특사인 카제탄 추기경을 만나기 위해 아우크스부르크로 갔다.

그러나 추기경과 논의라는 것이 면죄부에 대한 교황의 권한을 인정하라는 요구였기 때문에 루터는 자신의 신념을 철회할 수 없어 1년 동안 성과 없는 협상을 이어갔고, 그렇게 이루어진 논쟁은 사람들에게 흥미로

교황 레오 10세(소묘), 작가 미상, 1846, 독일 출판 책자에서 인용

운 주제가 되어 독일 전역에 알려진다.

1520년 6월 15일 루터의 주장에서 추출한 41개의 명제를 정죄하고자 또 다른 교황 칙령이 사도직 대사에 의하여 독일로 보내졌고, 그러면서 교황은 1521년 1월 3일 루터를 공식적으로 파문했는데 그것은 신성로마 제국 황제 카를 5세에게 이단자에 대한 강력한 조치를 촉구하는 명령과 다름없었다.

한편, 마르틴 루터는 레오 10세가 교황이 되기 3년 전인 1510년 로마에서 한 달을 보냈는데 그때 알게 된 그곳의 엄청난 부패에 큰 환멸을 느꼈다. 그는 가톨릭교회에서 파문되기 전인 1520년에 레오 10세가 '흠결 없는 삶'을 살았다고 생각했으나 나중에 그런 의견을 철회했는데 그 이유는 그가 목격했던 가톨릭 지도자들의 광범위한 성적 일탈 때문이었다.

교황은 그전부터 성 베드로 성당 건축 등을 위한 모금을 촉구하고자 스칸디나비아에 교황 대사 등을 보냈고, 그러는 도중에 마르틴 루터의 주장이 나타났기 때문에 덴마크에서의 반발을 시작으로 그곳에서 개신교로의 흐름이 촉발되었다.

마르틴 루터의 초상(Portrait of Martin Luther), 루카스 크라나흐 1세, 1528, 코르부르크 성 미술관, 코르부르크

오늘날 스칸디나비아의 주된 종교는 루터교(Lutheranism)인데 이는 교황 레오 10세 때 비롯된 일로, 그때 독일과 스칸디나비아에서 이루어진 반가톨릭 반란을 진압하지 못했던 이유는 당시 레오 10세 주변의 복잡했던 사정, 즉 피렌체에 집중한 메디치 출신 교황이라는 정치적 위상과 집착 등으로 인해서였다.

게다가 1519년의 막시밀리안 황제의 죽음은 당시 상황에 심각한 영향을 미쳤다. 그때 교황은 누가 황제 자리를 승계할 것인가를 심각하게 주시해야만 했는데, 처음에는 자신이 선호하는 프랑수아 1세 또는 그 아래 독일 왕자를 주목하는 듯했지만 결국 합스부르크 스페인의 카를로스(카를)를 새로운 황제로 받아들여야만 했다.

상황이 그렇게 흘러갈 때 레오 10세는 페라라, 파르마, 피아첸차를 교황령으로 통합하기를 열망했고 1519년 후반에 페라라를 점령하고자 시도했지만 실패하고 만다. 그랬던 과정에 외국으로부터 원조의 필요성을 절감하면서 1521년 5월 로마에서 신성로마제국과의 동맹 조약을 체결했다. 이때 밀라노와 제노아는 프랑스에서 빼앗긴 상태였지만, 파르마와 피아첸차에 있던 프랑스인이 추방되면서 그곳은 교황령이 되었다.

한편, 그 무렵 스위스 병사 1만 명을 모집했는데 그 비용은 교황과 신성로마제국 황제가 동등하게 부담했으며, 카를 5세는 피렌체와 그곳의 메디치 가문 사람들을 보호하면서 반가톨릭 세력에 대한 응징을 약속했다. 그때 교황은 반대급부로 카를 5세의 나폴리 왕국 차지를 동의했고, 신성로마제국 황제를 공식적으로 인정하면서 대 베니스 전쟁을 지원하기로 합의했다. 이때 잉글랜드와 스위스 역시 연합에 합류할 수 있다는 조건을 받는다.

1521년 6월, 프랑스는 이탈리아를 공격하기 시작했고, 이어 같은 해 8월 잉글랜드 헨리 8세가 반프랑스 동맹에 지지를 선언했을 때 프랑스의 프랑수아 1세는 이미 나바르에서 카를 5세와 전쟁을 하고 있었다.

그때 교황은 프랑수아 1세가 무기를 내려놓고 파르마와 피아첸차를 자신에게 넘길 것과 충직한 그의 신하들을 석방하지 않는다면 파문하겠다고 으름장을 놓았다. 그러는 사이 오랫동안 탐내던 자신들의 속주를 교황군이 점령했다는, 즉 밀라노를 프랑스로부터 회복시켰다는 기쁜 소식(1521년 11월)을 듣는다.

그랬음에도 기관지가 좋지 않아 폐렴에 걸린 교황 레오 10세는 결국 1521년 12월 갑자기 세상을 떠났기 때문에 마지막 성사조차 집전할 수 없었다. 그의 죽음에 대하여 현대의 의학 전문가들은 독극물에 의한 일은 아니었음을 밝히고 있다.

레오 10세가 생전에 이룩한 여러 예술 형식에 대한 옹호와 사랑은 피렌체에서 태어나 젊은 시절 피사와 유럽 여러 곳에서 받은 인문주의 교육 덕분이었다고 할 수 있다. 그는 비비에나 추기경과 루도비코 아리오스토가 정리한 그리스 비극과 희극은 물론 인문학적인 라틴 시가를 좋아했고,

과거를 되돌아보면서 넓고 새로운 세계를 지향하고자 했다. 그리하여 르네상스 시기를 맞아 고전에서 이루어진 내용들이 인문주의와 기독교 세계를 이었고, 그가 로마에서 그것들을 보기 좋게 합칠 수 있었다.

1509년, 레오 10세는 자신의 바티칸 궁에 개인 도서실을 만들어 그곳의 네 벽면에 벽화를 장식할 것을 결정했다. 자세히 말하자면, 당시 모든 귀족 가문의 경제적, 정치적 권력을 평정하고 교황청 중심으로 르네상스 사회를 재편했던 교회의 최고 권력자이자 이 새로운 질서를 이끌어나갈 탁월한 인문주의자로서 자신을 표현해줄 하나의 상징으로 만들고자 했다. 그러므로 방의 모습을 시각적으로 직접 나타내줄 벽화는 무엇보다도 중요했다.

그때 젊은 나이로 명성이 자자했던 라파엘로가 벽화를 제작하기 위하여 피렌체에서 로마로 왔다. 교황은 라파엘로에게 네 개의 벽면에 당시 중심 철학이었던 신플라톤주의의 근간 사상인 진선미를 상징하는 신학, 법, 철학, 예술을 주제로 벽화를 제작할 것을 지시했다.

지울리오 데 메디치

    지울리오 데 메디치(Giulio de' Medici, 1478~1534)는 아버지 쥴리아노와 대학교수의 딸이었던 피오레타 고리니 사이에서 태어났지만, 두 사람이 정식 결혼식을 올리지 않았기 때문에 그는 사생아였다. 그리고 1478년 5월 파치가의 음모에 의하여 아버지 쥴리아노는 피렌체 대성당에서 암살당했는데 이 사건은 그가 태어난 지 불과 1개월 뒤의 일이다.

    지울리오는 그후 7년간 대부였던 건축가 안토니오 다 상갈로 1세와 보냈고, 이후에는 큰아버지 '대단한' 로렌초에게 아들로 입적되었는데 함께 자란 4촌 형제 중에는 그보다 세살 많은 지오반니(교황 레오 10세)도 있었다. 메디치궁에서 안젤로 폴리치아노와 같은 인문학자로부터 미켈란젤로 등 영재들과 함께 교육받은 지울리오는 음악에 뛰어난 소질을 보였고, 그때 알려진 면모는 수줍음 잘 타고 잘생긴 외모였다.

    그랬던 그의 면모가 타고난 성직자 바로 그것이었지만, 사생아로 태어났기 때문에 교회에서 고위직에 오르기는 어려운 처지였다. 따라서 큰아버지 로렌초의 지속적인 노력으로 지울리오는 군인으로의 경력부터 시작했고, 그랬기 때문에 로도스 기사단에 소속된 이후 성 요한 기사단의 지휘관이 될 수 있었다.

    1492년 로렌초가 사망하고 4촌 형 지오반니가 잠정적으로 추기경직을 맡았을 때부터 지울리오는 비로소 교회에서의 일에 구체적으로 관여하기 시작했다. 그는 피사 대학교에서 교회법을 공부했고 지오반니와 함께 로드리고 보르자가 교황 알렉산더 6세로 선출되던 1492년 콘클라베에

참석하기도 했다.

그 후 로렌초의 장남이던 '불운한' 피에로의 실정으로 인하여 메디치 가문이 1494년부터 피렌체에서 축출되는 바람에 지울리노 역시 6년간 추기경 지오반니와 함께 유럽을 떠돌다가 독일 울름과 프랑스 루앙에서 체포되는 일 등을 겪는다. 그럼에도 두 번 모두 피에로가 그들을 구출했고, 1500년 두 사람은 다시 이탈리아로 돌아와 피렌체에서 가문 재건에 몰두한다.

1512년 라벤나 전투에 또다시 둘이 함께 종군했다가 지오반니 추기경은 프랑스군에게 포로가 되었지만, 지울리오는 탈출하여 교황 율리오 2세의 대리인이 되었다. 그리고 같은 해 교황 율리오와 스페인 아라곤의 페르디난드 군대의 원조로 메디치는 피렌체에서 권력을 다시 잡을 수 있었다. 그러다가 지울리오는 1513년 35세가 되어 국제적인 무대에 얼굴을 내밀게 되는데 그 이유는 동반자이자 친형과 다름없던 지오반니가 교황 레오 10세로 선출되었기 때문이었다.

'많이 배우고, 현명하며, 존경받는, 그리고 부지런한' 지울리오는 그런 평판에 걸맞게 르네상스 시기에 빠르게 적응하면서 레오 10세가 선출된

지 3개월 만에 피렌체 대주교가 되었다. 그리고 그에게 알게 모르게 적용되었던 출생 문제를 비롯한 모든 장벽이 제거되면서 교회의 최고위직이 올랐다.

레오 10세 재위 기간 추기경 지울리오의 명성은 당시 베니스의 교황청 대사였던 마르코 미니오의 1519년 기록으로도 남아있다. 그의 글 속에 지울리오는 교황만큼 합법적인 권위를 가진 추기경이자 대단한 능력의 소유자로 교황과 함께 기거했고, 중요한 일을 하기 전에 언제나 교황과 논의했다는 사실과 더불어 피렌체를 다스리기 위하여 그곳으로 돌아간 사실까지 적혀 있다.

추기경 지울리오가 1517년 3월 이전에 교회에서 교황 다음의 2인자로 공식적 지명되지는 않았지만, 실제로는 교황이 임기를 시작하면서부터 그런 관계였다. 따라서 그는 교황청과 피렌체는 물론 국제적으로 중요한 인물이 되어 영향력을 행사했기 때문에 1514년 잉글랜드의 헨리 8세는 지울리오를 자국을 보호하는 추기경으로 지명했고 이듬해 프랑스의 프랑수아 1세 역시 그를 나르본의 대주교로 임명한 후 1516년에는 프랑스를 보호하는 추기경으로 삼았다.

정치적으로 독립적인 정신을 소유한, 전형적인 차기 교황으로의 능력을 지닌 지울리오에게 잉글랜드와 프랑스의 국왕은 서로 자신의 국가만을 보호하는 추기경이 되어달라고 요구했음에도 그가 거절하면서 두 나라는 크게 실망한다.

추기경의 당시 외교 정책은 이탈리아와 교황령을 프랑스와 신성로마제국의 지배로부터 자유롭게 만들고자 한, 즉 '이탈리아의 자유' 이념에 의하여 형성된 것이었다. 그렇게 해야 했던 이유는 1521년 프랑수아 1세와 신성로마제국 황제 카를 5세 사이에 줄기차게 빚어졌던 개인적 경쟁으로 이탈리아 북부가 전쟁에 휘말리면서 분명해졌다.

이때 프랑수아 1세는 프랑스를 보호하는 추기경 지울리오의 지원을 기대했지만, 지울리오는 프랑수아를 교회의 독립은 물론 롬바르디아의 통제권과 더불어 교황청이 프랑스 교회를 통제하기 위하여 볼로냐 협약을 준수하는 일에 대한 위협으로 인식했다.

그러면서 교황청에서는 카를 5세 황제가 독일을 중심으로 세력을 넓혀가던 루터교를 손보아 줄 것을 강력하게 원했기 때문에 지울리오는 프랑스에 대항하는 신성로마제국을 지원하기 위하여 교회를 대신하여 동맹을 맺었다. 게다가 한 발짝 더 나아가 그해 가을, 밀라노와 롬바르디아에서 프랑스군을 상대로 승리를 거둔 제국-교황 연합군을 이끌었다.

그렇게 주변국의 지배로부터 교황령과 이탈리아를 자유롭도록 동맹을 이용했던 그의 전략은 그가 교황 클레멘트 7세가 된 후의 통치 기간에 결국 비극적인 결말(로마의 약탈)을 만들었지만, 레오 10세 통치 기간에는 교회에 영향을 미치고자 경쟁하는 국제적 파벌 사이에서 제법 괜찮은 힘의 균형을 유지한 전략이었다.

추기경 지울리오는 꽤 많은 군사적 충돌을 이끌었는데 그중에는 1515년 화가이면서 발명가이기도 했던 레오나르도 다빈치와 함께 프랑수아 1세에 대항하는 전투를 지휘한 일도 포함된다. 게다가 그런 면모로 인하여 당대의 저술가 프란체스코 구이치아르디니는 추기경이 성직보다는 차라리 군사적인 면에 더 어울린다고 기술했다.

교황 레오 10세를 대신한 지울리오 추기경의 다른 노력 모두 거의 성공적이어서 레오의 재위 기간 내내 교황 정책의 원동력이 되었음은 물론 1513년에 열린 5차 라테라노공의회의 위원이 되어 공의회수위설로 인한 분열을 치유해야 하는 임무까지 수행했다.

교황 클레멘트 7세(지울리오 데 메디치) - 1

한편, 1515년 무렵 지롤라모 사보나롤라(Girolamo Savonarola, 1452~1498) 라는 도미니크회 수도사이자 선동 설교가, 종교개혁가가 나타났다. 그는 피렌체를 개혁하고, 민주정치를 실시하자고 주장하면서 교황 알렉산더 6 세의 부도덕을 비난하고, 로마 가톨릭교회와 이탈리아가 개혁하지 않으 면 하늘로부터 큰 벌을 받을 것이라고 외치면서 사람들을 끌어모았다. 그런 그의 움직임에 화가 보티첼리 등이 따르면서 사보나롤라는 르네상 스 시기 미술, 문학 등에도 적지 않은 영향을 준다.

이때 추기경 지울리오는 사보나롤라의 행위를 공식적으로 규제했는데 이는 교회 행정을 담당했던 이에게 중요하며 당연한 일이었다. 또한 그는 나중에 1517년 교회의 규율 재편과 십자군 원정 계획 등을 논의했던 피 렌체 공의회를 주관했으며, 그곳에서 5차 라테라노공의회에서 권고한 개 혁을 시행한 최초의 교회 위원이었다.

그때 그가 강조했던 일들로는 사제들의 무기 소지 금지, 술집 출입 및 도발적으로 춤추는 행위 등을 막았고, 매주 고해성사에 빠짐없이 참석하 도록 촉구하는 한편, 예술 지원에 열중하면서 라파엘로에게 '그리스도의 변용'을 그리도록 했고, 미켈란젤로에게 메디치 예배당 장식을 하게 만들 었으며, 금속세공사 벤베누토 첼리니 등이 멋진 작품을 남기게 했던 일 등 르네상스 예술 후원으로도 큰 찬사를 받는다.

지울리오는 1519년 피렌체의 지도자 로렌초 2세가 죽은 이후 1523년 까지 그곳의 후임 지도자 역할을 하면서 정치적인 역량 역시 발휘하는데

지롤라모 사보나롤라의 초상(Portrait of a Dominican, Presumed to be Girolamo Savonarola), 모레토 다 브레시아, 1524, 카스켈베키오 미술관, 베로나

이때 국정을 거의 독단적으로 통제할 수 있을 정도의 힘이 있었음에도 공익을 확고히 하면서 행정을 실용적 기반에 두기 위하여 스스로 검약하면서 노력을 기울여 시민들에게 감동을 안겨 주었다.

그렇게 훌륭했던 시정 운영 능력에 따라 1521년 레오 10세가 사망한 이후 사람들은 지울리오가 당연히 다음 교황이라며 크게 기대했다. 하지만 1522년 열린 콘클라베에서 추기경단은 네덜란드 출신 하드리아노 6세(Adrian VI)를 새로운 교황으로 선출한다.

당시 콘클라베에서 가장 큰 투표권 세력을 장악하고 있었던 추기경이 지울리오였음에도 반대파 역시 만만치 않았다. 그를 반대했던 세력의 중심에는 피렌체의 프란체스코 소데리니 추기경이 있었는데 소데리니 가문은 메디치가와의 권력 투쟁에서 패하여 큰 원한을 품고 있었으며, 그들 외에도 교황이 되고자 하는 큰 야망을 갖고 있던 로마 귀족 폼페오 콜로나 추기경 역시 가문 군주에 대한 레오 10세의 반대를 가슴에 새기고 있었다.

따라서 입후보 자체로 위험에 빠질 수 있음을 깨달은 지울리오는 스스로 절대적인 고위직에 합당하지 않다고 겸손하게 선언하면서 한 발 뒤로 물러났고 대신 신성로마제국 황제 카를 5세의 가정교사이자 플랑드르의 신학자, 추기경이었던 아드리안 데델을 교황으로 추천했다.

하지만 지울리오는 내심 데델 추기경이 교회 일에 대한 전문성 부재와 정치적 모호함, 이탈리아 출신이 아니라는 이유 등으로 거부되는 일을 고려하고 있었다. 그런데 그렇게 겉보기에 이타적인 제안이 결국에는 이상적인 후보자임을 나타내기보다 오히려 견제라는 역효과를 만들고 말았다.

선출 후 20개월 재임했던 데델, 즉 하드리아노 6세는 겉보기에 지울리오 추기경의 의견을 중시하면서 다른 추기경들과는 분명한 거리를 두었다. 이때 추기경은 피렌체의 메디치 궁전과 로마의 칸첼레리아 궁전을 오갔고, 사람들이 '관대한 메디치'가 있는 곳으로 여기던 그곳에서 많은 미술인, 음악인을 후원하면서 가난한 이들을 보호하는 손 큰 주인으로 지냈다.

한편, 피렌체를 통치하던 추기경에게 합법적 후계자가 없었기 때문에 그가 권력자의 위치에서 내려오면 '정부를 시민에게 자유롭게 맡길 것'이라는 말이 파다했지만, 그런 소문을 일축하는 또 다른 선동이 만들어지기 시작했다. 즉 그곳의 권력을 차지하려는 귀족 세력이 암투를 벌이며 지울리오 추기경을 암살하고 적대 세력의 대표자였던 소데리니 추기경 아래 그들의 정부를 세우고자 음모를 꾸민 것이다.

소데리니는 하드리아노 6세와 프랑스의 프랑수아 1세에게 지울리오를 공격할 것과 시실리에 있는 그의 동맹국을 침공하라며 부추겼지만, 새 교황은 이를 거부하면서 오히려 소데리니 추기경을 반역죄로 잡아 투옥한 데 이어 공모자들 역시 사로잡아 같은 죄목으로 참수했는데, 이 일로 인하여 지울리오는 피렌체에서 더욱 확고한 권력을 장악한다.

1523년 9월, 하드리아노 6세가 사망하자 추기경 지울리오는 11월 열린 콘클라베에서 프랑스 국왕파를 누르고 새로운 교황, 즉 교황 클레멘트 7세(Pope Clement VII)로 선출되었다.

그리하여 새로운 교황의 면모는 당연히 뛰어난 정치적 지도력에 현명한 외교관으로의 능력까지 지닌 상태였다. 그랬음에도 그의 동시대인들은 그가 개신교 종교개혁이라는 당면 문제에 대해서는 무관심하다고 여겼다.

그가 교황으로 즉위하면서 우선 이탈리아에서 일어나고 있는 전쟁을 끝내기 위하여 카푸아 대주교 니콜라우스 폰 쇤베르크를 프랑스, 스페인, 잉글랜드 국왕에게 보냈고 기독교 세계의 맏아들과 다름이 없었던 신성로마제국 황제에게도 관련하여 청원했다는 기록이 있는데 이런 시도는 별 효과 없이 끝났다. 그만큼 프랑수아와 카를의 경쟁은 매우 치열했다.

1524년 프랑수아 1세는 이탈리아를 침공하여 밀라노를 차지했고 1525년 1월 교황은 신성로마제국-스페인 편에서 떨어져 나와 스스로 베니스 공화국, 프랑스를 비롯한 다른 이탈리아 제후들과 동맹을 맺었다. 그리하여 조약이 만들어져 파르마와 피아첸차가 교황령으로 인수되었고 피렌체에 대한 메디치의 통치와 프랑스군의 나폴리 자유 통행이 허용되었다.

그러나 그의 애국적이며 괜찮았던 정략은 지속되지 못하는데 주된 이유는 심각한 경제 문제 때문이었다. 이는 이미 전임자들 때부터 이어진 일이었음에도 그는 그 일로 로마의 귀족들로부터 공격을 받았다. 그때 황제 카를 5세에게 중재를 청할 수밖에 없었지만, 한 달 후, 프랑수아 1세가 파비아 전투에서 크게 패하여 투옥되자 교황은 나폴리 총독과 동맹을 맺으면서 카를 5세와 벌였던 이전 교전 상태에 더 깊이 빠져들었다.

교황은 신성로마제국의 오만함에 대한 깊은 우려로 마드리드조약(1526) 이후 프랑수아 1세가 석방되었을 때 다시 프랑스와 손을 잡은 데 이어 베니스, 밀라노의 프란체스코 2세 스포르차와 함께 코냐동맹에 가입했다. 그렇게 시작된 전쟁 중 카를 5세를 향하여 독설을 퍼부어대자 황제는 교황을 일컬어 '목자'가 아니라 '늑대'라고 응수하면서 루터교 문제에 대한 회의를 소집하겠다며 으름장을 놓았다.

교황 클레멘트 7세(지울리오 데 메디치) - 2

한편, 교황 레오 10세처럼 클레멘트 교황 역시 메디치 가문의 친척들에게 매우 관대하여 바티칸의 국고를 빼돌렸다는 의심을 받는데, 그것은 주로 추기경직을 비롯한 직위 할당과 토지 등이 문제였고 그랬기 때문에 클레멘트가 죽은 후 과도한 족벌주의를 방지하기 위한 개혁 조치가 촉구되기도 한다.

한편 '로마의 약탈' 사건에 따른 결과 자신의 1529년 교서를 통하여 카를 5세와 스페인에게 특권을 부여했는데 이는 신대륙 아메리카에서의 가톨릭 교권을 대리하게 한 일이 포함된 것이었다.

로마의 약탈 말기 6개월 동안 산탄젤로성에서 수감 상태였던 교황은 몇몇 주변국 장교들을 돈으로 사들인 후 행상으로 변장하여 그곳을 나와 오르비에토를 거쳐 비테르보로의 탈출에 성공했다. 그는 이듬해 10월, 인구가 대폭 줄어 황폐해진 로마로 귀환했지만 피렌체에서는 메디치와 원수지간이었던 공화주의자들이 로마에서의 혼란을 틈타 교황의 가족을 도시에서 축출시켰다.

1529년 6월 전쟁 당사자들이 바르셀로나 평화조약에 서명했는데 그 결과 일부 도시에서 교황령이 회복되었고 카를 5세는 피렌체에서 메디치가의 권력을 되찾도록 하는 일에 동의했다. 1530년, 11개월간의 포위 공격 끝에 토스카나가 항복하면서 클레멘트 7세는 그의 사생아 조카 알레산드로를 그곳의 공작으로 임명했다.

그 후 교황은 황제에게 복종하는 정책을 펴면서 한편으로 황제가 독

일에서의 루터파에 대하여 엄격하게 행동하도록 유도했지만 교회 관련 총회에서 자신의 요구를 내세우지 않고자 노력했다.

그랬던 교황은 로마의 약탈 기간 반년에 가까운 투옥 생활을 하면서 수염을 기를 수밖에 없었는데 이는 마치 비극적 사건에 대한 슬픔과 애도를 표하는 것 같았다. 당시 그런 차림은, 사제들은 반드시 말끔하게 면도해야 한다는 사제에 대한 규칙에 대한 위반이었지만, 전임자였던 율리오 2세 역시 교황령 볼로냐에 대한 애도의 뜻으로 1511년부터 이듬해까지 수염을 기른 전례에 따른 것이기도 했다.

그가 1534년 세상을 떠나기 전까지 계속 수염을 길렀기 때문에 후임자 바오로 3세는 물론, 그 후 24명의 교황도 수염을 길렀다. 이는 1700년 사망한 인노첸시오 12세에 의하여 멈추었는데 클레멘트 7세의 의도하지 않았던 수염 기르기는 의외로 세기를 넘겨 유행했던 셈이다.

1532년 교황은 이탈리아반도 동쪽 해안의 앙코나 공화국을 점령하여 교황령으로 만들었는데 그렇게 수백 년 해양 강국으로 중요했던 그곳은 자유를 잃고 말았다.

한편, 잉글랜드 국왕 헨리 8세는 새로운 결혼을 꾀하면서 스페인 왕가 출신 아라곤의 캐서린과의 혼인을 무효화시키고자 종교적인 이유를 들

1533년 10월 13일 마르세유에서 프랑수아 1세를 만나는 교황 클레멘트 7세(Meeting of Francis I and Pope Clement VII in Marseilles 13 October 1533), 샤를-필립 라비에르, 프랑수아-사비에르 뒤프레, 1837, 베르사유궁, 베르사유

먹였다. 엄밀하게 말하여, 형수와 결혼했던 헨리 8세는 교황 율리오 2세의 관면에 의한 것이었는데 헨리는 이를 소급하여 무효라고 주장하면서 클레멘트 7세에게 새로운 결혼에 대한 승인을 요청했다.

기독교 국가에서 국왕의 이혼은 있을 수 없는 일이었고, 제국의 황제 카를 5세의 눈치도 살펴야 했던 교황은 당연히 그의 호소를 일축했다. 그러나 앤 불린과의 혼례를 강행하면서 캔터베리 대주교이자 자신의 측근이었던 토마스 크랜머를 선임하는 등 강수를 둔 헨리 8세는 결국 교황으로부터 파문되었다. 따라서 잉글랜드는 국교회로 변모하면서 가톨릭에서 이탈하기 시작했다.

1533년 교황 4촌의 손녀이자 메디치 장자 계열에서 유일한 상속자였던 캐더린 데 메디치와 프랑수아 1세의 아들로서 장래 프랑스 국왕이 되는 앙리 2세 사이의 결혼이 이루어지면서 클레멘트 7세는 그들의 혼인 예식을 손수 집전했다. 그러면서 9일 동안 이어진 호화로운 연회와 축제 속에 마르세유에 있던 교황은 네 명의 새로운 프랑스 출신 추기경을 임명했고, 프랑수아 1세, 카를 5세 및 황제의 딸(Margaret of Austria) 등과 별도의 만남을 가졌다. 그때 마르그리트는 교황의 조카 알레산드로 공작과 1536년 결혼할 예정이었다.

캐더린을 프랑스 왕실로 시집 보냈고, 공작 알레산드로를 합스부르크 가문과 결혼하게 하면서 교황은 메디치 가문의 역사에서 가장 중요한 전환점을 만들었다. 피렌체의 한 귀족 가문(엄밀히 말하여 부르주아, 즉 상인 계급)이 신분적 상승을 이루어 프랑스와 합스부르크라는 막강한 두 왕실에 합류하면서 메디치 가문에게 다음 세기에 결코 달성할 수 없는 '가문의 영광'이 이루어졌다.

하지만 1533년 12월 로마로 돌아오던 교황은 위장 장애와 함께 고열 상태에 빠지면서 몇 달 동안 몸져누웠고 눈에 띄게 쇠약해졌는데, 이를 두고 어떤 이는 간의 문제로 얼굴이 노랗게 변했고 아울러 시력 약화로 거의 실명 상태에 빠졌다고 말했다. 1534년 측근 추기경 트리불치오는 프랑수아 1세에게 보낸 편지에서 교황의 건강이 심상치 않다는 말을 전했다.

1534년 9월 23일 교황은 죽음이 임박했음을 직감하고 황제에게 장문의 작별 편지를 썼으며 미켈란젤로는 그를 위하여 시스틴 예배당 천장에 '최후의 심판'을 그렸다. 이틀 후 교황은 56세의 나이로 생을 마감했는데 그의 재위 기간은 10년 10개월 7일로, 바치오 반디넬리가 디자인한 로마의 산타 마리아 소프라 미네르바에 안치되었다. 한 역사가는 그의 죽음을 두고 독버섯이 원인이었다는 주장도 있지만, 그가 앓던 기간과 증상을 보아 구체적 관련이 없다는 것이 일반적인 추론이다.

추기경에 이어 교황이 되었던 지울리오는 작품 주문과 감독을 겸하면서 16세기 예술 발전, 즉 르네상스에 큰 역할을 했다. 대표적인 것들로 미켈란젤로와 라파엘로 등의 작품 등을 들 수 있는데 건축과 미술의 기법적인 면 역시 포함된다.

아울러 그는 금속 세공사 첼리니를 교황청 화폐 주조소의 책임자로 만들었으며 이때 화가 세바스티아노 델 피옴보로 하여금 교황의 문장(Papal Seal)을 만들어 기준으로 삼게 했다. 그 전에 세바스티아노의 역작 '라자로의 부활'은 지울리오가 추기경이었을 때 실시한 경쟁 시스템에서 비롯된 것이었고, 이때 피옴보는 라파엘로를 누르고 나르본 대성당의 제단화도 그릴 수 있었다.

그의 후원은 신학, 문학을 비롯하여 과학에까지 광범위하게 이뤄졌는데 에라스무스의 '자유 의지'도 마르틴 루터의 가톨릭 비판에 대항하여 지울리오가 쓰도록 관여해 펴낸 대표적인 저술이며, 코페르니쿠스의 천동설과 마키아벨리의 '피렌체의 역사' 역시 그가 개인적으로 1533년 승인했던 기록물들이다.

인문주의자 작가이기도 했던 자신의 주치의 파올로 지오비오로 인하여 교황은 1531년 사람의 죽은 몸 해부 및 관련 의학 실험을 감독하기 위하여 일종의 초보적인 의료 윤리강령을 발표하기도 했다.

게다가 타고난 음악인이었던 그는 르네상스 최성기였던 자신의 재직 기간에 무척 많은 철학자와 예술가들과 교류했는데 그런 예는 다빈치와 매우 친했던 모습에서도 알 수 있다. 다빈치는 지울리오에 의하여 '카네이션을 든 성모' 등을 그릴 수 있었고 당대의 풍자 문학가 피에트로 아레티노(Pietro Aretino, 1492~1556)도 일련의 재미있고 멋진 글을 발표할 수 있었다.

또한 작가 발다사레 카스틸리오네(Baldassare Castiglione, 1478~1529)를 카를 5세의 신성로마제국 대사로, 역사가 프란체스코 구이치아르디니를 교황령 최북단 로마냐의 지사로 임명했다.

그랬기 때문에 1523년부터 1527년까지의 이탈리아 르네상스 예술의 유명한 기법적인 면을 두고 사람들은 때때로 '클레멘타인 양식'이라고 언급했다. 하지만 1527년 일어난 '로마의 약탈'로 인하여 메디치 교황 두 사람의 대관식 이후 그곳에서 크게 번성했던 클레멘타인 양식, 즉 거대한 르네상스의 예술적 황금기는 애석하게도 종말을 고하며 사라져버렸다.

클레멘타인 양식을 나타내면서 발전시킨 미술가들로는 파르미지아니노, 로소 피오렌티노, 세바스티아노 델 피옴보, 벤베누토 첼리니, 마르칸토니오 라이몬디를 비롯하여 라파엘로와 관련된 화가들이었던 지울리오 로마노, 지오반니 다 우디네, 페리노 델 바가, 폴리도로 다 카라밧지오 등이 있다. 이들 중 많은 사람이 로마의 약탈 기간에 맞서 싸우다가 죽임을 당했거나 붙잡혀 투옥 또는 관련하여 병사했다.

로마의 약탈과 스테파노 4세 콜로나

이탈리아에서 '로마의 약탈(The Sack of Rome)'이라는 이름으로 일어난 첫 번째 사건은 서기 410년 8월경 서고트의 왕 알라리쿠스 1세가 이끈 폭도들에 의한 것이었다.

그리고 한참 지나 1527년 일어난 두 번째 로마의 약탈은 이전과 마찬가지로 게르만족의 일파가 침입하여 일으켰다는 점에서 같은 구조였다고 할 수 있다.

당시 스페인 국왕이자 신성로마제국의 황제인 카를 5세의 권력이 커지면서 교황 클레멘트 7세는 이를 큰 위협으로 간주했다. 그리하여 숙적 카를과 치열하게 경쟁했던 프랑스의 프랑수아 1세를 설득하여 동맹을 맺는데 이것이 코냑 동맹(League of Cognac)이다.

그리하여 밀라노, 베니스, 제노아를 비롯하여 메디치의 피렌체 역시 가담했던 동맹은 1526년 시에나에 대한 공격을 개시했으나 보기 좋게 실패로 끝나면서 교황 군대의 약점이 고스란히 드러나고 말았다.

하지만 문제는 그 다음이었다. 교황군, 즉 동맹군을 격파했음에도 카를 황제는 자신이 이끌던 제국군에게 급료로 줄 돈이 한 푼도 없는 상태였다. 그러자 사실을 알게 된 카를의 군대는 분노가 극에 달했고, 사령관 부르봉 공작 샤를 3세를 겁박하면서 방어가 취약하여 약탈하기 쉬운 로마로 진격하자고 몰아붙였다.

당시 로마 방위를 맡았던 군대의 규모는 렌초 다 체리가 이끄는 5,000명의 민병대와 189명 정도의 교황궁을 지키는 스위스 근위대뿐으로, 그

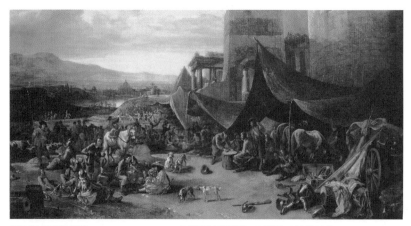

1527년 로마의 약탈(Sack of Rome of 1527), 요하네스 링겔바흐, 17세기, 소장처 미상

나마 믿을 만한 것은 거대한 아우렐리아누스 성벽과 제국군에 없는 제법 많은 수의 포병대였다. 따라서 샤를 부르봉은 자신들의 움직임을 알아챈 동맹군이 반격할 경우, 중간에 갇힐 위험을 알았기 때문에 로마 공격을 서둘렀다.

1527년 5월 6일, 지안니콜로와 바티칸 언덕의 성벽을 공략하는데 이때 샤를 공작이 벤베누토 첼리니(코시모 1세 메디치의 청동 흉상을 제작한 금 세공사이자 조각가, 군인으로 그가 남긴 '자서전'은 바사리의 저서만큼 르네상스 시기를 잘 묘사한 중요한 글이다)의 총에 맞아 치명상을 입고 사망에 이른다.

그렇게 존경받는 지도자를 잃은 제국군을 비롯한 여타 군인들 모두 로마 성벽 공격에 성공했을 때 자제력을 잃고 만다.

그리하여 내부로 침투한 폭도 제국군에 맞서 격렬하게 저항하면서 상당수 몰살당하는 상태에 빠져 겨우 42명만 남은 스위스 근위병은 비록 후퇴였지만, 성 베드로 대성당 계단에서 크게 분전하여 교황을 추적하던 합스부르크 군대를 물리칠 수 있었다. 그렇게 스위스 군대의 결사 항전이 이루어져 교황은 바티칸에서 산탄젤로성(Castel Sant'Angelo)을 연결하는 안전한 통로인 파세토 디 보르고(Passetto di Borgo)를 건너갔다.

교황이 꼼짝없이 성에 갇힌 신세였기 때문에 제국군은 1,000명에 이르던 교황 수비대를 공개 처형하면서 대규모 약탈을 시작했다. 그리하여 교회와 수도원, 성직자와 추기경의 궁전 등

바티칸 청동문에서 경계근무를 서는 스위스 근위병, 위키피디아
사진 ⓒ Wikipedia

이 차례로 파괴되었고, 심지어 제국군을 지지하던 추기경들조차도 난동 부리는 군인들로부터 재산을 지키기 위해 곤경에 빠져있던 5월 8일, 클레멘트 7세의 개인적 라이벌인 폼페오 콜로나 추기경이 로마에 입성한다.

그를 따라 콜로나의 영지에서 온 농민들까지 몰려들어 과거 교황 군에게 당했던 일에 대한 복수를 외쳤지만 콜로나는 처참하게 변한 로마의 상황을 애통해하면서 자신의 성을 로마 시민들을 위한 피난처로 제공했다.

그때 바티칸 도서관은 사보이 필리베르트 군대의 본부였기 때문에 무사한 상태였음에도 3일간 진행된 약탈을 지켜본 필리베르트는 강하게 중단을 명령했지만, 아무런 소용이 없었다.

한편, 산탄젤로성에 교황이 갇혀 있는 가운데 6월 1일 프란체스코 마리아 1세 델라 로베레와 살루초의 미켈레 안토니오가 군대를 이끌고 도시 북쪽의 몬테로시에 도착하여 신중하게 접근했음에도 그들은 제국군을 쉽게 제압할 수 없었다.

6월 6일 클레멘트 7세는 항복하면서 40만 두카트의 몸값을 지불하기로 동의했고, 파르마, 피아첸차, 치비타베키아, 모데나를 신성로마제국에 양도했다. 그때를 틈타 베니스는 체르비아와 라벤나를 정복했고, 교황 반대 세력의 용병대장 시지스몬도 말라테스타는 자신의 영지 리미니로 돌아갔다.

로마의 약탈로 인하여 이탈리아의 사회와 문화, 특히 로마에 처참한 결과를 남겼고, 교황 클레멘트가 주도하다시피 했던 코냑동맹 전쟁은 19세기 전 이탈리아 도시국가들이 독립을 위해 벌였던 마지막 싸움으로 기록된다.

비참한 결과를 만든 약탈 이전의 로마는 이탈리아 르네상스 문화에서 가장 큰 중심지였으며, 그렇게 열매 맺은 경제적, 문화적 풍요로움에 교황 궁정의 권위 있는 역할까지 더해져, 당시 명성과 부를 갈구하는 모든 유럽 문화 예술인의 최종 목적지였었다.

하지만 로마에는 인구가 크게 줄어 경제가 붕괴했고, 약탈의 직접적인 피해자가 되어 목숨 걸고 싸우며 저항했던 르네상스의 예술가와 작가들은 정처 없이 다른 곳으로 뿔뿔이 흩어졌다. 구체적으로, 공격 전 5만 5,000명에 달하던 인구가 1만 명으로 감소했으며 대략 6,000명에서 1만 2,000명이 살해된 것으로 추정되는데 그렇게 사망한 사람 중에는 교황의 비서관 파올로 발다바리니 추기경과 자연 사학자 아우구스토 발도 등이 있으며, 라파엘로의 제자들을 비롯한 당대의 미술인들 역시 적지 않다.

그러나 당시 실제로 일어난 큰 문제 중 하나로, 많은 제국군 병사들이 죽으면서 그들의 시체가 거리에 무더기로 쌓이면서 생긴 전염병이었다. 그것은 약탈이 이듬해 2월 끝났지만, 공격 개시 8개월이 지난 후 도시의 식량 공급이 바닥나고 몸값을 낼 사람까지 오리무중이 되었기에 아무런

스테파노 4세 콜로나의 초상
(Portrait of Stefano IV Colonna),
브론치노, 1546, 국립고대미술
관, 로마

대책이 없어 벌어진 일
이었다.

클레멘트 교황은 로
마에서 예술 후원과 건
설 프로젝트를 이어갔
으나, 이미 피렌체 메디
치가의 황금기는 지나
고 있었고, 로마는 대
략 1560년까지 감소한
인구를 회복하지 못한다. 거기에 권력 이동(교황에서 황제로) 또한 가톨릭에
결정적인 결과를 가져왔다.

황제 카를은 약탈 사실을 알게 된 후, 그리고 자신의 군대가 교황을
가두었다는 사실에 큰 당혹감을 표시하면서 로마가 완전히 파괴되면 자
신의 명예까지 훼손되는 일이기에 이를 막기 위한 군대를 보내 클레멘트
를 자신의 통제에 두도록 명령했다.

황제는 결국 가톨릭교회에서 공식적으로 바르셀로나 조약(1529)을 받
아들이도록 요구하면서 교황과 합의했기 때문에 클레멘트는 이후 카를
황제의 요구에 무조건 동의한다.

그런 합의의 내용에는 황제가 지명한 추기경들의 임명, 1530년 볼로냐
에서 카를이 신성로마제국 황제이자 이탈리아 국왕으로 대관식을 거행
하는 일, 카를의 사랑하는 고모인 아라곤의 캐서린과 잉글랜드의 헨리

8세 사이의 결혼을 취소시키고자 했던 일에 대한 거부 등이었는데, 이 일로 잉글랜드에서도 종교개혁이 촉발된다.

결과적으로 가톨릭교회의 체제가 달라지면서 메디치 교황이 구현했던 르네상스의 자유사상이 돌변하여 '반종교개혁(Contrareformatio, Counter-Reformation)'이라는 또 다른 종교적 정통을 만들고 말았다.

1534년 클레멘트가 사망한 후, 카를 황제와 그의 아들인 스페인의 펠리페 2세의 영향으로 종교 재판이 빈번해지면서 르네상스가 추구했던 인본주의는 교회의 가르침에 반하는 일로 받아들여졌다.

게다가 약탈 사건은 가톨릭과 개신교 사이의 분열을 영구화시킨다.

처음부터 클레멘트는 기독교 세계를 통합하기 위한 성전을 주장했지만, 카를이 재정 문제를 들어 반대했고, 약탈 사건 이후 교황은 황제의 뜻에 따라 공의회를 소집하기로 하면서 장소를 트렌트(Trent, 트렌토)로 정한다.

권력 다툼의 장일 뿐이라는 이유로 공의회 소집을 반대했던 클레멘트가 세상을 떠난 11년 후 1545년 후임 교황 바오로 3세가 트렌트 공의회를 소집했을 때, 카를의 의도대로 가톨릭교회 내 특정 교단에서 존재하던 부패를 개혁할 수 있었다.

그랬음에도 가톨릭과 개신교 사이에서 화해의 순간을 놓치는 결과가 만들어졌는데, 교황과 황제의 협력을 고려했을 때 1520년대에는 가능했을 것으로 사람들은 말한다.

마르틴 루터는 로마 약탈을 두고 "그리스도는 교황을 위하여 루터를 박해하는 황제의 방식으로 루터를 위하여 교황을 파괴하도록 통치하신다"라고 언급했다.

한편, 로마의 약탈 당시 교황 클레멘트 7세를 지킨 스위스 근위대의 용맹함으로 인해 이후 주로 스위스 용병들이 교황청 근위대(Papal Swiss

Guard)에 기용되는 전통이 이어지면서 매년 5월 6일에 스위스 근위대 신병 선서식이 바티칸에서 열린다.

로마 약탈 당시 교황 클레멘트 7세를 지킨 메디치 가문의 호위대장 스테파노 4세 콜로나(Stefano IV Colonna)를 브론치노가 묘사한 초상화에서는 그가 군사적으로 덕장이었음을 강조하려는 의도가 분명해 보인다.

번쩍이는 갑옷, 견고하고 자신감 넘치는 자세, 투구와 칼을 강조하고 있는 손, 확고하며 자부심 넘치는 시선은 마치 스테파노 콜로나의 전기와도 같은 결과를 만들었다.

게다가 그림의 액자에 무기들을 부조로 장식하여 주인공의 직업을 나타내기도 했던 작품은 1548년 그의 장례식 때 피렌체의 산 로렌초 성당에서 전시되었는데, 기둥의 끝부분에는 서명과 날짜가 적혀 있으며, 왼쪽 공간을 막아 스테파노 4세가 콜로나 가문의 일원이었음을 알리고 있다.

교황 식스투스 4세

　보고 있는 초상화 속 주인공은 1471년부터 1484년까지 교황 식스투스 4세였던 프란체스코 델라 로베레(Francesco della Rovere)로, 그는 1414년 7월에 태어났다(1484년 사망). 식스투스 4세는 당대의 요리사이자 조리법 저술가로 플라티나(Platina)라는 이름으로 알려진 바르톨로메오 사키(Bartolomeo Sacchi)를 바티칸 도서관 담당자로 임명했기 때문에 멜로초 다 포를리(Melozzo da Forli)의 작품 '플라티나를 바티칸 도서관 관장으로 임명하는 식스투스 4세'는 이전에는 해당 도서관에 있었으나 지금은 바티칸 미술관에 있다.

　또한 티치아노가 그렸다고 확정된 것은 최근으로, 사실 이 초상화는 1632년 우르비노에서 피렌체로 전해질 때 이름 모를 작가의 작품으로 알려졌고 다른 한편으로 라파엘로의 것으로 여겨졌다.

　1828년 르네상스 최고의 바티칸 도서관장 토마소 잉기라미가 티치아노의 것이라고 인정했다는 사실이 1802년의 목록에서 확인되었음에도 1926년의 기록에서는 학생 작품으로까지 왜곡되어 있었다. 게다가 대부분의 비평가 역시 캔버스의 사인이 위조되었거나 아니면 티치아노와 공동 작업으로 이루어졌던 것으로 간주했다.

　복원이 이루어진 후 작가의 서명을 두고 안토니오 나탈리는 완벽한 티치아노의 작품으로 여겼고 2002년의 추가 작업에서는 과거 복원 과정에 입은 안면 손상을 완화하고자 하는 시도가 이루어졌다. 그리하여 식스투스 특유의, 그러면서 교황의 얼굴 특징이었던 탁월함을 회복할 수 없

플라티나를 바티칸 도서관 관장으로 임명하는 식스투스 4세, 조카들이 차례로 서 있는데 왼편에서 두 번째가 지롤라모 리아리오(Sixtus IV Appointing Platina as Prefect of the Vatican Library), 멜로초 다 포를리, 1477, 프레스코, 바티칸 미술관, 로마

더라도, 그림에 새겨진 조형적 정의는 바로 잡을 수 있었다. 아울러 두건이 달린 짧은 망토인 모제타와 붉은 모자 역시 우아함과 무게감 있는 특유의 활력을 되찾았으며, 주름의 능선이 선명할 정도로 빛을 받아 그림자를 깊게 드리우는 식으로 대담하게 색칠이 이루어졌다.

여러 면에서 로마 역사에 큰 영향을 미쳤던 교황 식스투스 4세는 어떤 이에게는 좋게 보일 수도 있고 완전히 그 반대일 수 있는 것처럼 매사에 행동과 결단의 주인공이었다. 하지만 그에 관한 이야기는 '영원의 도시'

로마에서는 그리 나쁜 일로 받아들여지지 않았다.

식스투스 4세는 1471년에 교황으로 선출되었는데, 그때 용감하게 뇌물이나 향응을 거리낌 없이 제공했던 그의 조카 피에트로 리아리오의 돈 살포, 사적인 권익 보장, 다양한 공약 덕분에 콘클라베에서 승리할 수 있었다.

당시 콘클라베는 여러 파벌로 나뉘어 있었는데, 그 안에는 여러 귀족 가문을 비롯하여 이탈리아 각지 왕국 대리인, 성직자라는 기본 조건을 맞추어 남성만이 할 수 있는 권리자들로 다시 나뉘어 나이 제한 같은 것도 없었다. 그렇게 귀족 가문의 구성원 중에서 교황이 되어 절대 권력을 쥐게 되는 구조였다.

하지만 프란체스코 델라 로베레는 교황이 되기 전부터 이미 신학자라는 명성은 물론 괜찮은 성직자로 인정을 받고 있었으며, 프란체스코 수도회에 합류한 이후에는 도미니크 수도회에 공개적으로 도전하면서 과감하게 그들에 맞서 교리 논쟁을 이어갔다.

진정한 인문주의자이자 예술의 진정한 후원자가 되어 다양한 장르의 예술가들과 어울리기를 좋아했던 식스투스 4세에게 1475년은 중요한 해였는데, 바로 그때 진정한 혁신을 가져오면서 이전과 전혀 다르게 도시 로마를 현대화시켰기 때문이다. 그중 한 예가 폰테 시스토(물에 비추어져 둥근 창문형을 만드는 다리)와 널찍한 도로 신설 및 산타 마리아 델라 파체처럼 복원 또는 새로운 교회 건축 등의 결과가 되어 현재까지 남아있다.

그는 또한 몇 가지 규칙을 도입하여 도시 구조물을 확인 하는 법을 제정하여 산탄젤로 다리로 이어지던 여러 길을 곧게 만들어 순례자들이 성 베드로 대성당으로 쉽게 도달하게 했다. 그런 일은 일부 기념비적인 고대 로마 건물 유적을 재사용하여 무질서하게 성장한 도시에 작은 질서를 가져오게 한 방법이었다. 그러했던 일이 기념비적 장식 미술의 연장이 되어 아마도 이탈리아 르네상스의 가장 아름다운 실현이라는 예로 남아있는 시스티나 성당을 기억하게 만든다.

그렇지만 15세기 교황은 로마뿐만 아니라 이탈리아반도 내의 여타 지역과 마찬가지로 일시적인 권력을 가진 군주였을 뿐이었다. 그렇게 불안정한 동맹과 서로 전복하고 전복당하는 시도 사이에서 식스투스 4세는 다방면 외교 정책의 주인공으로도 활약했다. 그는 피렌체에서 막강한 메디치 가문의 권력을 전복시키려 했던 소위 '파치가의 음모'를 여러 방법으로 광범위하게 지원했고, 은밀하게 지휘한 의혹이 짙다.

게다가 그는 크게 덕 없는 사람들을 추기경으로 선출하여 당시 교황청에 널리 퍼진 관행이었던 '터무니없는 친족주의'로도 유명했다. 결과적으로 로마는 식스투스 4세와 같은 막강한 권력자들에 의하여 낯선 도시로 변모되었음에도 오늘날까지 여전히 아름다움을 잃지 않은 도시가 되었다. 그렇게 된 과정에 어떤 식으로든 역사에 한 획을 그은 교황의 빛과 그림자가 담겨 있다.

교황 알렉산더 6세 - 1

로드리고 보르자(Rodrigo de Borja, 1431~1503)가 본명인 교황 알렉산더 6세는 레오 10세의 선임으로, 아라곤 왕국 발렌시아 근처 사티바의 유명한 보르자 가문 출신이다. 볼로냐대학교에서 공부한 그에게는 본명이 알폰소 데 보르자였던 삼촌이자 교황 갈리스토 3세(Callistus III)가 있었다. 1456년, 스페인 출신으로 최초의 교황이었던 갈리스토가 선출된 후 보르자는 바로 부제가 된 데 이어 추기경이 되었으며, 1년 후에는 가톨릭교회의 부총장이 되었다.

그는 이어진 네 명의 교황 밑에서 공동체 대표격인 쿠리아(Curia)로 시무하면서 상당히 큰 영향력과 부를 축적했고, 1492년 알렉산더 6세 교황으로 선출되었다.

이전 새로운 교황 선출이 이루어지던 1458년, 자신이 나서기에는 아직 어리다는 사실을 알면서 다른 한편으로, 부총장이라는 직위를 유지하고자 하는 열망이 컸기 때문에 문제없이 자신을 밀어줄 수 있는 인물을 모색하다가 피콜로미니 추기경이 비오 2세(Pope Pius II)로 선출되도록 힘을 모았다. 새 교황은 보상으로 보르자에게 부총장직 유지와 호화로운 수도원, 성당 등을 하사했다.

1460년, 보르자가 방탕한 파티에 참석했다는 사실을 안 새 교황은 그를 꾸짖었지만, 보르자는 강하게 부인하며 순간을 모면했고 결국 사면을 받는 일이 있었는데 그의 여러 행적으로 미루어 그것은 실제 있었던 일이라고 후대의 사학자들은 입을 모은다. 2년 후 그는 숨겨 놓았던 정부에게서 페드로 루이스라는 아들을 얻은 후 그 아이를 고향 스페인으로 보낸다.

이듬해 보르자는 교황의 요청에 따라 십자군 전쟁 자금 모금을 위한 일을 적극적으로 추진했는데 그러는 도중 비오 2세가 병에 걸려 세상을 떠나고 말았다. 그러자 보르자는 부총장 자리를 매우 적절히 이용하면서 새로운 교황 선출을 위한 역량을 또다시 발휘한다.

그때 그 역시 교황에 도전할 수 있을 만큼 충분한 명성과 부를 갖고 있었지만, 자신을 포함하여 이탈리아 출신이 아닌 사람이 오직 세 사람이었기 때문에 일찌감치 도전을 포기하며 새로운 전략을 꾸렸다. 그러면서 장래 자신의 라이벌이 되는 쥴리아노 델라 로베레의 삼촌 프란체스코 델라 로베레를 새로운 교황(식스투스 4세)으로 만들기 위하여 표를 모았는데 당시 로베레 추기경은 로마에 정치적인 인맥이 적은 상태로 경건하며 뛰어난 프란체스코회 수도사로 인정받고 있어서 교회 개혁에 적임자로 보였다.

식스투스 4세는 보르자를 추기경-주교로 승진시켰고, 이어 알바노의 추기경 주교로 봉함은 물론 사제 서품권을 주면서 보답했는데 호화로운 수도원과 부총장직 역시 그대로 두었다. 연말에 보르자는 교황청 대사가 되어 스페인으로 가서 카스티야와 아라곤 사이의 평화조약을 위한 교섭과 함께 십자군 지원 방안을 논의한 뒤, 여름에 고향인 아라곤에 도착하여 가족과 재회했고 이어 그곳의 후안 2세 국왕과 페르디난드 왕자를 만났다.

이때 교황은 보르자 추기경에게 페르디난드와 자신의 사촌인 카스티야의 이사벨라(Isabella of Castile)와 결혼하게 만드는 일에 대한 재량권을 주었는데 그에 따라 결국 그들의 혼인이 이루어졌다.

이들 부부는 결혼하면서 첫아들의 대부로 보르자를 지명하지만, 그런

루크레치아 보르자 또는 베아트리체 데스테(Lucrezia Borgia, the Duchess of Ferrara, with the features of Blessed Beatrice II of Este), c. 1510, 바르톨로메오 베네토, 스나이트 미술관, 노트르 데임 대학교, 노트르 데임, 인디애나

일을 떠나 그렇게 맺어진 페르디난드와 이사벨라의 결합은 카스티야와 아라곤의 통합은 물론, 스페인이라는 국가의 통일이 이루어지는 역사적인 일이 되었다. 그때 스페인 내 두 국가의 연합은 스페인에서의 내전 상태가 종식되는 결과가 되어 장래 페르디난드 국왕은 보르자를 매우 호의적으로 여기게 된다.

1480년에 교황은 보르자의 아들 체사레에게 보르자 추기경이라는 합법적인 지위를 부여했기 때문에 1482년 불과 일곱 살의 체사레는 교회 직책을 맡기 시작했고, 이후 보르자의 지위와 권한이 자녀에게 이어지는 일이 시작되면서 그는 가장 부유한 추기경이 되었다.

그렇게 로드리고 보르자가 추기경단장이 된 후 1484년 교황이 세상을 떠났을 때 새로운 교황 선출을 위한 소용돌이가 그를 기다리고 있었다. 보르자는 교황청의 조직을 관장하며 행정을 도맡았을 만큼 자금과 힘이 있었음에도 세상을 떠난 교황의 조카 쥴리아노 델라 로베레와의 경쟁에 직면한다. 그때 로베레 가문을 위하여 교황은 그들이 선거에 참여하도록 많은 추기경을 임명해 놓은 상태였다.

반면에 보르자에게는 뇌물 말고 기타 방법으로 나폴리, 아라곤 등과의 관계 활용 정도뿐이었고, 거기에 스페인 출신 추기경들이 선거 기간에 자리를 떴기 때문에 로베레 가문의 기세를 누를 수 없었다.

결국 로베레 가문이 밀었던 추기경 치보가 인노첸시오 8세(Innocent VIII) 교황이 되었고, 그 후 보르자는 부총장직을 유지한 채 다섯 번의 교황 재위, 네 번의 선거가 이루어지는, 무난한 직무 수행을 이어갔다.

1485년 교황은 보르자를 세비야의 대주교로 임명하는데, 이에 대하여 아들을 위하여 공들였던 자리를 빼앗긴 페르디난드 2세가 크게 분노하여 아라곤에 있는 보르자의 영지를 점령하고 그곳에서 있던 아들 페드로 루이스를 붙잡아 가두었다. 그러자 보르자는 자신에 대한 임명을 스스로 철회하면서 갈등 관계를 정리해야 했다.

그후 교황 인노첸시오는 측근인 쥴리아노 델라 로베레가 강력하게 요구하여 나폴리에 대한 전쟁을 선포했는데 이때 밀라노, 피렌체, 아라곤은 교황이 아닌 나폴리를 지지하기로 한다. 그러자 보르자는 추기경단 내에서 협의를 이끌어 전쟁에 대한 반대를 결정하면서 페르디난드 국왕과 좋은 관계를 이어갔는데, 위협을 무릅쓰고 그런 결정을 이끈 일에 대한 보은으로 국왕은 보르자의 아들 페드로 루이스를 간디아 공작으로 임명한 후 자신의 4촌 마리아 엔리케즈와 결혼하게 했다.

그렇게 하여 보르자 가문은 스페인과 나폴리의 왕가와 직접 연결되어 스페인과 좋은 관계 속에 있었으나 이 일은 다시 델라 로베레 가문의 반대를 초래하는데 그 이면에는 보르자가 교황령과 프랑스 사이의 동맹 교섭을 반대했던 이유도 작용했다. 결국 1486년 7월, 교황이 조건부 항복을 선언하면서 전쟁이 종식된 데 이어 1488년 페드로 루이스가 세상을 떠나면서 로드리고 보르자의 또 다른 아들 후안 보르자가 2대 간디아 공작에 올랐다.

이듬해 보르자는 오르시노 오르시니와 지울리아 파르네세 사이의 결혼식을 주관했는데 몇 달 지나 15세의 파르네세는 58세 보르자의 새로운 애인이 된다.

그러다가 그가 헝가리의 마요르카 주 교구와 에게르 주 교구 등을 아우르며 새로운 성직을 만들어 팔면서 막대한 수입을 올리고 있을 때였던 1492년 교황 인노첸시오 8세가 세상을 떠났다.

교황이 되기 위한 마지막 기회에 61세가 된 보르자에게 두 교황(식스투스 4세, 인노첸시오 8세) 시기 추기경단 구성에 변화가 생기는데 전체 추기경 스물일곱 명 중 열 명 정도는 교황들의 조카에 해당하는 추기경이었고 여덟 명은 절대 권력의 후계자, 네 명은 정통 로마 귀족이었다. 그리고 오직 한 명 정도가 기독교 가문의 봉사에 대한 보상으로 추기경직을 수행하고 있을 뿐 나머지 네 명은 그냥 직업으로의 충실한 교인이었다.

그때 유력한 교황 후보로 나온 세 사람은 독립적 위치였다고 할 수 있는 보르자를 비롯하여 밀라노 대표 아스카니오 스포르차, 친 프랑스 후보였던 줄리아노 델라 로베레였다. 그리하여 보르자가 가장 많은 표를 얻는 데 성공하는데 그때 스포르차가 노새 네 마리에 실린 은을 뇌물로 받았다는 미확인 소문이 파다했다. 결국 스포르차 세력의 지지를 얻은 보르자는 1492년 8월 교황 알렉산더 6세로 선출되었는데. 이때 로마냐 사람들은 새 교황이 수년간 교계 고위층으로 봉사하면서 유능하고 관대한 면모를 보여 매우 만족해했다.

전 교황과 달리 새 교황 알렉산더는 엄격한 정의의 집행과 질서 있는 정부를 고수했지만 오래지 않아 교회에서, 그리고 이웃에게서 그의 가족, 친척을 위한 헌금을 징수했다. 또한 17세의 아들 체사레 보르자는 피사에서 공부하는 학생이었음에도 발렌시아의 대주교가 되었고, 또 다른 아들 지오반니는 스페인에 있는 보르자 가문의 조상 땅 간디아의 공작령을 물려받았다.

그때 간디아 공작과 막내 아들 지오프레 보르자를 위하여 교황은 자신의 영지와 나폴리 왕국에 봉토를 새롭게 만들고자 했는데 그렇게 간디아 공작에게 주고자 했던 영지 중에는 나중에 강력한 가문의 총수 비르지니오 오르시니가 인수하게 되는 체르베테리와 앙귈라라가 있었다.

이 일은 나폴리의 페르디난드 1세를 알렉산더 교황뿐만 아니라 페르디난드가 교황으로 지지했던 델라 로베레 추기경과 충돌하게 만들어, 델라 로베레는 알렉산더 6세가 나폴리에 대항하는 동맹을 결성하고 전쟁을 준비할 때 티베르 강 하구에 있는 자신의 관할 지역 오스티아의 경비를 강화했다. 그러자 페르디난드는 피렌체, 밀라노, 베니스와 동맹을 맺으면서 스페인에도 도움을 청했지만, 당시 스페인은 막 발견한 신대륙에 대한 소유권 승인을 위하여 교황과 좋은 관계를 유지할 필요가 있어서 이를 거부한다.

1493년 알렉산더는 자신의 칙서에서 두 국가의 분쟁을 막고자 스페인과 포르투갈 사이의 아메리카 식민지 선점에 따른 분계선을 확실하게 했는데 이것이 토르데시야스조약(Treaty of Tordesillas)의 근거가 된다.

교황은 자신의 지위 확보를 위하여 적지 않은 동맹을 맺었고, 그때 프랑스의 샤를 8세에게 도움을 요청했다. 하지만 샤를 국왕은 실세 밀라노 공작이었던 루도비코 '일 모로'와 동맹을 맺었는데, 그때 루도비코는 자신의 확고한 권력을 위하여 프랑스로부터의 지원이 절실한 형편이었다. 그러면서 나폴리의 페르디난드 1세 왕이 자신의 손녀 이사벨라의 남편이면서 명실공히 실제 밀라노 공작이었던 지안 갈레아초 스포르차를 돕겠다고 위협하자, 알렉산더 교황은 나폴리 정복 계획 중임에도 프랑스 왕을 지원했다.

　　그러나 항상 가족의 힘을 확대할 절호의 기회를 잡을 준비가 되어 있던 알렉산더는 이중 정책을 취하면서 스페인 대사의 중재를 통하여 1493년 7월 나폴리와 평화를 이루었고, 아들 지오프레와 페르디난드 1세의 또 다른 손녀인 도냐 산차 사이의 결혼을 성립시키면서 평화를 이룬다.

　　그는 추기경단을 더욱 완벽하게 장악하기 위하여 새롭게 추기경 열두 명을 선출했는데 그중에는 자신의 18세의 아들 체사레를 포함하여 정부 지울리아 파르네세의 오빠인 알레산드로 파르네세(나중에 교황 바오로 3세) 등이 포함되었다.

교황 알렉산더 6세 - 2

1494년 1월 페르디난드 1세가 세상을 떠나자 그의 아들 알폰소 2세가 왕위를 이었고, 프랑스의 샤를 8세는 나폴리 왕국에 대한 프랑스의 권리를 공식적으로 주장하기 시작했다. 그리고 알렉산더 교황이 그에게 나폴리를 언급하지 않으면서 그냥 표면적으로 오스만제국에 대항하는 십자군이 로마를 통과하도록 승인하는 바람에 프랑스의 침공이 현실이 되자 그는 놀란 마음에 서둘러 알폰소 2세를 나폴리의 왕으로 인정했고, 아울러 자신의 아들들을 위한 영토를 보장해주는 대가로 동맹을 맺게 된다.

프랑스의 위협에 대한 군사적 대응이 시작되면서 나폴리 군대는 로마냐를 통해 진격하여 밀라노를 공격했고 함대는 제노아 점령을 시도했는데 그렇게 두 원정 모두 제대로 된 작전을 수행하지 못하고 있던 9월 8일 샤를 8세는 알프스를 넘어 밀라노에서 루도비코 일 모로와 합류한다.

그러자 교황령은 혼란에 빠졌는데 이때 강력한 콜로나 파벌은 프랑스의 이름으로 오스티아를 점령했고 샤를 8세는 빠르게 남쪽으로 진격한 후 피렌체에서 잠시 머물렀다가 로마로 향했다. 이때가 1494년 11월이었다.

알렉산더 교황은 아스카니오 스포르차와 오토만 술탄 바요체트 2세에게 도움을 요청하면서 군대를 모아 로마를 방어 태세로 만들려 했음에도 자신의 위치는 위태롭기만 했다. 그리하여 오르시니가 프랑스인들을 그들의 성으로 받아들이겠다고 제안하여 교황은 할 수 없이 샤를 국왕과 타협해야 했다.

12월 31일, 샤를 8세는 자신의 군대는 물론 프랑스파의 추기경들, 그리고 줄리아노 델라 로베레와 함께 로마에 입성했다. 그때 알렉산더는 자신이 벌였던 성직 매매 같은 비리들을 꼬투리 삼아 샤를 국왕이 자신을 폐위시키고 새 교황을 지명하기 위한 의회를 소집할 것 같아 두려움에 떨었다. 그래서 그는 왕에게 큰 영향력을 행사할 수 있도록 생-말로의 주교를 새롭게 추기경으로 선임하면서 설득에 힘썼다.

또한 알렉산더는 아들 체사레를 프랑스 군대와 함께 나폴리에 합법적으로 보내기로 동의했고, 이때 오스만 투르크 내부 반란을 피하여 망명한 후 인질로 잡혀 있던 셈 술탄을 샤를 국왕에게 인도하면서 1495년 1월 샤를 국왕 전용 항구의 조차지를 제공했다.

그 후 샤를 국왕은 술탄과 체사레와 함께 나폴리로 떠났지만, 중도에 체사레는 스폴레토로 향했고 이때 나폴리의 저항이 무너지면서 알폰소 2세는 도망쳐 그의 아들 페르디난드 2세를 위해 퇴위했다. 그럼에도 페르디난드가 사람들에게 버림받으면서 탈출하여 나폴리 왕국은 놀라울 정도로 쉽게 정복되고 말았다.

그렇게 유럽 열강이 샤를 국왕의 승전에 놀라면서 교황, 신성로마제국 황제, 베니스, 밀라노의 루도비코 일 모로, 스페인의 페르디난드 사이에 1495년 3월 신성동맹이 결성되었는데 당시 표면적으로 투르크에 맞서 결성되었던 동맹이었지만 실제로는 이탈리아에서 프랑스 세력을 몰아내기 위한 것이었다.

그때 샤를은 5월 12일에 나폴리의 왕이 되었음에도 며칠 후 북쪽으로 후퇴해야만 했고, 포르노보에서 동맹군과 마주친 뒤 그들의 포위를 뚫으면서 11월이 되어서야 어렵게 프랑스로 돌아갈 수 있었다. 그러자 페르디난드 2세 역시 스페인의 도움을 받아 곧 나폴리로 복귀했다.

이때 샤를의 프랑스군이 보여준 이탈리아에서의 막강한 위세는 '균형의 정치'라는 것이 결국 강력한 침략 세력으로부터 국가를 방어할 수 없

게 만들 뿐이라는 사실을 명백히 하면서 이탈리아는 강력한 국민국가의 진격에 매우 취약한 상태임을 보여주고 말았다.

그렇게 프랑스와 스페인이란 국가가 지난 세기 동안 그들 스스로 단련시켰던 사실을 알게 된 알렉산더 6세는 그 거대한 봉건제를 분쇄하고 중앙집권적 전제정치를 확립하려는 당시 군소 국가 왕자들의 일반적인 지향점을 따르기 시작했다. 그런 일련의 방편으로 그는 오르시니의 세력을 무너뜨리기 위하여 프랑스군의 퇴각을 이용했고 그렇게 그는 교황령에서 새롭고 효과적으로 권력 기반을 구축할 수 있었다.

그때 스페인군에게 붙잡힌 비르지니오 오르시니는 나폴리 감옥에서 사망했고 교황은 그의 모든 재산을 압수했는데, 1497년 1월 나머지 오르시니 일족이 소리아노에서 우르비노 공작 구이도발도 다 몬테펠트로와 간디아 공작 지오반니 보르자 휘하의 교황군에 맞서 저항하며 버텼다.

이때 베니스의 중재로 평화가 이루어지면서 오르시니 가문은 압수된 토지에 대한 대가로 5만 두카트를 냈고 그들이 붙잡은 우르비노 공작은 자신의 몸값을 치르도록 교황에게 넘겨졌다. 그랬음에도 오르시니 가문이 여전히 매우 강력했기 때문에 알렉산더 교황은 3,000명의 스페인 군대 외에는 아무에게도 의지할 수 없다. 그의 유일한 성공이라면 오스티아를 점령하면서 프랑스파 추기경이었던 콜로나와 사벨리를 굴복시킨 일 정도였다.

그러는 가운데 1497년 6월 보르자 가문에게 커다란 비극이 발생한다. 베네벤토 공작이라는 새로운 이름으로 나타나 미심쩍은 생활 속에 있었던 알렉산더의 아들 간디아 공작이 사라진 후 그의 주검이 다음날 티베르강 수면 위로 떠올랐고, 이에 슬픔에 휩싸인 알렉산더는 스스로 산탄젤로성에 들어가 문을 닫아버린다.

그는 그 이후 교회의 도덕적 개혁만이 자신의 삶에 있어서 유일한 목표가 될 것이라고 천명하면서 암살자를 발견하기 위해 모든 노력을 기울였음에도 결정적인 결과가 만들어지지 않는다. 범죄는 성적으로 문란했던 공작의 일상에 따른 간단한 문제였을 수도 있었다.

한편, 쿠리아(curia)는 고대 로마 행정 단위의 하나로 주민이 모여 중요 사항들에 대해 논의하는 장소였다. 행정 단위, 집회소를 가리키는 말로 사용되다가 기독교 세계가 되어 교계 제도를 정비하고 교구마다 교회 행정을 담당하는 행정청을 개설하면서 교구청을 지칭하는 단어로 완전히 정착한다.

알렉산더 교황 시기 쿠리아의 타락은 큰 스캔들이 되어 강력한 피렌체 수도사 지롤라모 사보나롤라와 같은 소위 혁신가들이 교황의 부패에 대하여 독설을 퍼붓고 교황의 독선에 맞서기 위한 총회를 개최하도록 만들었기 때문에 교황은 수세에 몰린다.

그럼에도 불구하고 교황은 탁발 수사 사보나롤라를 조사하기 위해 세바스티안 마지를 임명했고, 사보나롤라의 반항과 선동에 따른 국면이 결국 정치적인 이유에서 비롯된 것으로 여겨지면서 피렌체 집정부는 그를

강력하게 비난했다. 1498년 5월 체포된 사보나롤라는 결국 화형당한다.

당시 이탈리아의 가문들 모두 스페인 출신의 보르자 가문을 멸시했을 뿐만 아니라 그의 가족이 보인 탐욕스러움에 크게 분노하고 있었다. 그런 상황 속에 알렉산더는 더욱 자신의 친족에게만 의지할 수 있다고 여기며 오로지 가족만을 챙겼다. 그러면서 아들 체사레와 나폴리의 프리드리히 4세(Frederick IV, 페르디난드 2세의 뒤를 이은 왕)의 딸 사이의 결합을 모색할 수 없었던 그는 알폰소 2세의 친아들인 비셀리에 공작과 자신의 딸 루크레치아의 결혼을 추진하겠다며 프리드리히를 위협하며 설득했다.

그러는 사이 알렉산더 교황과 새로운 프랑스 왕 루이 12세는 비밀 계약을 체결하여 국왕과 프랑스의 조안 사이의 이혼 칙서를 인준했고(그래서 그는 브리타니의 앤과 결혼할 수 있었다), 왕의 수석 고문 조르주 당부아즈를 루앙의 추기경으로 만드는 대가로 자신의 아들 체사레를 발렌티노(발렌티누아) 공작으로 만들어 그들의 본거지를 완전히 장악하게 했다.

그러면서 체사레는 부인이 나바르 왕국 출신 알베르의 샤를롯 공주였기 때문에 로마냐의 봉건 영주들을 제압하도록 군사적 원조의 당위성을 부여받았다. 결국 알렉산더는 전임 샤를 8세보다는 루이 12세로부터 더 많은 도움을 받으면서 스페인과 스포르차의 항의에도 불구하고 1499년 1월에 프랑스와 동맹을 맺으면서 베니스까지 합세시켰다. 그리하여 가을이 되자 루이 12세는 밀라노에서 루도비코 스포르차를 몰아내고자 이탈리아로 진군한다.

그때 프랑스의 성공이 확실해 보이자 교황은 명목상 자신의 통치 아래 있었지만, 실질적으로 독립적 영주들이 다스리던 로마냐를 과감하게 다루기로 하는데 이때 그런 로마냐 세력에 대하여 베니스, 밀라노, 피렌체 등은 어찌할 도리가 없었다.

한편, 프랑스의 지원으로 힘을 얻은 아들 체사레는 스스로 교계를 상징하는 기수(gonfaloniere) 자격으로 반대편 도시들을 하나씩 공격하기 시작했다. 하지만 밀라노에 이르러 프랑스인들이 추방되고 루도비코 스포르차가 돌아오면서 그의 정복 활동은 중단되어 로마로 돌아간다.

1500년이라는 희년(The Jubilee)이 되어 알렉산더 교황은 교회 내의 여러 축하 행사를 만들면서 16세기를 열었는데 그때 로마 교황권에 부여된 새로운 일은 아메리카 신대륙의 발견과 그에 따른 조치들이었다.

콜럼버스가 신대륙에 상륙한 후, 교황은 스페인으로부터 새로 발견한 땅에 대한 소유권을 확인해달라는 요청을 받았고, 그리하여 일련의 칙령들로 새로 발견된 땅 아메리카와 관련하여 스페인의 권리를 인정하지만, 스페인에 대한 권리 승인과 더불어 노예 제도가 기독교도를 만들기 장려책이었다는 논란, 즉 알렉산더가 노예제를 용인했다는 문제는 19세기까지 이어지면서 교황에 대한 비난을 초래했다.

그러던 중 폐위되었던 전제 군주 오르시니와 체사레가 거느렸던 몇몇 용병대장이 공모한 반역이 이루어져 교황군이 패배하면서 보르자 가문의 상황이 암울해 보였지만, 프랑스의 도움과 그에 대한 약속으로 동맹국들이 신속하게 합의에 도달하는 진전이 이루어지면서 체사레는 세니갈리아에서 배반 행위의 주모자들을 붙잡아 처형한다.

그때 소식을 들은 알렉산더 6세가 오르시니 추기경을 바티칸으로 유인해 지하 감옥에 가두었기 때문에 오르시니는 그곳에서 죽었고 로마에 있던 오르시니 추기경의 모든 재산은 약탈 되어 동조자들 역시 체포되었으며, 알렉산더의 아들 지오프레 보르자는 원정대를 이끌고 캄파냐로 쳐들어가 그곳이 성들을 차지했다.

오랫동안 로마에서 패권을 독점하며 종종 교황의 권위를 비웃었던 오르시니와 콜로나의 두 가문이 결국 몰락했고, 상대적으로 보르자의 권력이 거대해지면서 체사레는 로마로 귀환하여 오르시니의 마지막 요새를 함락시키고자 지오프레를 도와달라는 요청을 받았다. 선뜻 내키지 않았던 일임에도 그는 그곳으로 쳐들어가 체리를 정복한 후 브라치아노에서 지울리오 오르시니에게 항복을 받으면서 평화를 달성한다.

그때 나폴리를 차지하기 위한 프랑스와 스페인 사이의 전쟁은 계속되었는데 교황은 언제라도 가장 유리한 조건을 약속하는 세력과 동맹을 맺을 준비가 되어 있었기 때문에 흥미진진한 자세로 지켜보았다. 그리하여 그는 시실리를 체사레에게 주는 조건으로 루이 12세를 지원하겠다고 제안했고, 이어 시에나, 피사, 볼로냐를 차지하는 대가로 스페인을 돕겠다고 제의한다.

한편, 여러 애인을 두었던 알렉산더는 그중에서 반노차 데이 카타네이만을 총애했는데 1442년에 태어난 그녀는 세 남편의 아내이기도 했다. 교황은 반노차 사이에서 태어난 체사레를 비롯한 네 아이를 조카라고 얼버무렸고, 그러면서 반노차의 당시 남편이 실제 그들의 아버지인 척해야 했다.

그리고 오르시노 오르시니의 아내이자, 매우 아름다웠던 지울리아 파르네세도 알렉산더의 또 다른 정부였음에도, 당시 알렉산더는 반노차 사이에서 태어난 자녀들만 사랑했기 때문에 그들에게 아낌없는 애정과 더불어 막대한 돈 사용을 마다하지 않아 그 아이들은 호화로운 저택에서 매우 유복한 삶을 살 수 있었다.

아무튼 1503년 8월 또 다른 원정을 준비하고 있던 체사레와 그의 부친은 8월 6일 추기경 아드리아노 카스텔레시와 함께 식사한 며칠 후 열병에 걸렸다. 그들을 구하기 위한 과감한 조치가 이루어져, 체사레는 침대에 누워 피부가 벗겨지고 얼굴이 보라색으로 물드는 고통을 느끼면서 겨우 목숨을 건졌지만, 연로한 교황은 회복 불능의 상태에 빠졌다. 결국 교황 알렉산더 6세는 72세를 일기로 세상을 떠났다.

두 사람은 당시 흔했던 말라리아에 걸렸다는 것이 정설이지만, 당연히 독살이라는 등의 말이 이어졌는데 살해되었다는 설이 더 설득력을 얻었다. 교황의 시신은 성 베드로 대성당에서 일반인들에게 공개된 후 몬세라토 델리 스파뇰리에 있는 잘 알려지지 않은 스페인 국립 산타 마리아 교회에 안치되었다.

교황 바오로 3세

레오 10세, 클레멘트 7세, 그리고 알렉산더 6세까지 교황들의 행적을 알아본 결과 여러 생각을 하게 만든다. 그러면서 그들의 친족과 출신 지역 챙기기에 집중했던 면모를 볼 때 당시의 정황으로 또는 시대적, 지역적 고려를 할 경우, 이해되는 면도 있다.

그렇지만 아무래도 우리가 생각했던 가톨릭교회의 수장으로는 예상을 크게 벗어난다는 느낌을 지울 수 없다.

교황 바오로 3세(Pope Paul III, 1468~1549)는 본명이 알레산드로 파르네세(Alessandro Farnese)로, 자신이 태어난 교황령 지역의 종교 지도자였으며 1527년 일어난 '로마의 약탈' 직후 교황이 되었는데 그 시기는 종교개혁이 본격적으로 이루어지던 때이기도 했다.

구체적으로, 그는 1527년 로마가 함락, 약탈, 파괴된 이후 교황의 자리에 올랐고 당시 세상은 개신교로의 개혁 물결이 거세지면서 가톨릭교회에 대한 불신이 만연한 시대였다. 그러자 그는 1545년 트렌트 공의회를 통해 가톨릭 개혁을 시작했고, 독일 중심의 개신교 세력에 맞서 싸우던 카를 5세 황제와의 군사적 수단을 동원한 종교 전쟁에 함께 했다.

따라서 그는 예수회, 오라토리오회와 같은 가톨릭에서의 새로운 종파를 인정해야 했지만 일련의 그가 애썼던 일들은 사생아였던 피에르 루이지 파르네세를 비롯한 파르네세 일족의 이해관계와 얽히면서 방해받았다.

바오로 3세는 미켈란젤로로 대표되는 예술가들의 중요한 후원자였고, 코페르니쿠스로부터 태양중심설 연구를 헌정 받았을 정도로 과학에도 관심이 컸다.

알레산드로는 교황령이었던 라티움의 카니노에서 몬탈토의 영주 피에르 루이지 1세 파르네세와 교황 젤라시오 1세(Gelasius II)와 보니파시오 8세(Boniface VIII)를 배출했던 카에타니 가문 출신의 지오반나 사이에서 장남으로 태어났다.

파르네세 가문은 수 세기에 걸쳐 번영을 누렸지만, 가문의 부와 권력이 엄청나게 늘어난 결정적 이유는 바로 알레산드로가 교황에 오르면서 크게 노력했고 헌신했기 때문이었다.

알레산드로는 피사 대학교와 로렌초 데 메디치 궁정에서 인문주의 교육을 받았는데 그러면서 사도직 공증인으로 훈련을 받아 1491년 로마 교황청에 들어갔고, 이어 1493년 교황 알렉산더 6세는 그를 산티 코스마에 다미아노의 추기경 부제로 임명했다.

사람들은 그때 알레산드로의 여동생인 지울리아 파르네세가 알렉산더 6세의 정부였기 때문에 그로 인하여 오빠인 그가 교회에서 높은 지위를 얻는 데 중요한 역할을 했을 수 있다고 말했고, 그랬기 때문에 그는 지울리아가 '그리스도의 애인'으로 조롱당했던 것처럼 '보르자의 처남'이라는 비아냥을 들어야 했다.

젊은 성직자 시절 알레산드로 역시 귀족 부인이자 음악가였던 실비아 루피니를 정부로 삼으면서 눈에 띄게 방탕한 삶을 살았고, 그 결과 그녀로부터 코스탄차, 피에르 루이지(나중에 파르마 공작이 됨), 파올로, 라누치오 등 적어도 네 명의 자녀를 두었다.

1505년 7월 교황 율리오 2세는 알레산드로의 두 아들이 파르네세 가문의 재산을 상속받을 수 있도록 합법적인 권한을 부여했으며, 이어 1513년 6월 교황 레오 10세는 피에르 루이지에 대한 합법적 지위를 재확인했다.

알레산드로 파르네세 추기경(교황
바오로 3세, Portrait of Alessandro
Farnese), 라파엘로, 1509, 국립 카포
디몬테 미술관, 나폴리

1509년 3월 알레산드로는 파르마의 주교로 임명되었음에도 1519년 6월까지 사제 서품을 받지 못한 상태였고 1519년 7월까지는 주교로도 서품되지도 않았다. 아무튼 파르마의 주교로서 그는 주교 대리인 바르톨로메오 구이디치오니의 영향 아래에 있었는데 그로 인하여 드디어 애인 루피니와의 관계를 끊으면서 자신의 교구를 개혁하고자 결심한다.

교황 클레멘트 7세 시대에 그는 오스티아의 추기경 주교와 추기경단의 학장으로 임명된 데 이어 1534년 클레멘트 교황이 세상을 떠나자 교황이 되었는데 그것은 그가 어떤 파벌에도 속하지 않았었기 때문에 정당하게 선택받았던 결과였다.

그리고 그의 손자들이었던 14세의 알레산드로 파르네세와 16세의 구이도 아스카니오 스포르차가 추기경으로 승격되자 개혁파는 불만을 품고 황제로부터의 항의를 받아냈음에도, 얼마 지나지 않아 그들이 진정으로 공부에 매진하는 모습을 보여 없던 일이 된다. 종교개혁 움직임 이후 네 번째 교황이었던 그는 개신교에 대응하여 최초로 적극적인 개혁을 조치했던 인물이었다.

1536년에 바오로 3세는 학식과 신앙심 모두에서 두각을 나타내는 아홉 명의 저명한 성직자들로 구성된 위원회를 구성하여 교회의 개혁과 재건 방안을 모색하게 하여 1537년 그들이 작성했던 '가톨릭 교회의 학정 조사 관련 보고서'를 통하여 로마 교황청, 교회 행정 및 공적 미사에서의 심각한 권력 남용을 폭로했다. 그리하여 당시 내용을 근거로 권한 남용을 근절하기 위한 대담한 제안이 이루어졌으며, 보고서는 널리 인쇄, 배포되면서 교황이 개혁 문제를 진지하게 다루기 시작했다. 그러면서 그는 카를 5세 황제 역시 개신교 문제가 본격적으로 해결될 때까지 노력할 것으로 분명히 인식한다.

하지만 보고서는 개신교인들에게 적절한 것으로 이해되지 못했는데 그 까닭은 1538년 마르틴 루터의 반응을 그린 삽화에 추기경들이 빗자루 대신 강아지풀로 로마 교회 마구간을 청소하는 모습을 그렸을 정도로 위원회의 권고에 따른 결과가 이루어지지 않았기 때문이었다.

그러면서 잉글랜드에서 캔터베리에 있는 성 토마스 베켓 성소가 철거되는 일이 벌어지자, 교황은 1538년 12월 헨리 8세를 다시 파문하면서 교섭 금지령을 내렸다.

1534년에 교황은 지금의 레바논, 시리아, 팔레스타인 지역인 레반트(Levant)에서 온 다양한 국적과 종교를 가진 상인들의 활동을 지원하면서 그들이 가족과 함께 앙코나(Ancona)에 정착할 수 있도록 허용했다. 당시 앙코나는 전임 교황 클레멘트 7세에 의하여 교황령이 된 곳이었다.

그리하여 앙코나는 수 세기 동안 커다란 무역 도시로 번성하게 되는데 1535년 그곳을 여행했던 한 베니스 사람이 "모든 나라에서 온 상인들로 가득 차 있었고 특히 그리스인과 터키인이 많았다"라고 기록했을 정도였다.

하지만 16세기 후반에 이르러 이탈리아 당국과 교황이 취한 일련의 제한 조치로 인해 그리스와 오스만제국 및 다른 지역으로부터의 상인들 수가 현저하게 줄어들게 된다.

그때 그에게 또 다른 가족 문제가 발생하는데 그것은 교황이 손자 오타비오 파르네세에게 카메리노 공작령을 주기 위하여 우르비노 공작에게서 동일 영지를 강제로 빼앗았던 일이다. 게다가 그는 그렇게 하면서 과도하게 세금을 부과하여 자신의 신민 및 가신과 힘겨루기를 일으켰는데 그때 복종하지 않은 페루지아는 바오로 3세의 아들 피에르 루이지에게 포위된 후 항복했기 때문에 완전히 자유를 잃고 말았다.

한편, 1540년에 가톨릭교회는 로욜라의 이냐시오를 중심으로 이루어졌던 새로운 종교 단체를 공식적으로 인정했는데 그들이 바로 예수회

지울리아 파르네세 또는 유니콘과 젊은 여인(Giulia Farnese, Young Woman with Unicorn), 라파엘로, c. 1505, 보르게세 미술관, 로마

(Jesuit)였다. 그리고 1542년, 반종교개혁 과정의 두 번째 단계로 종교재판소의 설립 및 재조직이 나타났다.

다른 한편으로, 황제는 독일의 개신교도에게 평화로운 회복을 하게끔 새로운 계획을 추진해야 한다고 주장했기 때문에 교황은 1540년 지오반니 모로네를 대사로 삼아 하게나우와 보름스로 보냈다. 그런 다음 가스파로 콘타리니 추기경을 다시 보내 레겐스부르크 협약 과정에 참여하게 했다.

그리하여 콘타리니는 "오직 믿음으로만 우리로 하여 의롭다는 대우를 받을 것이다."라는 유명한 제안을 했음에도 그 일이 로마 가톨릭의 선행 교리를 대체하지 못했음은 물론 결국 거부되었고, 마르틴 루터는 반대자들이 관련하여 교리 변경을 인정하면 이를 받아들일 수 있다고 선언했다.

결국 레겐스부르크 회담이 성과를 거두지 못했음에도 황제는 더 큰 규모의 협의회를 주장하면서 최종적으로 1545년 3월 칙서에 의하여 트렌트 협의회를 소집했다.

한편 크레스피 강화(1544년 9월) 이후 황제는 개신교를 무력으로 진압하기 시작했고, 1545년 보름스 의회가 열릴 때까지 교황 특사 알레산드로 파르네세 추기경과 공동 행동 조약을 체결했는데 이때 바오로 3세는 독일 개신교 제후들과 귀족들에 맞서 이루어질 전쟁 지원에 동의한다.

그러면서 황제가 독일 문제에 전념하고 있는 것으로 보았던 교황은 상황을 틈타 아들 피에르 루이지에게 파르마와 피아첸차 공작령을 획득하도록 할 기회를 엿보게 했는데 그곳은 교황령에 속했지만, 교황 바오로 3세는 가치가 덜한 카메리노와 네피 영토로 교환함으로써 추기경들의 거부감을 극복할 계획을 수립했고 이에 황제가 동의하면서 보병 1만 2,000명, 기병 500명과 더불어 교황으로부터 상당한 자금을 지원받는 일을 크게 반겼다.

전쟁은 대주교인 비드의 헤르만이 1542년 개신교로 개종한 쾰른을 비롯한 독일 서부에서 시작되었고, 카를 황제는 먼저 슈말칼덴 동맹에 가담한 개신교의 왕자, 영지, 도시를 상대로 대규모 공격을 감행했다. 그러면서 헤르만은 1546년 4월 파문당했고, 황제는 1547년 2월 그에게 퇴위를 강제했다.

결국 1546년 말 카를 5세가 남부 독일을 정복한 데 이어 1547년 4월 뮐베르크 전투에서 승리하면서 독일 전역에 걸쳐 그의 제국에 대한 주권을 확립했음은 물론 동맹의 두 지도자를 포로로 잡았다. 아울러 황제는 패배한 분열론자들과의 관대한 타협을 하면서 아우크스부르크 임시회의를 시작했다.

하지만 그가 독일 개신교 군대를 진압했음에도 교황의 아들 피에르 루이지의 영토 야망을 인정하지 않았기 때문에 두 사람 사이의 관계가 급속히 냉각되었고, 상황은 결국 황실 부섭정 페란테 곤차가 피에르 루이지를 강제로 추방하면서 완전히 파탄나고 말았다.

1547년 교황의 아들이 결국 피아첸차에서 암살당했는데 그때 바오로 3세는 일부 책임을 황제에게 돌려야 했다. 그러나 같은 해, 프랑스에서 프랑수아 1세가 사망한 후 임시 동맹 관계를 파기하며 교황을 압박하자 그는 황제와의 또 다른 임시 화해 조치를 받아들여야 했다.

또한 암살된 왕자의 상속 재산에 대해 바오로 3세가 표면적으로 교회의 이름으로 배상을 요구했지만, 그런 계획 역시 피아첸차의 항복을 거부한 황제와 파르마에 있는 피에르 루이지의 후계자인 오타비오 파르네세에 의해 좌절되고 말았다.

한편, 바오로 3세는 반 종교개혁의 토대를 마련했음에도 교황 재임 기간 개신교로의 종교개혁을 제대로 진압할 수 없다는 사실을 일련의 과정을 통하여 알 수 있게 해준다.

그리고 1537년 5월 교황은 아메리카 원주민의 인권을 위한 '대헌장'을 발표하면서 원주민 역시 인간이므로 자유나 소유물을 빼앗길 수 없다고 선언했고 이어 후속 시행 문서를 통하여 관련 선언을 준수하지 않는 사람에 대해 자동으로 파문당할 수 있다고 공표했다.

그럼에도 관련 조치는 서인도 제도 평의회와 잉글랜드 왕실이 강력하게 반대했기 때문에 교황은 관련 조치를 모두 무효화시켰는데 이는 우호관계로 지내야 했던 스페인 왕실과 벌어질 수있는 분쟁을 고려했던 것이었다. 따라서 관련 칙령 및 후속 조치는 지지자들에 의하여 계속 유포되었고 인용되었다.

아마도 바오로 3세 통치 기간 제작된 가장 중요하며 유명한 예술 작품을 들자면, 바로 바티칸 궁 내 시스티나 성당에 있는 미켈란젤로의 '최후의 심판'일 것이다. 작업은 전임 교황 클레멘트 7세의 사망으로 시작되었지만, 바오로 3세는 1541년 제작 기간을 연장하면서 완성을 독려했다.

또한 추기경 시절 알레산드로는 로마 중심부에 파르네세 궁전 건축을 시작했고, 자신이 교황으로 선출되면서 그 규모와 웅장함은 더욱 커졌다. 그곳은 건축가 안토니오 다 상갈로 2세에 의해 설계되었고, 이어 미켈란젤로의 개선을 거쳐 지아코모 델라 포르타에 의해 완성되었다. 다른 파르네세 가족 건물과 마찬가지로, 이 인상적인 궁전은 카프라롤라에 있는 알레산드로의 빌라 파르네세와 유사하게 파르네세 가문의 권력과 부를 알리고 있다.

1546년 상갈로가 죽은 후, 교황은 노년의 미켈란젤로에게 성 베드로 대성당 건축을 감독하도록 맡겼고 아울러 바티칸의 성 바오로 대성당에 그의 마지막 프레스코화인 '성 베드로의 십자가형'과 '성 바오로의 개종'을 그리도록 했다.

그렇게 바오로 교황의 예술 및 건축 의뢰는 많고 다양했는데 티치아노

교황 바오로 3세와 손자들(Pope Paul III and His Grandsons), 티치아노, 1545–1546, 카포디몬테 미술관, 나폴리

는 1543년에 교황의 초상화를 그린 데 이어 1546년에는 손자 알레산드로 파르네세 추기경과 파르마 공작 오타비오 파르네세와 함께 있는 유명한 바오로 3세의 초상화를 남겼다. 또한 교황은 미켈란젤로로 하여금 마르쿠스 아우렐리우스 황제의 고대 청동 조각상을 카피톨리누스 언덕으로 옮겨 캄피돌리오 광장의 중심 장식물이 되도록 했다. 아울러 로마와 교황령의 군사 요새는 그의 통치 시기 크게 강화되었다.

1549년 11월 3일, 바오로 3세는 교황 즉위를 기념하면서 친족에 의한 배신, 그리고 파르마가 카를 5세에 의하여 몰락한 일 등으로 심한 우울감을 느끼면서 손자이자 추기경인 알레산드로 파르네세의 손을 잡아끌며 열띤 논쟁을 벌였다. 그때 자신의 빨간 모자 비레타를 화가 나서 갈기갈기 찢어서 땅에 던지면서 심장마비를 겪을 정도로 흥분하여, 결국 11월 6일, 갑자기 열병에 걸렸고, 신선한 공기가 그의 병을 완화하는 데 도움이 될 것이라 하여 퀴리날레 언덕으로 옮겨졌다.

그는 1549년 11월 10일 사망했는데 임종하며 자신의 친족 관계에 대하여 크게 회개했다고 전해진다. 그를 위하여 굴리엘모 델라 포르타가 제작한 바오로 3세의 청동 무덤은 성 베드로 대성당에 있다.

추기경 루도비코 트레비산

'고대의 근원(Ancient Origins)' 사이트에 실린 글을 보니, 동로마의 쇠퇴는 기후 변화가 아닌 외침에 의한 것이었다고 쓰고 있다.

경제, 문화, 정치적으로 막강했던 동로마의 전초기지 베니스가 당시 급격히 힘을 키운 오스만 투르크에게 패하여 서서히 힘을 잃더니 1453년 벌어진 오스만에 의한 콘스탄티노플(이스탄불) 함락으로 몰락의 길을 걷는다.

그러자 교황 비오 2세는 오스만 제국에 대항하는 서유럽 원정대를 조직하고자 회의를 소집했고, 만토바 공의회 역시 그랬던 일련의 과정으로, 지금 보고 있는 초상화의 주인공 트레비산 추기경 역시 참석했다.

만토바에 정착하기 직전, 파도바에 거주하고 있던 안드레아 만테냐(Andrea Mantegna)가 그린 것으로 어두운 배경 속에 3/4 정도 비스듬한 자세이다.

화가는 인물의 존재감을 강조하면서 강한 명암 대비 효과가 이루어진 일종의 고대 로마식 흉상을 떠올리게 만들면서 무언가에 집중하는 듯한, 진지하게 이루어진 시선과 꽉 다문 입술 등의 상세 묘사는 그의 단호했던 성격을 그대로 나타냈다.

그렇게 신중한 표정이라는 특징에 더하여 주인공의 연륜까지 나타나면서 성직자를 나타내는 세세하게 묘사된 의상, 그것의 옷주름으로 주인공의 사회적 지위를 분명히 하고 있다.

화가가 의도했던 대로 강하고 단호했던 성격의 트레비산은 1455년부터 교황군의 대장이자 제독이 되어 수많은 군사적 충돌 현장에 있으면

앙기아리 전투와 루도비코 트레비산, 다빈치의 그림 모사(The Battle of Anghiari after Leonardo da Vinci), 피터 폴 루벤스, c. 1603, 루브르 미술관, 파리

서 명예로운 승리를 거둔 사실을 알린다. 그랬기 때문에 그는 행정, 외교, 군사 분야 등에 헌신했던 대가로 교황으로부터 많은 수익을 차지하게끔 배려받았다.

아울러 트레비산 추기경은 다마소의 산 로렌초 궁전과 알바노의 빌라 등을 새롭고 호화로운 모임의 장소로 제공하여 인문학의 장을 마련했고, 충분했던 자신의 재정으로 적지 않은 귀중한 유물을 수집하면서 당시 학식 있는 인물들을 끌어들였다.

주인공 루도비코 트레비산(Ludovico Trevisan, 1401~1465)은 신성 로마 교회의 최고 재무관(Camerlengo), 아퀼레이아 총대주교, 교황군과 교황 해군의 총사령관이었다.

파도바에서 군대와는 아무런 인연이 없는 가문에서 태어났는데, 그의

추기경 루도비코 트레비산(Portrait of Cardinal Ludovico Trevisan),
안드레아 만테냐, c.1459, 국립회화미술관, 베를린

아버지는 의술에 뛰어난 의학 박사였지만 그리 유명한 가문 출신은 아니었고, 게다가 유복한 환경도 아니었다.

그는 베니스에서 자유롭게 문법과 시를 공부한 그는 1425년 파도바 대학교에서 아버지를 따라 그 역시 의학 박사 학위를 받은 후 짧은 기간 그곳에서 의학을 가르쳤고, 1430년경 로마로 가서 가브리엘레 콘둘메르(Gabriele Condulmer) 추기경을 위한 주치의가 되었다. 그후 콘둘메르가 교황 에우제니오 4세(Eugene IV)으로 선출되자, 그의 측근이 되어 사도들의 편지 편찬자, 공무국 담당이 되었고, 이어 파도바 대성당의 참사 위원이 되면서 교회 행정을 책임지기 시작한다.

1435년 10월 트라우의 주교로 선출된 데 이어 1437년 8월 피렌체의 대주교로 승진하여 1439년 12월까지 재임했고, 바로 아퀼레이아의 총대주교가 되어 죽을 때까지 그 자리에 있었다.

드디어 이듬해 4월 그는 '교회의 영토를 회복하는 일을 목표로 군대와 함께'라는 구호로 로마냐의 교황 특사로 임명되어 7월 30일에 볼로냐를 점령하기 위한 군사 작전을 개시했다.

그렇게 교황의 특별 대리인이 된 그는 교황군의 재정을 담당하면서 막대한 예산을 통제했으며 아울러 전장에서 직접 지휘를 맡았다.

1440년 6월 그는 교황군의 3,000명 기병과 500명 보병을 이끌고 토스카나로 진군하여 프란체스코 1세 스포르차와 피렌체의 용병들을 지원하면서 니콜로 피치니노에 맞섰다. 그러면서 앙기아리 전투에서 교황청-피렌체 연합군의 우익을 이끌며 피치니노를 격파한다.

그랬기 때문에 전쟁 직후 에우제니오 교황에 의하여 성 로렌초라는 칭호를 받았고, 크리스토포로 디 제레미아가 그의 명예를 기리는 메달을 제작했다.

이어 에우제니오 교황과 필리포 비스콘티가 연합하여 스포르차에 맞서 앙코나 변경백을 탈환하기 위한 전쟁, 그리고 교황 갈리스토 3세(Callixtus III)의 주도로 이루어진 1455년 12월 오스만에 대한 전쟁 수행에 핵심 인물이 되어 새로운 교황 해군 조직을 담당하는 '사도 특사, 총독, 대장, 용병대장(apostolic legate, governor-general, captain and general condottiere)'으로 임명되었다.

그리하여 1457년 8월 미틸레네에 대한 투르크의 공격을 물리치면서 많은 터키 함선을 나포하여 교황을 감탄하게 만든다. 트레비산은 교황 바오로 2세 재위 첫해에 로마에서 부종으로 사망했다.

한편, 흑백 소묘 그림은 피터 폴 루벤스의 모사화로, 당초 다빈치가 그렸던 앙기아리 전투(Battle of Anghiari) 장면이다. 왼쪽부터 용병대장 프란체스코와 니콜로 피치니노 형제와 루도비코 트레비산, 그리고 바리 공작 지오반니 안토니오 델 발초 오르시니이다.

로마에서 고고학을 공부했던 르네상스 화가 안드레아 만테냐(Andrea Mantegna, c. 1431~1506)는 유명한 화가 가문이었던 야코포 벨리니가의 사위였고, 지오반니 벨리니, 젠틸레 벨리니 등이 처남들이었다.

당시 다른 미술인들처럼 만테냐 역시 원근법을 실험했기 때문에 딱딱해 보이는 풍경을 만들었고, 인물에는 조각과 같은 견고한 느낌이 들도록 마무리했다. 아울러 그는 1500년 이전 베니스에서 가장 큰 판화 공방과 회화 작업장을 이끌었다.

르네상스의 여인들

비앙카 카펠로

영국의 저명한 저술가 호레이스 월폴(Horace Walpole)은 피렌체와 메디치 가문, 비앙카 카펠로에 관한 글 등을 쓰면서 르네상스 시대와 이탈리아에 대한 지대한 관심을 나타냈다.

프랑스 왕비 마리 메디치의 아버지가 바로 프란체스코 1세였는데, 그의 계비, 즉 두 번째 대공비가 바로 비앙카 카펠로(Bianca Cappello, 1548~1587)로 마리 메디치에게는 계모에 해당하는, 조금은 불운했던 여인이었다.

비앙카 카펠로는 베니스의 가장 부유했던 귀족 가문 출신이었고, 성장하면서 대단한 미모로 유명해지면서 열다섯 살이 되었을 때 한 남자와 사랑에 빠져 둘이 도피를 하면서 극적인 삶을 살게 된다.

그녀와 사랑에 빠진 피에트로 보나벤투리는 피렌체의 살비아티 가문이 운영하는 상점에 근무하던 젊은 점원으로, 베니스로 와서 근무 중이었다. 두 사람의 사랑은 출신 계급의 차이도 있었고, 출신 지역 역시 서로 매우 달랐던 까닭에 결코 결혼으로까지 이를 수 없는 일이었다. 그랬음에도 젊은 커플은 베니스를 탈출하여 피렌체로 가서 비밀 결혼식을 올렸다. 그렇게 비앙카가 가문을 배신한 행위는 귀족들이 사적으로 그녀와 피에트로를 처형한다 해도 아무런 문제가 없는 일이었다.

자객을 피하고자 외출까지 자제하는 등 비앙카와 피에트로는 극도로 몸조심을 하면서 지냈지만, 시간이 지날수록 비앙카는 가난한 남편 집의 온갖 허드렛일을 도맡아 해야만 했기 때문에 그들 가족과 잘 지낼 수 없었

으며, 그렇게 두 사람의
사랑은 시들어만 갔다.

어느 날 우연히 창
문을 조금 열고 밖을
보던 비앙카는 당시 피
렌체의 지도자 코시모
의 장자이자 공작 프란
체스코 메디치와 눈이
맞았다는 말이 있는데,
실제로는 숨어 지내다시피 했음에도 그녀의 미모와 관련 소문이 은연중
에 퍼져나갔기 때문이었다.

오스트리아 공주 출신 공작부인 요안나가 있었지만, 비앙카에 빠진 프
란체스코는 그녀를 자신의 정부로 삼으면서 보나벤투리 식구들에게는
금은보화 등으로 사례했고, 아울러 피에트로를 궁정에서 일할 수 있게
해주었다. 하지만 피에트로는 길을 가다가 자객에게 암살당하는데 이를
두고 비앙카와 대공이 사주했다는 말이 유력하다.

1574년 코시모의 사망에 따라 프란체스코가 대공 자리를 계승했고 그
때 그는 자신의 궁과 가까운 곳에 또 다른 궁전을 지어 비앙카가 살게
하면서 아내 요안나의 분노를 샀다. 그때 프란체스코와 본부인과 사이에
아들이 없었기 때문에 만일 비앙카가 아들을 낳는다면 그 아들은 바로
프란체스코의 직위를 물려받을 적자가 되어 비앙카의 강력한 보호막이

될 수 있었다.

1576년에 비앙카가 아들 안토니오를 낳았지만 프란체스코는 본부인으로부터 합법적인 아들 갖기를 희망하면서 그 아이를 인정하지 않았다. 이듬해 프란체스코와 요안나에게 아들 필립이 태어났고, 아이는 영아기를 몇 달 견디면서 위험에서 살아남았다. 그 일로 인하여 프란체스코로부터 자신을 가장 사랑하는 정부 이상의 위치를 원하던 비앙카의 희망은 산산이 부서지는 것처럼 보였다.

1578년 대공비 요안나가 사망한 후 몇 달 지나 프란체스코는 비밀리에 비앙카와 결혼식을 올렸고 1579년 6월 10일에 이를 공식적으로 발표하면서 안토니오를 아들로 인정했다. 그리고 이틀 후 비앙카는 피렌체의 베키오궁에서 토스카나 대공비로 즉위한다.

그렇게 상황이 급변하게 되면서 베니스 당국은 비앙카에 대한 수배를 없던 일로 하면서 두 사람의 웅장한 결혼식에 공식 축하 사절까지 파견했는데 그것은 비앙카 카펠로로 인하여 토스카나와 좋은 관계를 구축할 수 있을 것으로 여겼기 때문이었다.

그러나 비앙카의 위치는 결코 안정적이지 않았다. 가장 큰 이유는 젊은 대공 필립이라는 엄연한 상속자와 비교하여 상대적으로 그녀의 아들은 단순 사생아로, 절대 상속자가 될 수 없다는 사실 때문이었다. 따라서 비앙카는 만일 남편이 자신보다 먼저 죽는다면 아이의 미래는 당연히 불투명하게 될 것임을 걱정해야 했다. 게다가 프란체스코의 가족, 특히 그의 남동생 페르디난도 추기경은 그녀를 일컬어 야욕을 위하여 위험을 무릅쓰고 공국으로 침입했던 여자로 여기며 몹시 미워했다.

그런데 1582년 상속자 필립 대공이 갑자기 세상을 떠났다. 그러자 프란체스코는 스페인의 펠리페 2세의 지원을 받아 하나 남은 아들 안토니오가 자신의 계승자임을 확인하는 작업에 즉시 착수하여 그를 합법적이고 명백한 후계자로 선언했다. 그리하여 비앙카의 지위는 세자의 모친으로 강화되었고, 안토니오가 성인이 되기 전 프란체스코가 사망하더라도 비앙카는 아들을 대신하여 섭정 통치를 하면서 존경을 받을 수 있는 위치에 올랐다.

그러나 1587년 10월, 포지오 아 카이아노에 있는 빌라 메디치에서 프란체스코와 비앙카는 19일과 20일 사이에 말라리아 또는 몇몇 역사가가 주장하는 독살로 인하여 갑자기 세상을 떠났다. 이후 실권을 잡은 추기경 페르디난도는 비앙카가 메디치 가문의 공식 구성원이 아니라는 이유로 가족묘에 매장하는 일까지 불허했다. 그리하여 비앙카는 포지오 아 카이아노에서 피렌체로 옮겨진 후 성 로렌초 성당의 공동묘지에 매장되었다고 하지만 그녀의 묘소는 영원히 불분명해진다.

2006년 피렌체 대학교의 법의학 및 독성학 전문가들은 대영의학회지에 발표한 논문에서 죽은 두 사람이 비소에 중독되었다는 근거를 보고했지만, 2010년 프란체스코의 유해에서는 말라리아를 일으키는 열대열

원충 기생충 증거도 발견되었다.

　아무튼 당시 권력을 잡은 페르디난도 추기경은 극도로 비앙카를 싫어했기 때문에 선동과 헛소문, 모함을 마구 퍼뜨려 그녀를 곤란에 빠뜨렸고, 그랬기 때문에 사망 이후의 어떤 식의 수습조차 거부했던 일은 당연했다. 하지만 이는 당시 서유럽 왕가, 권력 가문에서는 절대 있을 수 없는 일이었다.

　또한 페르디난도 추기경이 비앙카의 아들 안토니오(Antonio de Medici, 1576~1621)를 두고 시종의 거짓 임신으로 태어난 아이라는 이야기를 꾸몄기 때문에 안토니오는 18세의 나이에 몰타 기사단으로 보내져 오스만 투르크에 맞서 싸웠고, 루카 출신의 여인 사이에서 세 아들을 두었다. 하지만 메디치 가문은 그들의 존재를 부인했으나 교황 바오로 5세 시기 코시모 대공의 정식 후손으로 인정되었다.

카테리나 스포르차 - 1

남편 또는 친정으로 인하여 정치적 격랑 속에 지도자 역할까지 맡으면서 역사에 남았던 여인들을 이탈리아에서도 적지 않게 볼 수 있다. '르네상스의 여인들'을 쓴 시오노 나나미는 정치와 역사의 격랑 속에 살았던 이탈리아의 두 여걸을 들고 있는데 바로 이사벨라 데스테와 카테리나 스포르차이다. 시오노 나나미는 그들을 일컬어 르네상스 최고의 여성 지도자들이라고 언급하면서도 정치적으로 '여성적 한계'가 있었다고 한다.

피렌체 대공 코시모 1세 메디치의 할머니이기도 했던 카테리나 스포르차(Caterina Sforza, 1463~1509)는 이몰라 부인이자 포를리 공작부인으로, 남편 지롤라모 리아리오가 사망한 이후 아들 오타비아노를 대신하여 포를리와 이몰라를 다스렸다. 그때 강인하게 각인된 그녀의 이미지는 남성적 여권을 상징하는 어머니이자, 미망인, 부인, 지도자였고, 그러면서 르네상스라는 이름의 문예를 진흥시킨 여장부였다.

밀라노에서 태어난 카테리나는 갈레아초 마리아 스포르차와 지안 피에로 란드리아니 백작의 아내였던 루크레치아 란드리아니 부인 사이에서 태어난 사생아였다. 당시 란드리아니 백작은 밀라노 공작 궁정의 신하로 갈레아초 마리아의 절친한 친구였기에 어린 시절 카테리나는 어머니와 함께 지내면서 외가의 보살핌을 받았는데 그녀의 어머니는 카테리나가 피렌체로 가서 살게 되었을 때도 함께 했다.

부친 프란체스코 스포르차가 세상을 떠나 밀라노 공작자리를 물려받은 카테리나의 아버지는 그녀와 란드리아니의 자식들을 궁정으로 와서

함께 살게 하지 않았다. 그래서 카테리나는 할머니 비앙카 마리아 비스콘티에게 맡겨졌다. 또한 새로운 공작은 그 직위에 오르던 해 도로테아 곤차가와 다시 결혼했지만 1468년 그녀가 세상을 떠나면서 같은 해 사보이의 보나와 다시 혼인한다.

그 후 비로소 궁정으로 들어온 카테리나와 형제자매는 라틴어 고전을 비롯하여 예술과 문학, 글쓰기 등 탄탄한 인문학적 교육을 받았다. 아울러 그녀는 할머니에게 전쟁을 통하여 국가를 유지했던 강건했던 조상을 알고 배우며 자부심을 키웠고 무기 사용법은 물론 국가를 다스리기 위한 기민한 사고와 행동 역시 배울 수 있었다.

한편, 사보이의 보나는 의붓어머니였음에도 남편의 모든 자녀에게 애정과 정성을 쏟아부었다고 하며 식물성 의약품을 세계 최초로 소개했다는 말도 있다. 그랬던 근거로는 그녀가 자신만의 약제 담당이었던 크리스토포로 데 브루고라와 함께 궁으로 들어왔던 데서 알 수 있다. 그렇게 이어진 사보이의 보나와의 관계는 카테리나가 밀라노 궁정을 떠난 이후에도 서신 등을 통하여 이어졌다.

1473년 카테리나는 파올로 리아리오와 교황 식스투스 4세의 여동생인 비앙카 델라 로베레의 아들인 지롤라모 리아리오와 약혼했는데 이는 사촌이자 당시 열한 살에 불과했던 코스탄차 폴리아니를 대신한 일이었다. 당시 법정 결혼 연령은 14세였고 카테리나도 열 살이었으므로 이들의 결혼에는 당연히 정치적 이유가 개입되었던 것이었는데 정식 결혼은 카테리나가 14세 되었을 때 이루어졌다.

　　그 이유는 교황 식스투스 4세가 조카 지롤라모에게 당시 리아리오 가문의 영지였던 이몰라의 영주권(Lordship of Imola)을 주면서 혼인을 지원했기 때문이었다. 카테리나는 지롤라모와 결혼하면서 밀라노 공작의 딸이라는 신분과 함께 이탈리아에서 가장 부유한 궁정의 일원이 되었다. 1479년 그녀는 첫아들 오타비아노를 얻었고 이어 체사레, 외동딸 비앙카, 지오반니 리비오, 갈레아초, 프란체스코를 낳았다.

　　15세기가 저물던 그 무렵, 로마는 더 이상 중세의 도시가 아닌 르네상스의 가장 중요한 중심지로 여러 예술적 창작이 활발하게 시도되는 장소였다. 1477년 카테리나가 그곳에 갔을 때 도시는 온통 문화적 열기로 가득차 있었고 심지어 개혁의 요구들이 여기저기 벌어지고 있었다.

　　게다가 권력과 그에 따른 음모가 뒤섞인 분위기 속에 정신적 요구를 훨씬 넘어서는 물질적 향유가 부끄러움 없이 추구되고 있었는데 남편에 의하여 정치적 간섭이 금지되었음에도 카테리나는 외향적이고 사교적인 성격 때문에 로마 귀족 사회에 빠르게 동화되었다.

　　남겨진 자료를 보면 그녀는 당시 로마 귀족 여성 중 가장 아름답고 우아한 사람 중 하나가 되어 두루 존경받으면서 어디를 가든 환영받았고 교황을 포함한 모든 상류 사회 인사로부터 찬사를 받았다고 한다. 그러면서 그녀는 10대 후반의 소녀에서 점차 로마 궁정과 다른 이탈리아 궁정, 특히 밀라노 사이에 세련되면서 힘 있는 중재자로 변모했다.

또한 지롤라모는 교황이 총애하던 조카 피에트로 리아리오 추기경이 요절한 후 교황의 확장 정책을 지원하는 주도적인 위치를 차지하면서 힘을 나날이 키웠는데 그러면서 주변에 오만한 자세를 보이기 시작했다.

1480년 교황은 로마냐에서 강력한 영역을 확보하려는 목적으로 오르델라피(Ordelaffi) 가문을 축출한 후 공석으로 남아있던 포를리의 영주권을 지롤라모에게 부여했다. 그러자 새로운 영주가 된 그는 웅장한 공공건물과 교회를 세우고 세금을 폐지함으로써 그곳 시민에게 호의를 얻으려고 노력하기 시작했다.

하지만 카테리나와 지롤라모의 삶은 1484년 8월 12일 교황 식스투스 4세의 죽음으로 급격하게 바뀐다. 즉 교황이 죽을 무렵 지롤라모는 로마에 적지 않은 적을 만들어 놓은 상태였기 때문에 기다렸다는 듯이 반란 세력이 그들의 거주지로 쳐들어와 약탈을 자행하는 등 로마에는 걷잡을 수 없는 무질서 상태가 되었고, 지롤라모의 거주지 캄포데 피오리에 있는 오르시니 궁 역시 거의 파괴되었다.

무정부 상태에서 임신 7개월이 된 카테리나는 남편을 대신해 산탄젤로성의 요새를 점령하기 위해 말을 타고 테베레강을 건넜고 이때 예상 밖으로 그녀에게 복종했던 병사들 덕분에 그녀는 바티칸을 계속 감시하면서 새로운 교황 선출을 위한 조건을 내세울 수 있었다.

그러는 사이 도시의 무질서는 극에 달하여 민병대가 추기경들의 도착을 호위해야 했음에도 그들은 죽은 교황의 장례식에 참석하기를 원하지 않았는데 그것은 카테리나가 지휘하는 포병대의 포격이 두려운 까닭도 있었다. 아무튼 새로운 교황 선출만이 로마의 불안을 끝낼 것으로 믿은 카테리나는 식스투스 교황으로부터 요새의 통제권을 받았다고 주장하며 요새를 군건히 지켰고, 새롭게 선출되는 교황 세력에게만 요새를 넘겨줄 수 있다고 주장했다.

그 무렵 지롤라모와 그의 군대는 주요 전략적 위치를 차지했음에도 효과적인 공격을 할 수 없는 상태였다. 그러자 추기경단은 그에게 로마를 떠나도록 요청하는 대신 교회 총사령관으로 군부대의 통수권과 함께 이몰라와 포를리에 대한 영주권을 재확인함은 물론 재산 피해에 대한 보상으로 8천 두카트를 줄 것을 제안하여 지롤라모는 이를 수락한다.

그러자 카테리나는 남편이 내린 결정을 확인하고자 하면서 추기경들이 그녀와 교섭을 강요할 것에 대비하여 병사들의 수를 늘리면서 저항을 준비했는데 추기경단은 아내와 다른 입장이었던 지롤라모에게 다시 접근했고, 이어 1484년 10월 카테리나가 사제단에게 요새를 넘기면서 가족과 함께 로마를 떠났기 때문에 이후 새로운 교황을 선출하기 위한 콘클라베가 열릴 수 있었다.

한편, 포를리에서는 카테리나의 삼촌인 밀라노 공작 루도비코 스포르차가 지도자가 되어 법과 질서를 유지하고 있었다. 지롤라모와 카테리나는 그곳에 도착하자마자 자신들의 오랜 반대자였던 지오반니 바티스타 치보가 교황 인노첸시오 8세(Pope Innocent VIII)로 선출되었다는 사실을 알게 되었고 아울러 이몰라와 포를리에 대한 영주권과 총사령관의 직위가 지롤라모에 있음을 재확인했다. 그럼에도 교황군에 대한 실제적 통제권은 지롤라모의 것이 아니었는데 그 이유는 새로운 교황이 이미 지롤라모가 로마를 떠났기 때문에 그럴 권리가 없다면서 무효화시켰기 때문이었다.

그러는 사이 소득이 급격히 줄었음에도 지롤라모는 포를리 사람들로부터 증세를 하지 않고 버텨 결국 1458년 말 시 정부의 예산은 완전히 바닥나고 말았고, 그랬기 때문에 한 원로원 위원의 압박을 받은 그는 드디어 세금을 부과하기 시작했는데 이는 당연히 포를리 시민들로부터 지지를 상실하는 일이 되었다.

주로 장인들과 지주들에게 영향을 미친 세금 인상은 공교롭게도 이전 지롤라모로부터 배반 혐의를 받아 박해를 겪은 가족에게도 고스란히 영향을 끼쳐 그들 역시 주요 적대 세력이 되었다. 게다가 그들은 지롤라모를 대신하여 이몰라와 포를리의 새로운 영주로 교황 인노첸시오의 사생아인 프란체스케토 치보를 옹립하려는 목적으로 음모를 꾸미기 시작했다.

결국 지롤라모를 거꾸러뜨리기 위하여 여섯 번이 넘는 반란 시도가 이어진 끝에 1488년 4월 포를리의 귀족 가문인 오르시스가 이끄는 음모에 의하여 지롤라모는 결국 살해당했고, 영주의 궁전 역시 약탈당하면서 카테리나와 여섯 자녀는 포로가 된다.

이때 도시 방어를 위한 중심에 자리 잡고 있던 군건한 라발디노 요새의 병사들은 오르시스에게 항복하기를 거부했는데 그것을 기회로 카테리나는 성주 토마소 페오를 설득한다는 명목으로 그곳으로 들어가 몸을 숨기면서 저항을 이끌기 시작했다.

그러자 오르시스 세력은 카테리나에게 인질로 남겨둔 아이들을 죽이겠다고 하면서 겁박과 막말을 퍼붓자 그녀는 성벽 아래의 그들 앞에 겉옷만 입은 채로 나타나 성기를 드러내며 "할 테면 해봐라. 내 앞에서. 나는 이것으로 또 다른 아이들을 얼마든지 다시 만들 수 있으니"라고 소리 질렀다는데, 이 일은 사실 여부를 떠나 그녀의 강인함을 단적으로 나타낸 매우 유명한 일화이다.

결국 이 이야기는 사실이 아닌 것으로 판명되었는데 당시 그녀는 임신 중이었으며, 그것을 이미 알았던 적들이 지롤라모 아이들을 굳이 억류할 이유를 찾기 어려웠을 것이라는 게 후대 역사가들의 일반적인 견해이기 때문이다. 게다가 그런 식으로 아이들을 살해했을 경우 프랑스를 비롯한 주변 국가들로부터 엄청난 비난과 함께 역공의 구실이 될 수 있음을 그들 역시 잘 알고 있었다.

충격적인 카테리나의 반응에 두려움을 느낀 오르시스 세력은 감히 그녀의 아이들을 어찌할 수 없었고, 평소 베니스로부터의 영향에 맞서기 위하여 로마냐의 도움을 확보하고자 노력하던 그녀의 삼촌 루도비코 일 모로의 도움을 받은 카테리나는 결국 적들을 물리치고 지배권을 되찾는다.

카테리나 스포르차 – 2

1488년 4월 시정위원회를 비롯한 사법 담당자들의 의결에 따라 카테리나 스포르차는 자신의 장남이자 군주 오타비아노의 섭정이 되어 포를리의 영주 역할을 맡게 되었다. 하지만 직접적인 영향력을 행사하기에 그녀는 그리 많은 나이가 아니었다. 게다가 남성 중심 사회에서 여성은 아직 비합리적이며 연약한 존재로 여겨졌고 젊은 미망인이 통치자가 되어 남성적인 역할을 어느 정도 발휘하느냐 역시 문제였다.

그럼에도 카테리나는 여성 섭정에 대한 사회적, 문화적 장벽을 뛰어넘었고 12년 동안 섭정으로서의 성공적인 역할을 하면서 유럽에서 유명한 여성 인사가 되었다.

그때 카테리나의 첫 과제는 남편의 죽음에 대한 복수였는데, 이는 당시 유럽 사회의 관습이기도 했다. 따라서 그녀는 '오르시스 음모'에 연루된 모든 사람, 교황의 총독 사벨리 몬시뇰, 교황청 장군 모두, 포를림포폴리 요새의 성주, 오르시스 가문의 모든 여성에 대한 색출을 명했다. 또한 음모에 가담한 사람으로 군인들 역시 소환 대상이 되었는데 그렇게 잡아들인 자들이 소유했던 집은 파괴되었고 그들의 귀중품은 가난한 사람들에게 다시 분배되었다.

7월 30일, 교황 인노첸시오 8세가 오타비아노 리아리오에게 '그들의 혈통이 끝날 때까지' 국가의 공식 수사권을 주었다는 소식이 전해졌고, 그러면서 공식적으로 라파엘레 리아리오 추기경이 자신의 4촌 지롤라모의 아이들을 보호하기 위하여 포를리에 와 있었지만, 그 일은 실제로 카

루도비코 스포르차(Ludovico Sforza), 지오 반니 암브로지오 데 프레디스, 트리불치오 성 도서관, 스포르차 성, 밀라노

테리나 정부를 감독하기 위한 것이었다.

그러면서 젊은 백작부인은 도시국가의 정부에서 공적, 사적인 일에 대한 문제를 스스로 처리해야 했으며 권력 강화를 위하여 주변 국가 영주들과 선물을 교환하고 아울러 자녀의 결혼 문제를 위한 협상을 벌였다. 그녀는 증세의 요인을 제거하여 세금을 줄이면서 지출을 철저히 통제했다. 또한 무기, 말의 사용과 관련하여 민병대의 훈련에 직접 관여했기 때문에 도시와 마을에 질서가 찾아들어 평화 속의 그녀는 자신의 노력에 대하여 시민들이 좋게 반응하기를 기대하며 지냈다.

그녀가 다스리던 포를리와 이몰라 권역은 다른 지역보다 작았지만 지리적 위치로 인하여 정치적인 문제가 벌어질 때마다 전략적으로 중요한 곳으로 변모했다. 그러는 가운데 가문들 사이에서 주장, 경쟁 등에 기민한 행보를 보이던 '대단한' 로렌초 메디치는 1492년 4월 8일에 사망했다.

또한 교황 인노첸시오 8세도 그해 7월 25일에 세상을 떠났고 이어 로드리고 보르자 추기경이 교황 알렉산더 6세가 되었는데 이는 카테리나의 통치를 강화하는 것처럼 여겨졌다. 그 이유는 그녀와 남편이 로마에서 사는 동안 로드리고 추기경이 종종 그들의 집에 놀러 왔으며 아들 오타비아노의 대부이기도 했기 때문이었다.

하지만 일련의 변화는 점차 이탈리아의 안정과 평화를 직접적으로 위협했고, 로렌초의 죽음과 함께 밀라노 공국과 나폴리 왕국 사이에 마찰이 만들어졌다. 1494년 9월 루도비코 일 모로의 선동으로 프랑스의 왕 샤를 8세가 앙주(Anjou) 공국의 상속인임을 내세우면서 이탈리아로 진격하며 나폴리 왕국을 차지하기 위한 4년간의 전쟁을 일으켰다. 이는 당초 교황 알렉산더 6세 역시 지지를 표명했던 일이었다.

나폴리와 밀라노가 분쟁 중이었고, 그 남쪽 통로라는 중요 위치에 자신의 국가가 있다는 전략적 중요성을 인식하면서 카테리나는 중립을 유지하고자 했다. 포를리는 로마로 가는 길 중간에 위치하여 전략적 위치로 쉽게 침범될 수 있었고, 한편으로 삼촌 루도비코가 샤를 8세와 동맹을 맺은 상태였기 때문에 교황 알렉산더는 이탈리아에서 프랑스의 야욕 실현을 반대하고 있었다. 그때 그녀의 4촌 시숙인 라파엘레 리아리오 추기경은 성직자 출신이었던 나폴리 국왕을 지지했다.

1494년 9월 여러 모임에 따른 논의 이후 카테리나는 칼라브리아 공작 페란디노 다라고나의 설득을 받아들여 나폴리 알폰소 2세 국왕을 지원하기로 하면서 전시 방어 태세에 돌입했다. 그러자 두 세력의 연대를 부수기 위하여 10월 20일과 21일 사이 이른바 모르다노의 약탈(sack of Mordano)로 알려진 1만 4,000명의 프랑스군에 의한 난입 사건이 벌어졌다. 그리하여 수적으로 열세였던 페란디노 군대를 덫에 빠트렸고, 이로써 페란디노의 패배는 거의 시간 문제가 되었다.

페란디노는 비상 상황을 인식하면서 휘하 장군들의 조언에 따라 도움 요청에 응답하지 않아 매우 화가 난 카테리나는 자신이 나폴리 동맹국에게 배신당했다고 여겼고, 그 결과 자신의 백성을 괴롭히며 지역을 어지럽히고 있던 프랑스에게 영토를 넘기고 말았다. 그러자 두려움에 빠진 이탈리아 공국들은 프랑스에 대항하기 위하여 베니스동맹을 맺었지만 연전연승한 프랑스군은 유유히 이탈리아에서 벗어난 뒤였다.

이탈리아 연합군은 수적 우세임에도 불구하고 조직력의 부재와 경기병 및 보병의 비효율적인 운용으로 하루가 채 끝나기도 전에 프랑스 우호 세력을 프랑스로 철수하게 할 수 있었는데 그때 카테리나는 중립을 유지한다. 그렇게 그녀는 프랑스의 축출에 참여하지 않음으로써 실질적 밀라노 권력자였던 삼촌 루도비코와 교황으로부터의 지지를 이끌었다.

한편, 남편의 죽음 이후 카테리나가 과연 누구와 다시 가정을 꾸미게 될까 하는 문제가 사람들의 입에 오르내렸는데 그녀는 지롤라모의 궁정인이자 성주로, 지롤라모가 살해되었음에도 지속적으로 그녀에게 충성심을 보이던 토마소 페오의 동생 지아코모와 사랑에 빠졌다.

그때 카테리나가 교육도 받지 않은, 귀족도 아닌 지아코모와 비밀리에 결혼한 이유는 자녀들에 대한 양육권과 섭정 지위를 잃지 않으려는 의도 때문이었는데 이를 두고 심지어 시오노 나나미까지 그녀가 젊은 남자와 미친 듯이 사랑에 빠졌다고 서술하고 있지만, 사실 그녀는 결혼 으로 인하여 아들에게 갈 권력이 혹시 지아코모에게 갈 수도 있다는 문제를 더 두려워했다.

지아코모는 그의 형제를 대신하여 라발디노 요새의 성주로 임명되었으며, 아울러 루도비코 일 모로로부터 기사 작위를 받았다. 1489년 4월 카테리나는 지아코모를 프랑스의 남작으로 만든 샤를 8세를 기리고자 나중에 카를로로 불리게 되는 지아코모의 아이까지 낳는다.

하지만 지아코모는 잔인함과 오만함으로 인해 카테리나의 아이들을 포함한 모든 사람으로부터 증오를 사기 시작하여 결국 지안 안토니오 게티를 비롯한 사람들과 카테리나 자녀 몇 명이 음모를 꾸몄다. 1495년 8

월 어느 날 저녁, 카테리나, 지아코모 및 수행원들이 사냥을 마치고 돌아올 때 숨어 있던 자객들이 지아코모를 공격하여 죽음에 이르도록 치명상을 입혔는데 그날 게티는 아침 일찍 카테리나를 만나 비밀리에 지아코모를 죽이라는 명령을 받은 것으로 여겼다고 주장했지만, 카테리나는 전혀 모르는 일이었기 때문에 음모의 결과에 대한 응징은 끔찍했다.

그녀는 마치 지롤라모가 죽었을 때 오로지 복수만을 원했던 것처럼 크게 분노하면서 단순한 처벌에 만족하지 않았다. 그래서 살해 관계자들의 죽음은 가장 잔인하고 고통스러운 것이 되고 말았다. 제대로 된 판단이 마비된 그녀는 자신이 가진 모든 위력을 동원하여 음모에 가담한 사람들을 무차별적으로 응징했는데 그 과정에는 어린이, 유아, 임산부에 대한 살해도 포함되어 있었다.

1496년 피렌체 공화국의 대사 지오반니 데 메디치 일 포폴라가 카테리나를 인사차 방문했다. 피에르프란체스코 일 베키오의 둘째 아들이었던 그는 메디치가의 주류가 아닌 방계 가문 출신이었는데 형 로렌초와 함께 아버지 '대단한' 로렌초의 뒤를 이어 피렌체 정부를 이끈 사촌 피에로에 대한 노골적인 적대감 때문에 추방당한 상태였다.

1494년 샤를 8세가 이탈리아를 침공했을 때 피에로는 프랑스 군대가 나폴리 왕국으로 자유롭게 이동할 수 있도록 하는 조약에 서명해야 했고 그에 따라 피렌체 사람들은 피에로를 폐위, 축출시키면서 공화정을 선포했다. 그때 지오반니와 그의 형제는 비로소 고향으로 돌아갈 수 있었으며 그들은 메디치라는 성을 포기하는 대신 '포폴라노(Popolano)'를 사용했고 이에 피렌체 정부는 지오반니를 포를리 대사로 임명한다.

포를리에 도착한 지 얼마 안 되어 지오반니와 측근들은 라발디노 요새에 있는 카테리나의 집과 가까운 아파트에 머물렀는데 이때 지오반니와 카테리나 사이의 혼담이 퍼져나갔다. 아울러 오타비아노가 피렌체의 다음 지도자로 추대되었다는 소식까지 더해졌는데 이는 베니스를 충분히 위협하고도 남을 일이 되었고 베니스와 연합하고 있던 밀라노 공작 역시 크게 놀란다.

카테리나는 결혼식 계획을 삼촌 루도비코에게 숨김없이 밝히면서 잘생기고 매력적인, 그리고 지적인 지오반니와 진정으로 사랑에 빠지고 말았다. 이번만큼은 자녀들로부터 승인을 받았고 삼촌 역시 동의했기 때문에 상황은 지아코모 때와는 아주 달랐다. 하지만 유력한 가문의 두 사람이 혼인하는 것은 축출된 메디치 등의 반대를 불러일으킬 가능성이 커져 결국 그녀는 또 한 번의 비밀 결혼식을 올려야만 했다. 1498년 4월 그녀는 지오반니로부터 자신의 마지막 아이를 낳게 되는데 아이의 이름은 삼촌 이름을 딴 루도비코였으며 나중에 지오반니 델레 반데 네레 (Giovanni delle Bande Nere)로 불린다.

그러는 사이 피렌체와 베니스 사이의 상황 악화로 두 도시 사이의 요충지에 있는 카테리나는 방어를 해야만 했고 지오반니와 장남 오타비아노가 이끄는 기사단을 피렌체 방위를 위하여 그곳에 파견했다.

그런데 중병에 걸려 전장을 떠나 포를리로 돌아온 지오반니는 극진히 치료받았지만, 상태가 더욱 악화하여 급기야 바뇨의 산타마리아로 이송되었지만, 1498년 9월 그는 간호를 위하여 급하게 당도한 카테리나 앞에서 죽고 말았다. 그의 죽음으로 카테리나는 홀로 적장 체사레 보르자와 맞서 싸워야 하는 처지가 된다.

포를리를 다스리던 그녀는 국방에도 큰 신경을 썼고 특별히 병참에 큰 힘을 기울였고, 민병대 훈련 역시 직접 실행했다. 그렇게 하기 위한 자금이 필요할 때 그녀는 삼촌 루도비코와 이웃 국가들, 특히 피렌체에 지원을 요청했는데 만토바 백작과 삼촌만이 소규모 군대를 보내주었을 뿐이었다.

심각한 파괴를 초래했던 베니스의 초기 공격 이후, 준비가 잘 되었다고 알려진 카테리나의 군대 때문에 베니스 군대는 포를리를 우회하여 다른 경로로 피렌체로 가기까지 사소한 접전을 치러야 했다. 이때 보여준 확실한 수비력으로 인하여 그녀는 호랑이(La Tigre)라는 별명을 얻었다.

그때 프랑스 왕위를 계승한 루이 12세는 오를레앙 공작부인 발렌티나 비스콘티의 손자이자 밀라노 공국과 앙주 가문의 상속인임을 내세우며 나폴리 왕국에 대한 권리를 주장했다. 따라서 원정을 시작하기 전 그는 사보이, 베니스 공화국, 교황 알렉산더 6세와 동맹을 맺는다.

1499년 여름, 막강한 군대를 이끌고 이탈리아로 진군한 그는 별다른 전투 없이 피에몬테와 제노아, 크레모나를 점령했고 10월 6일, 조카사위였던 황제 막시밀리안 1세의 보호 아래 밀라노에 입성했는데 그곳의 지배자 루도비코 일 모로는 이미 한 달 전 티롤로 도주한 뒤였다.

당시 교황 알렉산더 6세는 아들인 발렌티누아 공작, 즉 체사레 보르자를 로마냐의 통치자로 만드는 대가로 루이 12세와 동맹을 맺었다. 그리하여 교황은 1499년 3월, 카테리나를 포함한 원정 지역 봉건 영주의 서임을 무효화 하는 교황 칙령을 발표했다. 그러면서 프랑스군이 로마냐 정복을 시작하기 위하여 체사레와 함께 밀라노를 떠났을 때, 루도비코 일 모로는 오스트리아의 도움으로 공국을 되찾았다.

카테리나 스포르차 - 3

카테리나는 다가오는 프랑스 군대에 맞서고자 피렌체에 지원을 요청했지만 이미 그곳은 교황의 위협을 받고 있던 까닭에 요청이 거부되면서 홀로 적에 맞서야만 했다. 그녀는 즉각 많은 군인을 모집하여 훈련을 시작했으며 무기, 탄약 및 식량 등을 준비했고, 자신이 거주하고 있는 난공불락의 요새 라발디노 방어를 강화하면서 자식들을 모두 피렌체로 보냈다.

11월 이몰라에 도착한 체사레 보르자의 군대는 사소한 몇 건의 저항을 물리치고 며칠 만에 그곳을 차지했기 때문에 사태를 알고 난 카테리나는 포를리 사람들에게 항복 또는 방어 의사를 물었지만, 선뜻 표명하지 않는 그들을 뒤로하고 그녀는 리발디노로 들어가 성문을 봉쇄해버렸다.

이어진 항복 요청을 거부했기 때문에 12월 체사레는 1만 두카트의 위로금을 내세우며 프랑스 정예병과 함께 리발디노 요새를 포위하기 시작했는데, 시오노 나나미의 책에 묘사된 카테리나 관련은 이 부분부터 시작된다.

며칠 동안 두 진영은 강렬한 포격전을 벌여 그 결과 프랑스군이 더 큰 손실을 입은 상태로 카테리나의 요새 역시 파괴되면서 치열한 공방전을 이어갔다. 포격으로 요새의 성벽이 무너지면 밤에 보수한다는 사실을 알아낸 체사레는 야간 공격을 감행했고 피비린내 나는 싸움이 이어져 포로가 될 때까지 갑옷을 입은 채 칼을 들고 대항했으나 결국 카테리나는 그녀의 비서이자 경호 대장이었던 마르칸토니오 발드라카니와 함께 체포되었다.

당시 프랑스에서는 여성 전쟁 포로를 잡아 가두는 일을 금지하는 법이 있었는데 이를 알았는지 몰랐는지 그녀는 한 프랑스 장교에게 결국 항복하고 말았다. 그러자 체사레는 프랑스 장군(Yves d'Allègre)으로부터 카테리나에 대한 보호권을 넘겨받으면서 그녀를 죄수가 아닌 귀빈으로 대할 것임을 약속했다. 그래서 그녀 일행은 페사로를 정복하고자 출정하는 체사레의 군대와 함께 이동해야 했지만, 그때 루도비코 일 모로가 밀라노로 돌아와 프랑스군을 물리치고 있는 상태였기 때문에 진군은 연기되었다.

체사레는 카테리나를 대동하고 교황 군대와 함께 로마에 도착하여 그녀를 벨베데레 궁전에 감금했다. 하지만 카테리나는 3월 말 그곳에서 탈출을 시도하다 다시 잡혀 산탄젤로성으로 이감되었다. 그러자 프랑스의 반발을 의식한 교황은 자신이 카테리나의 영지를 박탈하는 내용으로 보낸 친서에 그녀가 독약이 담긴 답신으로 자신을 죽이려 했다는 비난을 발표하면서 그녀의 투옥을 정당화시켰다.

그리하여 반역자라며 그녀를 매도한 재판은 끝도 모르는 상태로 이어지면서 그녀의 옥살이는 1501년 6월 말까지 이어졌으나 그 무렵 나폴리 정복을 위하여 루이 12세의 군대를 이끌었던 이브 달레그레 장군에 의하여 석방되었다. 그 후 그녀는 리아리오 추기경의 집에서 잠시 머문 후 리보르노에서 아이들이 기다리고 있는 피렌체로 향했다.

세월이 지나 피렌체의 그녀는 세 번째 남편인 지오반니 데 메디치의 빌라에서 살면서 종종 그들의 성(빌라 메디치)에 머물기도 했다. 하지만 얼마 지나지 않아 자신이 무시당하면서 경제적으로 어려운 상황에 있다고 불평을 하기 시작했다.

드디어 1503년 8월, 교황 알렉산더 6세가 세상을 떠났는데 이는 체사레 보르자가 모든 권력을 잃었다는 의미였다. 따라서 폐위되었던 로마냐의 모든 옛 봉건 영주들이 권력을 회복할 가능성이 열리면서 카테리나는 즉시 지지자들에게 편지를 보낸 데 이어 오타비아노의 이름으로 새 교황 율리오 2세에게 자신의 사건에 대한 탄원서를 보냈다.

새 교황은 이몰라와 포를리의 영주권을 오타비아노에게 회복시켜주는 일에는 호의적이었지만, 두 곳의 주민들이 백작 부인의 귀환에 대한 반대를 선언하면서 그곳은 1503년 10월, 안토니오 마리아 오르델라피에게 넘어갔다. 권력을 다시 얻을 기회를 잃은 그녀는 성격, 외모 모두 자신을 빼어 닮은 막내아들을 비롯하여 아이들과 함께 말년을 보냈다.

한편, 카테리나는 38건의 연금술, 358건의 의료, 66건의 화장술에 관한 글을 남겼다. 관련 저술이 메디치 가문에게도 이어졌는데 특히 연금술은 지오반니 델라 반데 네레의 아들, 즉 손자인 코시모 메디치 1세에게 영향을 주었다.

1509년 4월 심각한 폐렴에 걸린 카테리나는 쓰러졌다가 일시 회복된 듯했지만, 재발했기 때문에 유언장을 작성한 뒤 5월 28일 세상을 떠났다. 그렇게 '로마냐 전체를 공포에 떨게' 했던 '포를리의 호랑이'로 불리던 그녀가 죽을 때 나이 46세였다. 그녀의 시신은 피렌체 르 무라테 예배당에 있는 작은 무덤에 안치되었는데, 이 수녀원은 카테리나가 그 도시에 머무는 동안 친숙해진, 영적 휴양지이자 유배지였던 곳이었다. 1845년 그곳은 교도소로 다시 건축되는 일로 수녀들이 그곳을 떠나야 했는데 이때 카테리나의 유골이 사라지고 말았다.

그녀가 죽기 전 남긴 친필 원고들은 아들 반데 네레에게 넘겨졌지만 몇 세대 이어지며 분실되었다. 19세기 들어 카테리나의 후손이자 라벤나의 역사가였던 피에르 데시데리오 파솔리니의 노력으로 입수된 문서는 현대적으로 다시 고쳐져 '실험(Experimenti)'이라는 제목으로 출판되었다.

이사벨라 데스테

15~16세기 이탈리아 내 국가 중 4대 막강 세력은 밀라노, 베니스, 피렌체, 나폴리 왕국이었다. 그 중 '대단한' 메디치 로렌초가 1492년 세상을 떠나면서 피렌체는 쇠락의 길로 들어섰고, 대신 교황 알렉산더 6세가 등장하면서 교황령 로마냐의 위력이 더해졌다.

그렇게 교황 세력이 커지며 밀라노와 베니스는 상대적으로 위축되기 시작했는데 피렌체, 밀라노, 베니스의 몰락은 바로 르네상스의 쇠퇴를 뜻했고, 그렇게 된 가장 큰 변곡점은 바로 1527년 일어난 로마의 약탈이었다. 이때가 이탈리아 역사에서 또 한 사람의 알아주는 여걸 이사벨라 데스테가 태어날 무렵의 정치적 상황이다.

만토바의 후작부인 이사벨라 데스테(Isabella d'Este, 1474~1539)는 페라라의 에르콜레 1세 데스테 공작과 나폴리의 아라곤 페르디난드 1세의 딸 엘레아노르 사이에서 태어났다. 이사벨라가 태어난 이듬해 여동생 베아트리체가 태어났는데 나중에 그녀는 밀라노 공작 '일 모로' 루도비코 스포르차의 부인이 된다.

일찌감치 총명함이 소문났던 이사벨라는 대사, 관료들과 고전과 국정에 대해 두루 논의했다고 하며 동시에 궁정 안팎에서 살았던 화가, 음악가, 작가, 학자들과 개인적으로 잘 알고 지냈다. 그녀는 역사와 언어 지식 외에도 베르질리우스와 테렌티우스 등을 암송한 뛰어난 가수이자 음악가로 류트 연주에도 능했고 춤의 대가였던 유대인 암브로지오에게서 지도를 받아 춤의 혁신까지 이루었다고 한다.

여섯 살 때 그녀는 여덟 살 위의 만토바 후작 승계자 프란체스코 곤차가(Francesco II Gonzaga, Marquess of Mantua)와 약혼하는데, 그때 2주일 지나 밀라노 공작 스포르차가 그녀에게 약혼을 청원했기 때문에, 동생 베아트리체가 루도비코 스포르차와 맺어지게 되었다.

그 후 11년이 지나 이사벨라는 결혼했고, 그때 프란체스코는 후작의 자리를 물려받은 상태로 베니스 공화국군의 총사령관 지위에 있었다. 그 무렵 동생의 결혼식에 참석하고자 생전 처음 밀라노를 방문한 이사벨라는 그야말로 대단했던 그곳의 모습에 놀라면서 주인공이 된 베아트리체의 모습에 그저 감탄만 해야 했다. 그때 20년 연상이던 베아트리체의 남편 일 모로는 사랑스런 어린 아내에게 푹 빠져있었고, 자신감이 넘친 여동생은 남편의 정부 체칠리아 갈레라니를 공식 석상에서 바로 쫓아냈을 정도였다.

한없는 감탄의 대상이 되었던 동생의 결혼식, 확실하고 막대한 부와 더불어 우아한 결혼 생활 등으로 인하여 약소국이자 상대적으로 가난했던 만토바 후작 부인이었던 이사벨라는 대공국 밀라노 공작부인 베아트리체를 부러워하기 시작했다. 게다가 베아트리체는 건강한 두 아들을 낳았지만, 이사벨라에게는 아직 자식이 없었으며 이후에도 자식을 얻을 희망도 없었다. 자매의 어머니 엘레오노라는 크게 걱정하면서 이사벨라에게 남편과 가까이 지내라는 편지를 줄기차게 보냈을 정도였다.

하지만 그렇게 위세가 하늘을 찌르던 베아트리체라 하더라도 밀라노에서의 공식적 실세는 남편이 아니라 조카 지안 갈레아초 마리아 스포르차였고, 서열도 그의 부인, 즉 조카며느리 아라곤의 이사벨라가 베아트리체보다 위에 자리하고 있다는 실상을 이사벨라 데스테는 간과하고 있었다.

밀라노 공국은 당초 비스콘티(Visconti) 가문이 지배하고 있었으나 1447년 남자 후계자가 단절되면서 공화제로 지배 체제가 잠시 바뀌었다

검정 배경의 이사벨라 데스테(Portrait of Isabella d'Este), 티치아노,
c. 1534-1536, 미술사 박물관 비엔나

이상적 여인, 이사벨라 데스테 또는 엘레오노라 곤차가로 추정되는 여인(La Bella, assumed as Isabella d'Este or Eleonora Gonzaga), 티치아노, 1536, 피티 궁, 피렌체

가 1450년 무렵 용병대장 프란체스코 1세 스포르차(Francesco I Sforza)가 무력으로 공작의 자리를 차지했는데 그의 부인 역시 비스콘티 가문 출신이었다. 이 일로 밀라노에서 스포르차 가문이 시작된다.

프란체스코의 두 아들이 갈레아초와 루도비코였고 갈레아초의 아들 지안 갈레아초가 지도자 자리를 물려받을 때 나이가 너무 어려 삼촌 루도비코가 섭정이 되었다. 그러면서 루드비코는 권력을 완전히 자기 것으로 만들기 위하여 여러 가지 노력을 하게 되는데 그중에는 알렉산더 6세를 교황으로 지원하여 자기 편으로 만들었고 국내의 민심을 조작하여 조카에게서 자신으로 집중하도록 유도했던 일 등이었다.

그때 그의 음모를 절대 용인할 수 없는 세력이 바로 공작부인 이사벨라의 친정 나폴리 왕국이었기 때문에 마침 프랑스 샤를 8세가 나폴리 왕국에 대한 상속권을 내세우며 침략도 불사하며 전의를 불태우자 루도비코에게는 좋은 기회가 되었다. 결국 그는 막후 협상으로 프랑스 군대로 하여금 밀라노를 통과하여 나폴리를 공격하도록 이끌었는데 이것이 바로 이탈리아의 비극 중 하나였던 대이탈리아전쟁(Great Wars of Italy)이다.

결국 조카를 쫓아내고 정식 공작이 된 일 모로, 그리고 공작부인이 된 베아트리체는 세상 모든 것을 얻은 것 같았으나 불행히도 그런 좋은 시절은 그리 오래가지 못했다. 1492년, 임신한 베아트리체가 말라리아에 걸려 중대한 어려움에 빠졌다는 소식을 듣고 이사벨라는 밀라노로 급히 달려갔다.

그녀는 여동생의 출산을 돕고 조카 프란체스코가 유아세례를 받도록 힘을 다했으나 다시 임신한 베아트리체는 1495년 전쟁으로 어수선한 분위기 속에서 정신없이 춤을 추다가 넘어져 아이를 사산한 후 세상을 떠났는데 그때 그녀 나이 불과 22세였다.

한편 이탈리아 전쟁을 벌이면서 목적을 달성한 샤를 8세가 밀라노까지 넘보고 있다는 사실이 분명히 드러나면서 정신차린 루도비코는 1495년 3월, 교황청, 베니스, 밀라노, 만토바 등과 이탈리아동맹을 만들었고, 이때 이사벨라의 남편 프란체스코가 동맹군의 총사령관이 되었는데 군사적 전통의 가문 곤차가와 정치적 감각의 가문 에스테의 특성이 빛을 발하는 순간이 만들어진 것이다.

프란체스코의 지휘로 프랑스군은 패퇴했지만, 이번에는 루이 12세가 전열을 정비하여 타도 밀라노를 내세우며 다시 쳐들어왔다. 그때 루이 12세 4촌 누이의 남편이었던 체사레 보르자는 바로 교황 알렉산더 6세의 아들이자 대단한 무장에 야심가로, 이탈리아 전역을 부친의 교황령으로 만들기 위하여 열정에 불타는 남자였다. 그가 루이 12세에게 상황을 밀어붙인 것이었기 때문에 그의 아버지 교황 역시 더 이상 밀라노 편이 아니었다. 결국 1500년 일 모로 루도비코는 프랑스에 패한 후 포로가 되어 투옥된 후 생을 마감한다.

밀라노의 패전으로 여러 가지 파급 효과가 만들어졌는데 작지만 중립지대였던 만토바에 사람들이 줄지어 망명이 이어진 일도 그중 하나였다. 망명자 중에는 여러 문학인, 예술인 등이 있었는데 레오나르도 다빈치도 포함되었다. 이는 갈레라니 초상화 등을 보고 익히 그 능력을 잘 알고 있던 이사벨라에게는 정말 반가운 일이었다. 하지만 그는 몇 점의 소묘만 남겼을 뿐 이사벨라가 원하던 초상화는 그리지 않은 것 같다.

한편, 이탈리아는 전쟁과 고통의 연속이었지만 1500년, 이사벨라에게 기다리던 아들 페데리코가 태어났다. 그 사이 교황 알렉산더 6세가 세상을 떠났는데 이는 그의 아들이자 프랑스 왕가의 사위가 되어 막강한 힘을 휘두르던 야심가 체사레 보르자의 몰락을 뜻했다.

1508년, 베니스는 로마냐와 롬바르디아에 대한 공격의 의도를 분명히 했고, 이에 교황 율리오 2세는 프랑스의 루이 12세와 막시밀리안 1세 황

제, 페라라 공작 알폰소, 만토바 공작 프란체스코 등과 캉브레 동맹(Lega di Cambrai)을 만들어 대항했다. 이는 65년간 이어진 이탈리아 전쟁의 한 부분이기도 했으며, 베니스 편에서 군사적 지휘권을 갖고 있었던 프란체스코가 이번에는 오히려 베니스의 적이 되고 말았다. 또한 역시 베니스 편이었던 베로나, 비첸차, 파도바 등이 동맹군에 접수되면서 베니스는 막대한 손해를 입는다.

그러는 사이 파도바를 포위하고 있던 프란체스코가 기습을 당하여 베니스의 포로가 되는 일이 벌어져 결국 만토바를 구하고 다스려야 하는 모든 일이 이사벨라의 책임이 되었다. 1512년에 피렌체와 밀라노에 관한 문제를 해결하기 위해 열린 만토바 회의에서 그녀는 여주인이자 통치자로서 남편보다 훨씬 더 단호하고 유능한 면모를 보였다.

그후 고국으로 돌아온 프란체스코는 아내의 우월한 정치적 능력에 압도당하면서 굴욕감에 빠져 둘 사이의 관계는 결국 파탄으로 치달아 1519년 3월, 세상을 떠난다.

남편이 죽은 후 이사벨라는 섭정이 되어 아들 페데리코의 통치를 도

왔으나 점점 이탈리아 정치계에서 그 역할이 중요해지는데 그것은 만토바라는 곳의 격상된 위상을 뜻했다. 그러는 과정에 그녀는 또 다른 아들 에르콜레를 추기경으로 만들었다. 결국 45세에 실질적인 국가 원수가 되어 건축, 농업, 산업 등은 물론 복지를 위하여 공부하는 자세로 임하기 시작했는데 그것은 마키아벨리의 저서 '군주론' 속 원칙을 따른 것이기도 했다. 그랬던 까닭에 만토바 사람들은 그녀를 존경했고 사랑했다.

1527년 로마로 간 그녀는 역사적인 '로마의 약탈' 현장에 있으면서 거주지를 2,000명에 달하는 성직자, 귀족, 일반인을 위한 피난처로 제공하는데 그 까닭은 아들(Ferrante Gonzaga)이 당시 침략군(제국군)의 장수였고 그녀 역시 황제와 좋은 관계를 유지하고 있어서 그녀의 거대한 저택이 공격으로부터 안전했던 유일한 장소였기 때문이었다. 따라서 그녀가 로마를 떠날 때 그녀의 집은 난민들을 위한 유일한 피난처로 변했고 그들은 그녀가 고향으로 갈 수 있도록 안전하게 길을 내주었다.

만토바로 돌아온 그녀는 그곳을 문화의 중심지로 만들면서 여학생들을 위한 학교를 열었고 공작의 아파트를 최고의 예술과 보물을 소장하고 있는 박물관으로 탈바꿈시켰다. 60대 중반의 나이에 이른 그녀는 정치를 재개하여 1539년 2월 세상을 떠날 때까지 로마냐 지역의 솔라롤로를 다스렸다. 죽은 후 만토바의 산타 파올라 교회에 있는 남편의 무덤 옆에 묻혔지만, 그녀의 유해 역시 도난당하고 말았다.

비토리아 콜로나

지금까지 알려질 정도로 유명한 여성 시인이자 페스카라 후작부인 비토리아 콜로나(Vittoria Colonna, 1492~1547). 그녀는 시를 쓰면서 1510년대 후반부터 주목받기 시작했고 16세기 이탈리아에서 가장 인기 있는 시인 중 한 명이 되었다.

남편이 일찍 세상을 떠나자 로마에 있는 수녀원에 들어가 평신도 여성으로 남았지만 강한 영적 쇄신을 경험하면서 남은 삶을 독실한 종교적 생활 속에 보낸 그녀는 시인이었고, 유명 조각가이자 화가였던 미켈란젤로의 뮤즈로도 알려져 있다.

비토리아는 1492년 로마 알반 힐스에 있는 콜로나 가문의 영지 마리노에서 태어났는데 콜로나 집안 역시 로마를 대표했을 정도로 명문가였다. 그녀의 아버지는 나폴리 왕국의 치안 책임자 파브리치오 콜로나였고, 어머니는 우르비노 공작의 딸인 아녜세 다 몬테펠트로였다.

1495년, 3세 때 나폴리 왕 페르난도의 요구로 페스카라 후작의 아들인 페란테(Ferrante) 페르난도 프란체스코 다발로스(Francesco d'Ávalos)와 약혼했다. 하지만 1501년 교황 알렉산더 6세가 가문의 소유물과 토지를 몰수하자 그녀의 가족은 비토리아 약혼자 가문의 본거지인 이스키아(Ischia, 나폴리만에 있는 섬)로 이주해야 했고, 그녀는 그곳에서 페란테의 숙모인 코스탄차 다발로스로부터 문학과 예술과 관련하여 전형적인 인문주의 교육을 받으면서 공부에 집중했다.

그때 사보이 공작과 브라간차 공작을 포함한 많은 구혼자가 이어졌지

비토리아 콜로나의 초상(Vittoria Colonna), 세바스티아노 델 피옴보, 1520-1525, 국립 카탈루니아 미술관, 바르셀로나

만, 그녀는 1509년 12월 이스키아섬에서 페란테와 결혼을 결정하는데, 그랬던 까닭에 비토리아는 공작부인 코스탄차가 이끄는 문학 그룹의 정식 회원이 되었다.

비토리아 부부는 1511년까지 이스키아에서 함께 살았고, 그 후 남편은 프랑스에 대항하는 연합군에 소속되어 참전했지만 1512년 라벤나 전투에서 포로로 잡혀 프랑스로 이송된다. 남편이 구금된 몇 달, 그 외에도 오랜 원정 기간 부부는 산문과 운문 모두를 섞어 가장 열정적인 언어로 여러 통의 편지를 교환했음에도 운문집 '서신(Epistle)' 단 한 권만 남아있을 뿐이다.

그렇게 남긴 편지 묶음이 한 여인이 멀리 떨어져 있는 연인에게 여러 아쉬움을 토로하는 오비디우스의 작품 '헤로이데스'를 직접 모방한 것이라는 평가를 받았으나 남편이 죽기 전에 남긴 유일한 시였기 때문에 그녀의 문학적 열정이 남편에 대한 진정한 그리움을 가감 없이 드러낸 것인지, 아니면 단지 특정 시점의 일을 잘 다듬은 것이었는지에 대한 의문이 이어지고 있다. 게다가 페란테가 이사벨라 데스테의 시녀와 바람을 피웠기 때문에 진정으로 충실한 남편이라는 면에서도 의문이 남는다.

아무튼 당시 페란테가 카를 5세 황제 휘하에서 가장 활동적이고 뛰어난 장교 중 한 명이었기 때문에 비토리아는 그를 거의 만나지 못하며 지냈다. 그때 비토리아의 영향력은 남편이 파비아 전투(1525) 이후 황제에게 맞서게 계획된 동맹에 참여하는 일에 반대했고, 프랑스에 대한 반역의 대가로 그에게 제안되었던 나폴리의 왕관을 거부하게끔 했을 정도였다.

비토리아는 1525년 여름 마리노에 있는 아버지의 성에서 보낼 때 알 수 없는 질환에 걸리는 바람에 남은 생애를 앓으면서 지내야 했다. 그리고 외교관이자 군인, 인문주의 작가 발다사레 카스틸리오네가 쓴 '궁정의 서' 초기 원고를 받은 그녀가 알게 모르게 그것을 나폴리 여러 곳에 알렸던 일로 인하여 카스틸리오네는 미출판 작품에 대한 불법 노출을 원망하는 편지를 그녀에게 쓰면서 자신의 저작에 대한 출판을 서둘렀다.

1525년 12월, 남편 페란테가 파비아 전투에서 부상을 입었다는 소식에 비토리아는 길을 나섰지만, 비테르보에 이르렀을 때 남편의 사망 소식을 접해야 했다. 그때 남편이 사망한 곳에서 전투가 심각했기 때문에 가던 길을 멈출 수밖에 없었던 그녀는 산타 키아라 수녀원이 있는 로마 카피테 산 실베스트로 성당으로 들어가 서약을 하여 수녀가 되길 청원했지만, 요청이 교황 클레멘트 교황과 남동생 아스카니오가 개입하여 거절되었기 때문에 그녀는 이스키아로 돌아와야 했다.

그렇게 교황과 남동생이 그녀를 돌아오게 했던 일은 내심 장래에 정치적 권력을 위하여 그녀와 또 다른 유력 가문과의 혼인을 고려했던 것일 수도 있었다는 말이 있는데, 아무튼 돌아온 그녀는 구혼자들의 요청을 거절하면서 시 쓰기에 전념하면서 지냈다.

1527년 일어난 '로마의 약탈' 이후 콜로나 가문이 로마의 인구를 다시 늘린 일 등으로 로마의 빠른 복구에 도움을 주었기 때문에 교황의 가문이었던 메디치와의 관계를 개선할 수 있는 기회를 만들었다. 그러나 프랑스군이 나폴리를 공격하자 아발로스 가문 전체가 이스키아 섬으로 피신

하게 된다.

로마의 약탈 9개월 후, 의사, 역사가, 전기작가이자 인문주의자 파올로 지오비오(Paolo Giovio, 1483~1552)는 비토리아의 초대를 받아 이스키아에 도착하여 1528년까지 그곳에 머물렀다. 그동안 지오비오는 출판되지 않은 저서를 썼는데 1527년 9월 말부터 12월 초 사이 이스키아를 배경으로 한 대화체의 세 번째 책에서 10쪽 분량을 비토리아에 대한 찬사로 채웠다.

1529년 비토리아는 로마로 돌아온 후 오르비에토, 이스키아 등을 오가며 몇 년을 보냈고, 남편이 살아 있을 때 아발로스 가문으로부터 부당하게 빼앗은 땅을 몬테카시노 수도원으로 돌려달라고 요청함으로써 남편의 실수를 바로잡고자 노력했다. 1532년 사촌 오빠이면서 콜로나 가문을 대표하던 유력자 폼페오 콜로나 추기경은 세상을 떠나기 전에 여성역시 공직과 행정에 공헌해야 한다는 논문(여성 변명)을 써서 그녀에게 헌정했다.

1537년, 페라라로 간 그녀는 그곳에서 많은 친구를 사귀면서 나중에 개신교도가 된 개혁 수도사 베르나르디노 오키노의 주도로 카푸친 수도원 설립에 힘을 보탠 후 로마로 돌아왔기 때문에 추기경들로부터 존경받았다. 그리고 61세의 미켈란젤로와도 우정을 나누기 시작하는데, 당시 위대한 예술가로 추앙받던 미켈란젤로는 자신의 가장 훌륭한 소네트 중 일부를 그녀에게 보냈고 그녀의 모습을 그리면서 틈나는 대로 함께 시간을 보냈다.

그녀 역시 미켈란젤로를 위해 영적인 시를 써서 선물로 주면서 보내던 1541년, 오빠가 교황 바오로 3세에 대항하여 반란을 일으켜 오르비에토와 비테르보로 피신해야 했다. 그럼에도 두 사람의 관계에는 아무런 변화 없었고 이전과 마찬가지로 서로 방문하면서 편지도 나누었다.

1537년 5월, 비토리아는 베니스를 비롯한 기독교 성지(예루살렘 일원)로 여행할 의도로 동료 여성들과 함께 페라라에 도착했는데, 그때 그녀의 또 다른 목표는 오키노를 위한 카푸친 수도원을 세우는 일이었다. 하지만 건강 문제로 인하여 더 이상 길을 나서지 못한 채 이듬해 2월까지 그곳에서 머물게 되었고, 결국 친구들이 만류하여 1538년 로마로 돌아오고 말았다.

비토리아는 1547년 2월 평소 머물던 산 실베스트로 수녀원에서 사망했다. 생존해 있을 때 그녀는 피에트로 벰보, 루이지 알라마니, 발다사레 카스틸리오네 및 마르구에리테 데 나바레 등과 문학적 친구 관계였으며, 피에트로 카르네시치, 오키노와 같은 개혁 운동가들과 친밀하게 지냈음에도 이탈리아 교회의 위기가 심각해지기 직전 세상을 떠나고 말았다.

그녀는 종교개혁을 옹호했지만, 관련 신념이 가톨릭교회의 그것과 양립할 수 없다고 여겼기 때문에 결코 개신교인이 될 수는 없었다.

비토리아의 시는 16세기 이후 그 유행이 쇠퇴했다고 오랫동안 믿어졌음에도 세기마다 종종 여러 판으로 재출판되었는데 그 중 대표작이라 할 수 있는 작품(Rime amorose)은 스페인과 나폴리의 유명 시인 프란치스

발다사레 카스틸리오네의 초상(Portrait of Baldassare Castiglione),
라파엘로, 1514–1515, 루브르 미술관, 파리

코 드 알다나에게 큰
영감을 준 것으로 여
겨진다.

한편, 미켈란젤로를
그린 미완성 초상화
는 과연 누구의 작품
이었을까?

미켈란젤로의 미완
성 초상화는 그의 충
실한 추종자로 피렌체
의 위대한 조각가이자 화가의 청동 흉상을 만들었던 다니엘레 다 볼테라
(Daniele da Volterra)의 작품이다. 다니엘레가 죽은 후 작성된 목록에는 '패
널에 그려진 미켈란젤로의 초상화'로 되어 있어서 목록을 근거로 작품은
미켈란젤로가 70세쯤 되었을 때였던 1545년경에 그려진 것으로 추정된다.

루치아 아보가드로 백작부인

먼저 액자 속에 갇혀 있는 듯 그려진 젊고 아름다운 여인의 초상화를 보면 훌륭한 마무리로 인하여 주인공이 누구인지 매우 궁금해진다. 화가 지오반니 바티스타 모로니의 고향인 알비노 출신으로 추정되는 신원 미상의 젊은 여성은 어딘가 날카로운 표정을 지으면서 은으로 된 선이 이어지는 비단 수직으로 만든 호화로운 드레스를 입고 있다. 이러한 직물(양단 벨벳 천)은 당시 화가들로 하여 다양한 재료에 따른 적절한 효과를 만들도록 강제했다고 볼 수 있는데, 그 예로 모로니는 흰색 물감으로 가늘고 약간 물결치는 선 묘사를 통하여 직물 혹은 은으로 된 선의 반짝임을 만들고 있다.

그에 더하여 다양한 물감 표현은 모델의 얼굴과 주름의 섬세한 묘사와 더불어, 드레스의 느슨한 색상 적용과 금을 비롯한 보석들이라는, 자세히 살펴보면 알 수 있는 환상적인 금속 세공품들과 함께 마치 환영처럼 드러난다.

그렇게 살펴본 유사한 장식에 의한 의상을 착용한 여인 그림과 연결되는 루치아 아보가드로 백작부인의 옷과 장식, 공들여 제작된 명품 의자에 앉은 자신만만한 표정과 위엄 있는 모습을 살펴보면, 화려하고 세밀했던 모로니의 초상화를 볼 때 느끼는 충격을 덜 수 있다. 그리고 같은 색상의 벽과 바닥으로 이어지는 회색으로 인하여 모델을 중심으로 이루어진 화려함은 중화되며, 여인이 풍기는 분위기나 그림의 마무리를 보면 16세기 중반의 그림으로 보기 어려울 정도로 현대적이다.

젊은 여인의 초상(Portrait of young woman), 지오반니 바티스타 모로니, c. 1575, 개인 소장

작품은 오랫동안 '붉은 옷을 입은 여인(The lady in red)'으로 알려졌지만, 분홍 또는 오렌지-레드의 옷이라고 해야 맞으며, 모로니는 관련 색상을 즐겨 썼다. 아울러 바닥에서는 분홍과 오렌지빛 원형으로 된 베로나 대리석을 볼 수 있는데 이는 회색의 배경에서 드레스의 색상으로 연결되며 의상을 보완해주고 있다. 여성이 입고 있는 옷은 당연히 고급스러운 소재로 만들어진, 아마도 당시 최고로 비싼, 최신 유행으로 보인다.

또한 그녀의 옷에서 보이는, 독특하게 아래로 수놓아 내려진 금빛 자수, 안에 입은 치마의 모양 등은 1550년대 말의 특징이며, 모델의 왼손에는 특이하게 생긴 부채가 보이는데 손잡이 부분을 거의 볼 수 없게 했다. 그랬던 이유는 보는 이로 하여금 호기심을 불러일으키면서, 당시에 사치품 착용 제한이라는 법이 적용되었음을 알게 만든다.

1715년 브레시아의 아보가드로 궁전에서 찾아낸 목록을 통해, 여인은 파우스티노 아보가드로(Faustino Avogadro)의 부인인 루치아 알바니 백작부인(Contessa Lucia, Lucia Albani Avogadro, 1534~1568)임이 밝혀졌다. 아울러 남편 아보가드로는 모로니의 작품 '마상 투구를 쓴 기사'로 묘사된 남자

루치아 알바니 아보가드로 백작부인의 초상(Portrait of a Lady, Contessa Lucia Albani Avogadro 'La Dama in Rosso'), 지오반니 바티스타 모로니, c. 1556~1560, 내셔널 갤러리, 런던

마상 투구를 쓴 기사, 파우스티노 아보가드로(A Knight with his Jousting Helmet), 지오반니 바티스타 모로니, 1554-1558, 내셔널 갤러리, 런던

로 여겨진다.

같은 작가가 그린 부부의 초상화인 만큼 매우 유사할 것이라고 기대하지만, 두 작품은 크기도 다르고 설정에 따른 공통점도 전혀 없다. 즉 부인의 초상화는 보는 이의 눈과 거의 같은 높이에서 마주치고 있지만, 남편의 초상화에서 그는 시선을 아래로 두고 있다.

주인공 루치아 아보가드로는 베르가마스크의 귀족 지안 지롤라모 알바니와 베니스 귀족 라우라 롱기 부부의 딸이었다. 1534년경에 태어나 1550년에 브레시의 친족인 파우스티노와 결혼한 루치아는 세 아들을 두었다. 그녀는 문학을 좋아하여 시 짓기에 몰두한 끝에 15, 16세 무렵부터 소네트 연작을 썼기 때문에 관련 명성이 결혼 후까지 이어졌다. 그래서 그녀가 세상을 떠난 후에도 프로필 초상화로 장식된 소네트 원고가 출간되어 사람들이 그 책을 수집하여 간직했을 정도였다.

하지만 알바니(Albani)가와 브렘바티(Brembati) 가문 사이의 불화가 이어져 1563년 아킬레 브렘바티 백작의 암살로 사태가 절정에 이르렀을 때 부부는 브레시아를 떠나 페라라로 향했다. 이듬해 남편이 그곳에서 죽었고 이어 부인은 1568년경 세상을 떠난 것으로 보이는데 초상화가 루치아 알바니를 그린 것이 확실하다면 아마도 그녀가 브레시아를 떠난 1563년 이전의 작품일 것이다.

철물 제작자의 부인, 베아트리체 데스테

　연대가 확실하지 않은 이른바 '철물 제작업자의 부인(La Belle Ferronière)' 을 그린 초상화는 화가가 밀라노에서 장기간 머무는 동안(아마도 1490년에 서 1497년 사이) 그린 것 같다.

　다빈치는 빨간 옷을 입은 여인을 우아하게 묘사하면서 주인공의 목 을 왼쪽으로 약간 비틀어 얼굴이 보는 사람을 직접 바라보는 옆모습으로 만들어 마치 불멸의 여인으로 만든 것 아니었을까.

　그렇게 그가 이룩했던 전형적인 얼굴빛을 더욱 세련되게 나타낸 최고 의 사례 중 하나라고 할 수 있는데, 그림자를 더하여 제대로 표현한 옴 브레(ombre) 기법, 즉 머리 위 모근 부위의 모발 색을 어둡게 하고 아래쪽 으로 갈수록 색을 점점 밝게 하며 위아래 쪽 명암과 색깔의 변화 과정을 점증 효과(gradation)로 만들어 자신이 이룩한 유명한 명암 대비 묘사 방 식의 정점에 도달하고 있다.

　또한 여성의 왼쪽 뺨에 살짝 반사된 빨간 드레스에서와 같은 작은 색 상 부위에서의 미묘한 차이를 묘사했기 때문에 얼굴색이 주변과 하나가 되면서 인물 자체의 윤곽은 점차 옅어진다. 그러면서 검정 배경과 더불어 여성과 보는 이 사이를 가로지르는 나무판은 상대적으로 여유로운 의상, 머리카락, 보석에서의 세련미를 강조하려는 최소한의 액세서리일 뿐이다. 따라서 그가 그린 여인의 독특한 시선, 뜻 모를 제목과 더불어 여성의 정 체에 관해서는 다음과 같이 여러 말이 이어지고 있다.

　철물 제작자의 부인 또는 딸이었던 스페인 출신의 부르주아 여인 페론은 타고난 미모로 인하여 프랑수아 1세로부터 유혹을 받았고, 이에 분개한 그녀의 남편이 매춘업소에 가서 은밀하게 매독균을 얻어 그것을 아내에게 주입했다는 얘기와 그래서 프랑수아 1세가 앓다가 세상을 떠났다는 소문이 있었다. 하지만 실제로는 프랑수아 1세의 바람기가 대단했음을 알리는 상징적 이야기 아닌가 여겨진다.

게다가 프랑수아 국왕이 이탈리아 화가 레오나르도 다빈치를 총애하여 그를 프랑스로 오게 하여 별도의 작업실에서 지내도록 한 후 그가 죽자 크게 장사까지 지내준 일로 인하여 다빈치가 남긴 페론을 그린 초상화들의 신빙성을 더해준다.

프랑스어로 '아름다운 철물 제작업자의 아내' 또는 '이름 모를 여인의 초상'이라는 제목으로 알려진 작품은 구체적인 표정이 있는 주인공의 사실적 모습과 더불어 15세기 말에 그려진 그림으로 보기 어려울 정도로 놀랍도록 잘 그린 작품이다. 아울러 다빈치가 그렸다는 사실을 알면 그 가치를 달리 이해하게 된다. 자세히 말하자면, 17세기 초에 와서야 모델을 기준으로 '철물 상인'의 아내 또는 딸로 지어진 제목은 프랑수아 1세의 유명한 정부 르 페론(Le Ferron)을 은밀하게 암시했기 때문이었다.

그렇지만 정면을 그린 작품은 나중에 밀라노 공작 루도비코 스포르차의 또 다른 정부로, 공작부인 베아트리체의 시녀였던 루크레티아 크리벨리로 추정되었는데, 거기서 그치지 않고 밀라노 공작의 정부 중 한 명이었던 체칠리아 갈레라니의 또 다른 초상화로까지 여겨졌다.

한편, 폴란드의 공주이자 작가이며 유명한 미술품 수집가였던 이사벨라 차르토리스카(Izabela Czartoryska)의 컬렉션 속에서 '흰 담비와 함께한 여인의 초상, 체칠리아 갈레라니'와 함께 있던 이 작품은(그래서 작품은 현재 폴란드 크라코프 국립미술관에서 소장 중) 아마도 이마에 보이는 액세서리(ferronniere) 때문에 '철물제작자의 여인(La Belle Ferronnière)'과 혼동된 것으

이름 모를 여인의 초상, 베아트리체 데스테(Portrait of an unknown woman, Beatrice d'Este),
레오나르도 다빈치, 1490~1496, 루브르 미술관, 파리

철물 제작업자 부인의 옆모습(La Belle Ferronnière), 레오나르도 다빈치,
1500s, 루브르 미술관, 파리

로 여겨진다.

프랑스어 '철물 제작자'로 번역이 되는 이탈리아어 페로니에레
(ferronniere)는 착용자의 이마를 둘러싸고 있는 머리띠 장식을 일컫는 말
로, 가운데에는 보이는 것처럼 작은 보석이 매달려 있다. 그런 머리띠의
원형은 15세기 후반 이탈리아에서 비롯되었으며, 19세기를 지나면서 다
시 나타나는데 이때 낮 착용, 정장 및 저녁에 착용하는 용도로 나뉘면서
과거의 이름 페로니에레로 다시 일컬어졌다.

그리고 그림 속의 모델의 정체가 수수께끼였던 상태에서 획기적인 전시

회였던 '레오나르도 다빈치: 밀라노 궁정의 화가(런던 내셔널 갤러리, 2011년 11월 9일~2012년 2월 5일)'가 열렸고, 카탈로그에는 다음과 같은 설명이 실렸다.

"아마도 루도비코 스포르차의 아내인 베아트리체 데스테를 묘사한 것으로 보인다. 그렇게 보이는 이유는 작품 속 모델을 자세히 보면, 루도비코의 정부였던 루크레티아 크리벨리의 초기 모습과 다르기 때문이다."

따라서 몇몇 비평가, 미술사가는 우피치 갤러리에 있는 유사한 작품과 비교하면서 분석 작업을 했고, 청금석과 수채화로 제작되었음에도 곳곳에서 제법 크게 손질된 흔적을 볼 수 있었기 때문에 17세기의 미술사 연구자이자 신부 세바스티아노 레스타(Sebastiano Resta)에 의하여 다빈치가 그린 베아트리체 데스테의 초상화로 분명히 밝혀진 옛날 일을 다시 환기하고 있다. 그랬음에도 지금까지 여전히 '철물 제작자의 아내'로 알려져 있다. 한편, 뛰어난 완성도로 인하여 다빈치의 작품(베아트리체 데스테)은 여러 점의 복제품으로 만들어졌기 때문에 20세기에 이르러 진품 여부에 대한 소송이 연이어 벌어졌다.

코스탄차 다발로스(모나리자)

인류 최고의 문화유산 중 하나로 일컬어지는, 너무나 유명한 이 초상화는 오래전부터 이탈리아 귀족 여성 리자 델 지오콘도(Lisa del Giocondo)를 묘사한 것으로 여겨졌다.

다빈치는 1503년에서 1506년 사이에 흰색 롬바르디아 포플러 패널에 유화 물감으로 작품을 그렸지만, 완료할 때 주문했던 지오콘도 가족에게 넘기지 않았는데 그 이유는 1517년까지 계속 수정, 보완해야 했기 때문이었다. 그 후 프랑스로 간 다빈치가 1519년에 사망하면서 그를 초청했던 국왕 프랑수아 1세가 작품을 구입, 국가의 소유물이 된 후 1797년부터 파리 루브르 미술관에서 소장하면서 현재에 이르고 있다.

한편, 영어로 '모나리자(Mona Lisa)'로 알려진 그림의 제목은 리자 델 지오콘도를 그렸다는 추정을 근거로 하고 있지만, 실제 그녀의 모습이었는지 확실하지 않다.

바사리는 "다빈치는 프란체스코 델 지오콘도를 위해 그의 아내 모나리자의 초상화를 그리는 일을 맡았다"라고 썼는데 이때 모나는 이탈리아어로 성모 마리아(ma donna)에서 유래한 매우 정중한 호칭으로, 영어로 된 표현들(Ma'am, Madam, my lady)과 비슷한 의미이다. 즉 그랬던 명칭이 마돈나(madonna)가 되었고, 그 축약형이 바로 몬나(monna)라고 한다.

그림의 제목은 실제 이탈리아어로는 몬나 리사(Monna Lisa, 이때 모나-mona-는 이탈리아어로 매우 저속한 뜻)로 표기되는데, 영어 표현으로는 누구나 모나(Mona)로 알고 있다.

모나리자(Mona Lisa), Leonardo da Vinci, c. 1503-1506, 루브르 미술관, 파리

리자 델 지오콘도는 피렌체의 게라르디니(Gherardini) 가문 출신으로, 그곳의 부유한 실크 상인 프란체스코 델 지오콘도의 아내였다. 따라서 이 작품은 그들의 새로운 집과 둘째 아들 안드레아의 탄생을 축하하기 위해 다빈치가 의뢰받아 그린 것으로 여겨진다.

작품의 제목에 따른 이탈리아어 지오콘다(La Gioconda, giocondo)는 '행복한 또는 즐거운(jocund)'을 의미하거나 글자 그대로 '멋진 모습(jocund one)'을 의미하며, 리자의 혼례 이름인 지오콘도는 여성형 단어의 유희적 변형으로, 프랑스어의 라조콩드(La Joconde) 역시 같은 제목이자 의미가 된다.

한편, 특정 매체 또는 여러 매체에서 예술가의 알려진 모든 작품을 주석으로, 그리고 포괄적으로 나열하며 평가하고 있는 '카탈로그 레조네'의 2019년 판에서는 다음과 같이 그림을 설명하고 있다.

"다빈치는 모름지기 리자 델 지오콘도를 묘사하고 있는데, 다른 한편으로 이사벨라 데스테가 유일하며 그럴듯한 실제 모델이었을 수도 있다는 제시를 하고 있다('르네상스의 여인들'을 쓴 시오노 나나미는 이사벨라 데스테를 언급하면서 다빈치에게 자신을 그리도록 큰 기대를 했으나 그렇게 되지 못했다고 쓰고 있다).

학자들은 리사 델 지오콘도가 다른 초상화의 주제였다고 주장하고 있는데 그것은 바사리가 모나리자(Mona Lisa)라고 언급했던 적어도 넉 점 이상인 다른 그림들을 구별해내고자 하는 몇 가지 대안적인 견해를 모색한 까닭으로 보인다."

그렇게 알아본 주인공 후보들로는 아라곤의 이사벨라, 체칠리아 갈레라니, 코스탄차 다발로스라는 이름의 프랑카빌라 공작부인 및 파치피카 브란다노(브란디노), 이사벨라 구알란다 등인데 거기에 더하여 카테리나 스포르차는 물론 비앙카 지오반나 스포르차 등 역시 그림의 주인공 후보이며, 정신분석학자 지그문트 프로이트는 다빈치가 자신의 어머니 카테리나의 자애롭고 편하게 만드는, 따뜻한 미소를 모나리자를 비롯한 다른 여인 작품들로 그렸다고 주장한다.

그렇게 살피며 따져 보다가 코스탄차 다발로스(Costanza d'Avalos, 1460~1541)라는 여인에게 집중하게 되는데 그녀는 과연 누구였을까?

공작부인 코스탄차 다발로스는 1501년부터 1541년까지 프랑카빌라 공작령을 다스렸던 실권자였는데 연구자들의 추정을 근거로 라 지오콘다로 불린 모나리자의 실제 이름이 바로 코스탄차였다라는 주장에 주목하게 된다.

코스탄차는 스페인 아발로스(d'Avalos) 가문의 몬테오도리시오 백작 이니코 1세 다발로스와 페스카라 후작의 상속녀였던 안토넬라 다퀴노의 딸로, 그녀의 아버지는 1442년 아라곤의 알폰소 5세와 함께 이탈리아로 왔다.

혼인 적령기에 이른 그녀는 알타무라의 왕자이자 피에트로 델 발초의 아들이면서 나폴리 왕비 이사벨라의 남동생이었던 베노사 공작 페데리코 델 발초와 결혼했다. 하지만 1483년 자녀가 없는 상태에서 남편이 세상을 떠난 후, 나폴리의 프리드리히 국왕(King Frederick)은 1501년 그녀에게 프랑카빌라 공국을 넘기면서 그곳을 다스리게 했다.

코스탄차는 오빠(또는 남동생)인 이니코 2세 다발로스를 따라 이스키아로 이주했는데 1501년 말, 그녀는 뛰어난 지략과 용기로 4개월 연속 이어진 프랑스군의 공격에 맞서 이스키아를 방어했다. 그런 그녀의 노력은 아발로스 가문이 갖고 있던 섬의 민간 및 군사 정부가 자리잡게 되는 계기가 되었고, 그중 군사적 힘은 1734년 지휘권이 나폴리로 완전히 이양될 때까지 유지되었다. 그녀는 당시 많은 나폴리 지식인이 자주 방문했던 이스키아에 그들의 궁정도 세웠다.

1507년 6월, 그녀는 조카인 페르난도 프란체스코 다발로스와 비토리아 콜로나의 결혼을 추진했는데 혼례가 1509년 12월 이스키아에서 이루어졌기 때문에 비토리아는 결혼 직후 코스탄차와 함께 그곳에서 많은 시간을 보낸다.

이스키아에서 시인 비토리아를 비롯하여 조카 산나차로의 아내, 파올로 지오비오, 탄실로 및 베르나르도 타소와 같은 문학 동인 단체를 만든 그녀는 또한 스페인의 종교 작가이자 가톨릭 개혁가였던 후안 데 발데스의 추종자가 되어 키아이아(Chiaia)에 있는 그의 집에서 그가 이끌던 강의와 토론에 참석했다. 즉 학자들과 아마추어 역사가들의 추측을 종합하면, 모나리자의 이름은 코스탄차가 유력하며, 그랬기 때문에 라 지오콘다로 불렸다는 것이다.

1523년 카를 5세 황제는 현재의 페스카라였던 땅을 코스탄차에게 이양하면서 그녀에게 프랑카빌라 공주(Princess of Francavilla)라는 칭호를 부여했고, 그녀는 1541년에 사망했다.

비앙카 지오반나 스포르차

다빈치가 그린 명작 초상화 '모나리자'는 그가 이룩한 탁월한 기법은 물론 여주인공의 매우 인상적인 미소와 자세 등으로 인하여 그녀가 과연 누구였을까 하는 논의를 지금까지 불러일으키고 있다. 이와 관련하여 다빈치의 또 다른 인물화를 언급하게 되는데 바로 비앙카 스포르차의 모습이다.

아름다운 공주의 얼굴로 알려진 1495년 작품은 양피지에 그려졌고, 작자를 두고 다빈치 또는 암브로지오 데 프레디스(Ambrogio de Predis)라고 의견이 나뉘지만(다빈치가 거의 확실함), 모델로는 비앙카 지오반나를 그린 것이라고 학자들은 입을 모은다.

당시 밀라노 귀족 사회에서 유행했던 복식에 따라 붉은색 소매가 달린 황금색 카모라(camora, 지오반나 토르나부오니를 비롯 여러 여인이 착용했던)를 입고 정교한 장식이 달린 녹색 외투를 입은 아주 어린 소녀의 옆모습인데, 눈에 띄는 특징을 들자면 소녀의 금발 머리로, 이는 전형적인 코아초네(coazzone) 스타일로 되어 있다.

코아초네는 1489년 아라곤의 이사벨라(Isabella of Aragon)가 밀라노로 가져온 카탈로니아식 머리 스타일로, 1491년 베아트리체 데스테가 그곳으로 오기 전까지는 유행하지 않았는데 어린 시절부터 이런 식으로 머리를 만드는 데 익숙했던 그녀는 그것을 밀라노의 모든 귀족 여성에게 퍼트렸다. 이 머리 모양은 이마에 단순한 선으로 고정된 황금색 모자로 완성되며 어린 귀족 부인이라는 나이에 걸맞게 보석이 없는 것도 눈에 띈다.

옷과 나이와 관련하여 그것들 모두 비앙카 지오반나임을 알리고 있으며, '모로'라는 별명을 가졌기 때문에 검은 피부와 검은 머리였던 아버지의 딸이었다는 사실을 의아하게 여길 수 있다.

그녀는 금발은 물론 투명한 눈동자를 가졌을 수도 있지만, 실제 스포르차 가문에서는 지안 갈레아초 공작 및 오타비아노 마리아 스포르차와 같이 밝은 색조의 머리카락과 얼굴 피부를 자랑했던 사람이 적지 않았는데 이는 아마도 비앙카 마리아 비스콘티로부터 물려받은 것으로 보인다. 무어인(모로)과 베아트리체 사이의 아들이었던 에르콜레 마시밀리아노도 금발이었다.

비앙카로 알려진, 보비오 부인, 보게라 및 카스텔 산 지오반나의 여인으로 불리며 불과 14세의 나이로 일찍 세상을 떠난 비앙카 지오반나 스포르차(Bianca Giovanna Sforza, 1482~1496)는 루도비코 일 모로 공작과 한때 애인이었지만 감추어졌던 인물 베르나르디나 데 코라디스 사이의 딸(사생아)이었으면서 공작으로부터 엄청난 사랑을 받았던 합법적인 자손이었다.

그녀의 어린 시절에 관련하여 알려진 게 거의 없지만, 1485년 세 살 무렵 그녀는 아버지에 의하여 갈레아초 산세베리노와 결혼을 약속했는데 당시 산세베리노는 루도비코로부터 최고의 존경을 받던 지도자였다.

신부의 어린 나이를 고려한다 해도 결혼은 수년 동안 아무런 결실 없이 명목상으로만 유지되었고 그 기간 비앙카는 계속해서 가족의 궁이었던 포르타 지오비아 성 또는 다른 가족의 거주지에서 살았다. 그러면서 계모였던 베아트리체 데스테로부터 큰 사랑을 받았다.

1491년 루도비코와 결혼했을 때 15세였던 베아트리체는 약간 나이가 많았음에도 밀라노에 도착한 첫날부터 비앙카에게 호감을 보이면서 두 사람은 마치 친자매처럼 지내기 시작했다.

비앙카 마리아 스포르차(Bianca Maria Sforza, Portrait of a Young Fiancee),
레오나르도 다빈치, 1495, 개인 소유

비앙카는 모든 공식 행사에서 항상 계모 옆에 있었고, 의전에서도 두 번째 자리였으며 1493년 비앙카 마리아 스포르차(Bianca Maria Sforza, 1472~1510, 밀라노 공작이자 '일 모로'의 친형 갈레아초 마리아 스포르차와 사보이 보나 사이의 장녀)와 황제 막시밀리안 1세의 결혼식을 위해 준비된 혼인 마차에도 그녀와 함께 올랐다.

이듬해인 1494년, 프랑스로부터 공식 초청을 받으면서 비앙카는 아스티로 갔고 거기서도 베아트리체에 이어 두 번째로 샤를 8세 국왕과 인사를 나눌 수 있었다. 또한 밀라노 궁정과 페라라 궁정 사이에서 나눈 개인 서신을 통해 비앙카 지오반나가 자신의 이복형제들을 매우 사랑했기 때문에 개인적으로 그들을 돌봤다는 사실도 알 수 있다.

베아트리체의 둘째 아들인 꼬마 프란체스코가 특히 비앙카를 좋아하여 갓 태어난 그 아이가 중병에 걸렸을 때 그녀를 보기만 해도 다시 살아나는 것처럼 행동했기 때문에 베아트리체의 맏아들인 어린 에르콜레 마시밀리아노가 아팠을 때도 약을 복용하도록 설득하는 임무까지 비앙카가 맡았다.

비앙카는 1495년 봄 중병에 걸린 이복 여동생 마르게리타(어머니 실제 남편의 딸)를 치료하기 위해 잠시나마 친어머니 베르나르디나와 연락을 유지한 것으로 보인다.

그러다가 밀라노 궁정의 화려함이 정점에 달했을 무렵이었던 1496년 6월, 모로 공작은 비앙카를 위하여 혼인 적령기에 도달한 젊은 여성이 남편과 같은 집에서 살기 위해 이사하는 일, 즉 결혼을 위한 '결단의 순간(transductio ad maritum)'에 동의했고 이때 밀라노 궁정에서는 비앙카에게 그녀의 높은 영적 자질을 일컫는 '불사조(phoenix)'라는 별명을 붙였다.

그런데 결혼식이 있은 지 약 열흘 후인 1496년 7월 초 비앙카는 병에 걸렸고, 건강 회복을 위하여 수녀원으로 갔지만 불과 며칠 후 다시 재발하면서 10월 초 보게라에 있는 자신의 영지로 갔을 때까지 병세는 누그러들지 않았다. 그녀는 귀족들과 지역 주민들의 따뜻한 환영과 존경을 받았는데 그때 갈레아초 역시 9월과 10월 내내 말라리아열로 심각한 상태에 빠졌고 그로 인해 그의 장인과 합스부르크의 막시밀리안 1세 황제 사이에 예정되었던 중요한 정치적인 일에도 참여할 수 없을 정도였다.

밀라노로 돌아온 비앙카는 11월 또다시 재발 상태에 빠졌고, 그때 루도비코와 베아트리체는 비제바노를 방문한 후 파비아에서 독일로 가는 중간에서 황제가 도착하기를 기다리고 있었다. 그 무렵 회복된 갈레아초는 그의 친척들에게 작별 인사를 하기 위해 비제바노로 갔지만 아내가 위중하다는 소식을 듣고 즉시 그녀를 간호하기 위해 밀라노로 달려갔다.

하지만 비앙카는 병세가 나빠지면서 11월 23일 사망했다. 그녀의 죽음은 모든 사람에게 큰 충격을 주었지만, 아버지, 남편, 계모의 슬픔은 더욱 컸다. 그때 고대하던 임신 상태에 있었음에도 베아트리체는 비앙카의 사망 소식을 숨길 수 없었기 때문에 고민 끝에 남편에게 사실을 알려야만 했고, 언니 이사벨라 데스테에게 보낸 편지에 의붓딸의 죽음을 알리는 일보다는(이미 루도비코가 그녀에게 전달한 것으로 보인다) 그에 따른 슬픔을 토로하는 내용으로 채웠다.

이를 근거로 최근 어떤 학자는 베아트리체는 의붓딸의 죽음이라는 고통으로 임신이 위태로워졌을 것이라 여기고 있다. 베아트리체 역시 한 달 남짓 지난 후 조산에 의한 후유증으로 의붓딸을 따라가면서 남편을 절망에 빠뜨리고 말았다.

갑작스럽게 일어난 두 사람의 부재는 모로에게 정신적으로 균형을 잃게 되었을 정도로 충격을 주었고 갈레아초 산세베리노 역시 아내의 죽음으로 비탄에 빠졌다. 그는 9월과 10월 내내 지속된 심각한 질병으로 인해 밀라노 성내 습기로 가득한 어떤 방에 몸을 숨겼을 정도였다.

세월이 흐른 후 18세기 역사가 루도비코 안토니오 무라토리는 자신의 저서에서 비앙카와 베아트리체 공작부인이 거의 동시에 맞이한 죽음을 연결하면서 그 일이 음모에 의한 범죄였을 가능성을 언급했다.

　　심지어 베아트리체와 갈레아초 사이에 일어났던 '친밀함'을 말하면서 관련 가설을 뒷받침할 구체적인 증거를 제시하지도 않은 채 두 사람이 그냥 연인이었다고 암시한 19세기 역사가도 있었다. 의붓딸의 죽음에 대한 베아트리체의 깊은 고통은 '자신이 저지른 친밀함에 대한 후회'였다는 것이다. 그의 주장에 따르면 아이의 탄생을 기다리고 있던 그녀는 매일 같이 마리아 델레 그라치에 교회에 있는 비앙카의 묘소 앞에서 울며 기도했다고 한다.

체칠리아 갈레라니

다빈치의 유명한 작품 중 하나인 체칠리아 갈레라니 초상화는 그림 속 인물을 마치 살아있는 인물로 여기게 할 정도로 대단하다. 그렇게 다 빈치가 이룩했던 여러 혁신 중에는 모델의 미묘한 몸짓, 표정을 통해 자신만의 생각과 감정을 지니도록 한 것도 있다. 그림 속 갈레라니의 머리는 몸과 달리 미묘하게 돌려져 있는데, 그림이 그려질 때 자신이 있는 공간으로 누군가가, 아마도 그녀의 연인이었던 루도비코가 들어온 것 아니었을까 추측된다.

모델 갈레라니의 나이는 대략 15세 정도로, 순수함을 상징하는 흰색 담비 역시 비슷하게 뒤틀려 그녀의 시선과 같은 방향으로 무언가를 응시하고 있다. 아울러 여인의 왼쪽 어깨와 오른쪽 뺨은 은은하게 빛나고 있으며, 담비를 쥐고 있는 그녀의 손은 자신의 오른쪽 어깨와 마찬가지로 그 늘진 팔 속에서 희미한 빛을 발하고 있다. 그리고 땋아서 갈라진 머리 위에 아주 얇은 베일을 쓰고 있으며 당시 크게 유행했던 스페인 양식의 의상을 입고 있다. 또한 표정은 사려 깊으며 눈빛은 강렬하고 지성적이다.

유럽의 국왕, 군주들에게는 왕비나 공작부인 외에 따로 연인이 있었고, 프랑스 같은 경우에는 왕실이 인정하는 정부, 즉 총희(chief royal mistress)가 있었다. 게다가 왕세자를 비롯한 왕자, 공주, 공작 자녀 대부분 근처 국가 또는 힘 있는 지역의 지배자, 교황과 연결되는 실력자의 자제들과 이른바 정략결혼을 하다 보니, 따로 연인을 만들었던 일은 자연스러웠다고 할 수 있다.

흰 담비와 함께 한 여인의 초상, 체칠리아 갈레라니(Lady with an Ermine, Portrait of Cecilia Gallerani),
레오나르도 다빈치, c. 1490, 크라코프 국립미술관, 크라코프

당초 흰 담비가 없던 체칠리아 갈레라니의 초상화 원본 분석 작업 이미지

그중에서 체칠리아 갈레라니(Cecilia Gallerani, 1473~1536)의 경우는 조금 특별한데, 밀라노 공작 루도비코 스포르차, 즉 로도비코 일 모로가 여러 정부 중 가장 아꼈던 여인이었고 대화가 다빈치에 의하여 명작 초상화로 남았기 때문이다. 보고있는 작품은 당시 스포르차의 궁정화가였던 다빈치에게 갈레라니가 의뢰하여 제작되었다고 한다.

그 무렵 이탈리아 각 도시 정부 궁정과 고위층 사이에서는 인문학에 대한 탐구가 크게 유행했고, 밀라노 스포르차 궁정의 관련 모임 중심에 갈레라니가 있었다. 시에나의 대가족에서 태어난 갈레라니의 아버지는 파치오 갈레라노로, 정통 귀족은 아니었지만, 밀라노 궁정에서 피렌체와 루카 등으로 파견되는 대사직을 비롯 여러 직책을 맡았다고 한다.

어머니 마르게리타 부스티는 유명한 법학자의 딸이었다. 여섯 남자 형제 틈에서 라틴어, 문학 수업을 받은 체칠리아는 1483년 10세가 되어 스테파노 비스콘티와 약혼했지만 2년 후 알려지지 않은 이유로 파혼되었다. 1489년 5월, 이름하여 새로운 수도원(Monastero Nuovo)으로 떠났는데 아마도 그곳 또는 근처에서 루도비코를 처음 만났던 것 같다.

지적이며 감수성이 뛰어난 인물로 성장한 그녀는 이탈리아어는 물론 라틴어로 사랑의 시를 썼으며, 음악적 재주 역시 타고난 여인이었다. 그래서 15세 이후 외모는 물론 지적으로 스포르차를 감동하게 만들어 루도비코가 제공한 성에서 기거하기 시작했고 포르타 지오비아로 불린 공작의 궁정에서 제법 괜찮은 자리를 차지하게 되었다.

아무리 공작의 총애를 받았다고 해도 정치적으로 중요한 일 등과 관련해서는 순위가 밀렸는데 1491년 두 사람 사이에서 아들 체사레가 태어나면서 상황은 바뀌기 시작했다. 스포르차는 갈레라니와 아들을 위하여 또 다른 호화 저택을 제공했고 아이가 커서 밀라노 교회에서 중요한 직책을 맡도록 하겠다고 약속했다.

하지만 모자가 스포르차 성에서 살게 된 지 1년 남짓 되었을 때 공작은 페라라 공작의 딸이자 헝가리 왕비의 조카와 정략적 결혼을 두고 심각하게 고민한다. 상대는 바로 이사벨라 데스테의 한 살 어린 여동생이었던 당시 16세의 베아트리체 데스테(Beatrice d'Este)였다.

결국, 혼인은 격이 맞는 두 사람에게 당연한 일이 되면서 일사천리로 진행되었고, 이때 갈레라니의 존재를 이미 알고 있던 새로운 공작부인은 갈레라니를 베르메 궁으로 쫓아버린 후 다른 남자와 강제 혼인을 하게 만드는데 상대는 스포르차를 모시던 근위대 장교였다. 그 후 갈레라니와 공작의 아들 체사레는 1498년부터 1505년까지 밀라노 브롤로에 있는 산 나차로 마지오레 교구의 대수도원장이 된 데 이어 밀라노를 상징하는 종교적인 인물이 되었으나 1512년 세상을 떠났다.

다빈치가 남긴 체칠리아 갈레라니의 초상화에 대해서는 때때로 그 세부를 두고 논쟁이 이어졌지만, 여러 전문가는 그녀가 스포르차 궁에서 살고 있을 때 그려진 것으로 추정한다. 그러면서 또 다른 논점이 바로 갈레라니가 품고 있는 동물이다. 그 동물의 명칭은 그리스어 단어(gallay) 또는 나폴리 왕이 수여한 훈장을 받았다는 뜻의 별명(l'Ermellino)과 스포르차의 이름에 대한 언어적 유희로 보인다. 몇몇 미술 평론가는 인물과 동물에서 볼 수 있는 두상과 손, 발 모양이 매우 유사한 사실에 놀라며 이것이 바로 다빈치만이 이룩할 수 있는 심오한 상징성이라고 언급한다.

한편 다빈치의 작품을 대단히 좋아하여 거의 그를 숭배할 정도였던 이사벨라 데스테가 갈레라니의 이 초상화를 빌려 갔다는 편지가 있는데, 이사벨라 데스테의 대여 요청에 대한 답변에서 갈레라니는 당시 자신이 매우 어렸기 때문에 더 이상 자신처럼 보이지 않으며 '나와 함께 그것을 보는 사람은 그것이 나를 위해 만들어졌다고 생각하지 않을 것'이라고 말했고 이에 데스테는 '닮았기 때문에 일어날 수 있는 거부 반응을 걱정하지 마세요'라는 답과 함께 한 달 후 제대로 반환했다고 한다.

1536년 체칠리아 갈레라니는 세상을 떠났고 산 차베드로의 카르미나티 가족무덤에 묻혔다. 여담으로, 어떤 미술사가는 갈레라니 역시 예술 후원에 힘을 썼고 아울러 유럽 최초의 미용실을 열었다고 주장한다.

체칠리아 갈레라니가 죽은 후 초상화는 1800년 폴란드에서 다시 발견되기 전까지 수 세기 자취를 감추었었다. 그 기간 프랑수아 1세의 정부였던 여인(Belle Ferronière)의 초상으로 잘못 알려졌는데, 그 사실은 작품 왼쪽 위 모서리에 있는 작품과 다빈치 관련 글(LA BELE FERONIERE / LEONARD D'AWINCI)이 폴란드식 철자법으로 된 것을 참고로 할 수 있다.

아무튼 20세기 폴란드 역사를 생각하면 작품이 별 탈 없이 살아남았다는 사실은 그저 놀랍고 큰 다행이랄 수 있는데, 나치 점령 기간에 작품은 폴란드와 독일 사이를 오가며 기적적으로 살아남았고 이 무렵 라파엘로와 반 고흐의 명작 등이 사라져버린 일이 있었기 때문이다.

하지만 작품에 여러 번 덧칠이 되었음이 나중에 밝혀졌다. 17세기 무렴 이루어진 덧칠은 담비 아래쪽 체칠리아의 드레스에서 찾을 수 있고, 원래 착용하고 있던 투명한 베일 역시 여인의 머리 색에 맞게 고쳐졌다. 마지막 덧칠 이후 머리카락이 턱 아래까지 닿는 것처럼 되었고, 그와 함께 작품에 대한 엑스선 판독으로 배경에 문이 있었다고 한다.

작품에 대한 또 다른 비밀은 2014년 프랑스 과학자 파스칼 코트의 3년에 걸친 조사 분석으로 밝혀졌는데 그는 작품이 세 단계에 걸쳐 제작되었다고 주장했다. 다빈치는 당초 담비와 같은 동물이 없는, 그냥 단순한 초상화를 그렸다는 것이다. 그러다가 작은 회색 담비를 첨가했고, 그게 나중에 제법 눈에 띄는 흰색의 담비로 바뀌었다는 결론이다.

한편, 이 작품 관련 소개에는 다빈치가 글로 썼던 동물 습성 모음집을 인용하고 있는데, "이 동물은 하루에 한 번만 먹는, 조용하고 온건한 동물이자 몸을 더럽히지 않고, 불결한 거짓의 세상에 몸을 맡기느니 차라리 사냥꾼에 스스로 포획되기를 원하는" 상징적 동물이라는 것이다. 어떤 그림 설명에서는 동물을 흰 족제비라 부르는데, 그보다는 흰 담비가 맞는 것 같다.

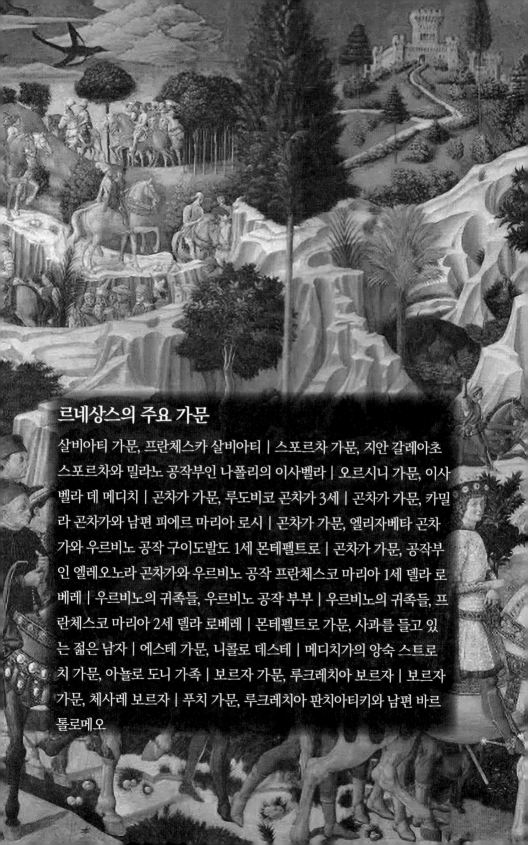

르네상스의 주요 가문

살비아티 가문, 프란체스카 살비아티 | 스포르차 가문, 지안 갈레아초 스포르차와 밀라노 공작부인 나폴리의 이사벨라 | 오르시니 가문, 이사벨라 데 메디치 | 곤차가 가문, 루도비코 곤차가 3세 | 곤차가 가문, 카밀라 곤차가와 남편 피에르 마리아 로시 | 곤차가 가문, 엘리자베타 곤차가와 우르비노 공작 구이도발도 1세 몬테펠트로 | 곤차가 가문, 공작부인 엘레오노라 곤차가와 우르비노 공작 프란체스코 마리아 1세 델라 로베레 | 우르비노의 귀족들, 우르비노 공작 부부 | 우르비노의 귀족들, 프란체스코 마리아 2세 델라 로베레 | 몬테펠트로 가문, 사과를 들고 있는 젊은 남자 | 에스테 가문, 니콜로 데스테 | 메디치가의 앙숙 스트로치 가문, 아뇰로 도니 가족 | 보르자 가문, 루크레치아 보르자 | 보르자 가문, 체사레 보르자 | 푸치 가문, 루크레치아 판치아티키와 남편 바르톨로메오

살비아티 가문
프란체스카 살비아티

피렌체의 유력 가문 중에는 살비아티(Salviati) 가문도 있었다. 기록에 나타난 그들 가문의 최초의 인물은 캄비오 디 살비로, 그는 피렌체 시의원 대표와 수도원장에 올랐다. 그를 이어 20여 명이 시의원, 60여 명이 수도원장이었다고 하며, 어떤 기록에서는 살비아티 가문 역시 은행업에 종사했다고 한다.

주요 인물로는, 프란체스코 살비아티 리아리오(Francesco Salviati Riario, 1443~1478)를 들 수 있는데, 피사의 대주교였던 그는 파치가의 음모 사건에서 주동자 중 한 명이었다. 그는 리아리오 가문과 살비아티 가문의 중심인물로, 파치, 메디치, 베토리와 같은 권력 있는 가문들과 혼인으로 연결되어 있었다. 결국 음모에 대한 응징으로 그는 시뇨리아 광장에서 목매달려 사형당한다.

그 외에 살비아티 가문의 사람들로는 루크레치아 데 메디치와 결혼한 야코포 살비아티가 있는데 두 사람 사이의 딸이 코시모 1세 대공의 어머니 마리아 살비아티이다. 그녀는 27세 때 남편 지오반니 달레 반데 네레가 죽자 가톨릭 수도자가 되어 평생 검은 옷을 입고 살았다고 한다. 집안 전통 때문이었는지 추기경 지오반니 살비아티를 비롯한 주교, 추기경을 적지 않게 배출했다.

초상화의 주인공 프란체스카 살비아티는 첫 남편 피에로 구알테로티가 죽은 후, 가문의 방계 자손 중 하나였던 오타비아노 데 메디치와 재혼

프란체스카 살비아티, 붉은 옷을 입고 강아지와 함께한 여인(Portrait of a Lady with a Lapdog).
브론치노, c. 1533, 슈테델 미술관, 프랑크푸르트

237

한다. 1535년 부부는 아들 알레산드로를 낳았는데, 그가 바로 미래에 교황 레오 11세(Leo XI)가 된다.

여인이 걸치고 있는 호화로운 가운의 주된 색상은 살비아티 가문의 문장을 나타내는 빨간색과 흰색을 반영하고 있으며, 그녀의 반지는 메디치 가문의 문장과 유사하지만, 그녀가 살비아티 사람임을 보여주는 증거이다.

역시 브론치노가 그렸던 톨레도의 엘레노라의 초상화에서와 마찬가지로 아름답고 우아한 드레스를 알 수 있고, 금과 은이 아닌 원단에 눈을 두게 된다는 점이다. 그리고 빨강과 검정의 대비와 함께 다양한 소재의 질감으로 이루어진 소매를 통하여 호화로움을 알 수 있으며, 아울러 보석과 묵주는 극도의 주의를 기울여 세부가 묘사되었다.

브론치노는 평소 주제를 묘사하는 데 있어 냉정하고 차가운 방식을 고수했음에도 주인공은 보는 이와 눈을 맞추고 있으면서, 이번에는 얼굴에 살짝 미소를 띠고 있다. 그리고 그녀의 무릎에 앉은 스패니얼 강아지는 당시 이탈리아에서 매우 인기 있는 견종이었다고 한다. 따라서 티치아노가 그린 그림(우르비노의 비너스)에서도 볼 수 있다.

또한 그림은 이탈리아 후기 르네상스 및 매너리즘 초기 초상화에서 가장 중요한 작품 중 하나이며, 폰토르모가 총애한 제자 아뇰로 브론치노의 초창기 숙련도를 보여준다.

프란체스카 살비아티(1504~1536)는 피렌체 귀족 야코포 살비아티와 루크레치아 데 메디치 사이의 딸이었고, 언니는 마리아 살비아티, 오빠가 추기경 지오반니였고, 프랑스에서 왕비 캐더린 데 메디치를 호위했던 무사이자 구호기사단의 일원이었던 베르나르도는 남동생이었다.

그녀의 아들 알레산드로는 어머니가 세상을 떠나자 사제가 되기로 하면서 나중에 교황 레오 11세(외삼촌 레오 10세를 이어 레오 11세로 칭함)가 되는

데 불과 27일간 교황직에 있었기 때문에 '번갯불 교황'으로 불린다. 하지만 실제 그는 70세가 넘어 교황이 되어 매일 이어진 행사에 피곤을 느꼈고, 마침 독감에 걸려 세상을 떠난 것으로 알려졌다.

스포르차 가문
지안 갈레아초 스포르차와
밀라노 공작부인 나폴리의 이사벨라

유명한 용병대장 무치오 스포르차는 루치아 다 토르사노와의 사이에서 일곱 명의 자녀를 두는데 그중 하나가 밀라노의 대주교 가브리엘레 스포르차이며, 또 다른 아들 공작 프란체스코 1세 스포르차는 폴리세나 루포에 이어 비앙카 마리아 비스콘티와 결혼한다.

프란체스코 스포르차의 아들이 5대 밀라노 공작이 되는 갈레아초 마리아 스포르차였고, 배우자는 도로테아 곤차가에 이어 사보이의 보나였는데 사생아가 바로 카테리나 스포르차였다. 그리하여 프란체스코의 적장자 지안 갈레아초 스포르차가 6대 공작이 된다.

스포르차 가문은 밀라노를 거점으로 르네상스 이탈리아를 지배했던 세력의 하나로 15세기 중반 비스콘티 가문을 밀어낸 후 밀라노 공국을 차지하면서 시작되었지만 1535년 가문의 본가인 프란체스코 2세 스포르차의 마지막 구성원이 사망하면서 끝난다.

가문은 페사로의 영지를 보유했는데 이는 무치오 아텐돌로의 둘째 아들 알레산드로로부터였다. 스포르차 가문은 코스탄초 2세 스포르차가 죽은 후 1512년까지 페사로를 차지했으며, 무치오의 셋째 아들 보시오는 산타 피오라에 가문이라는 지파를 열면서 코티뇰라 백작이라는 지위를 얻는다.

따라서 스포르차 가문은 1624년까지 토스카나 남부에 있는 소규모의

산타 피오라 백작령을 통치하면서 교황령으로 교회 및 정치적 지위에 있어서 중요한 역할을 했고, 1674년에 로마로 이주하여 스포르차 체사리니라는 이름을 사용한다.

스포르차 가문은 루크레치아 보르자와 지오반니(페사로의 코스탄초 1세의 사생아)와의 중매 결혼을 통하여 보르자 가문과 동맹을 맺는데, 그렇게 맺어진 관계는 스포르차 가문이 더 이상 힘이 없는 상태로 빠지자 보르자 가문에 의하여 취소된다.

1499년 이탈리아 전쟁 중 프랑스의 루이 12세의 군대는 루도비코 스포르차(루도비코 일 모로)에게서 밀라노를 빼앗았다. 그러자 신성로마제국군이 프랑스군을 몰아내면서 루도비코의 아들 막시밀리안 스포르차가 다시 밀라노 공작이 되었지만, 프랑수아 1세의 지휘로 재차 침입한 프랑스 군대는 막시밀리안을 잡아 옥에 가둔다.

1521년 다시 황제 카를 5세가 프랑스군을 몰아냈고, 이어 루도비코의 또 다른 어린 아들 프란체스코 2세 스포르차를 공국으로 복귀시켰기 때문에 프란체스코는 1535년 죽을 때까지 밀라노를 다스렸다. 하지만 그에게 자식이 없었기 때문에 공국은 황제의 영토가 되었고, 황제는 1540년 자신의 아들 펠리페 2세에게 공국을 물려주면서 밀라노에서 합스부르크

성 바르바라로 그려진 아라곤의 이사벨라(Isabella of Aragon, Saint Barbara),
레오나르도 다빈치 또는 안토니오 볼트라피오, 1498, 암브로시아나 도서관, 밀라노

스페인의 통치가 시작되었다.

지오반 갈레아초로 알려진 밀라노의 6대 공작 지안 갈레아초 스포르차(Gian Galeazzo Sforza, 1469~1494)는 아비아테그라소 출생으로, 그가 일곱 살이 되던 해 부친 갈레아초 마리아 스포르차가 암살되면서 공작이 되었다.

그러자 삼촌인 루도비코 스포르차가 섭정이 되어 막강한 권력을 휘둘렀지만 갈레아초는 우여곡절 끝에 지배권을 되찾는다. 그랬음에도 해외로 쫓겨났던 루도비코가 밀라노로 돌아와 그를 가두면서 갈레아초는 25세의 나이에 의문의 죽임을 당한다.

한편, 1489년 지안 갈레아초는 사촌 관계였던 나폴리의 공주 이사벨라(Princess Isabella of Naples)와 결혼하여 프란체스코, 이폴리토 마리아, 보나, 비앙카의 네 자녀를 두는데, 딸 보나 스포르차가 폴란드의 지기스문트 1세(Sigismund I)와 결혼한다.

한편, 아라곤의 이사벨라(Isabella of Aragon), 또는 나폴리의 이사벨라(Isabella of Naples, 1470~1524)로 알려진 밀라노 공작부인이자 바리 공작부인의 초상화를 두고 과연 누가 그렸는지에 대한 논의가 이어지고 있다.

설명한 대로 공작부인의 삶은 여러 고난으로 점철되었다. 1488년 12월 나폴리에서 결혼한 그녀의 남편 지안 갈레아초 스포르차는 1494년 삼촌 루도비코에 의하여 투옥된 후 독살되면서 목숨은 물론 밀라노 공작 자리까지 빼앗긴다. 그리고 프랑스 국왕 루이 12세가 프랑스로 데려가 수도원으로 보낸 그녀의 아들 프란체스코는 수도원장 자리에 올랐지만, 말에서 떨어져 스물한 살 무렵 세상을 떠난다. 그랬기 때문에 밀라노를 떠날 당시 그녀에게는 오직 딸 보나만 있었다.

하지만 나폴리를 다스리던 스페인 세력의 도움으로 1501년 9월 보나와 함께 바리(Bari)에 도착한 그녀는 노르만-스와비안 성에 정착했고, 그

후 바리를 이끌며 영지를 넓히고자 노력했다.

나폴리를 차지했던 아라곤의 트라스타마라 왕가 출신이었던 그녀의 삶은 이탈리아 전쟁을 둘러싼 정치적 위기 속이었는데 그 까닭은 그녀가 고국인 친정 나폴리 왕국과 시집 밀라노 공국 사이에서 갈등을 자주 겪었고, 그로 인한 개인적, 정치적 어려움 때문이었다.

하지만 재앙과 다름이 없던 밀라노에서의 결혼 생활에 대한 고국 나폴리의 보상이 이루어져 결국 그녀는 바리 공국이라는 큰 재산을 받는다.

그렇게 상황 변화에 대처하면서 그녀는 자신의 궁정을 꾸몄고, 진행 중인 전쟁에 대한 정치적 지원은 물론 안보 시스템을 구축할 기회를 얻었는데 개혁과 더불어 예술과 문학에 대한 큰 관심이 결실로 이어져 작은 공국 바리에는 큰 발전과 변화가 만들어졌다. 이 기간 그녀는 폴란드 왕비가 되는 딸 보나를 위한 교육에도 집중했다.

오르시니 가문
이사벨라 데 메디치

　피렌체 서쪽 체레토 구이디(Cerreto Guidi)에 있는 메디치 빌라(지금은 메디치 박물관)는 1576년 7월 15일 밤에 세상을 떠난 이사벨라 데 메디치의 비극적인 이야기로 꽤 유명한 곳이다. 코시모 1세 메디치 대공과 부인 톨레도의 엘레노라가 가장 사랑했던 딸 이사벨라는 1558년 공작 파올로 지오르다노 오르시니와 결혼하지만 얼마 지나지 않아 암살당하는데, 그녀의 비극은 메디치 반대파에 의한 죽음이라는 내용의 문학 작품으로 만들어지면서 널리 알려졌고, 심지어 낭만적인 스토리로 남아있다.

　최근에 알려진 그녀의 죽음에 따른 연구 결과를 보면, 잔혹 행위, 방탕과 같은 쓸데없이 더해진 이야기들을 배제하면서 이사벨라의 삶을 새롭게 밝히고 있다. 즉 그녀의 실제 사망 원인은 심각한 형태의 수종(dropsy)과 그에 따른 신장 폐색 때문이었을 것이라는 의견이다.

　피렌체 피티 궁에 있는 팔라티나 화랑은 '라우도미아 데 메디치(Laudomia de' Medici)의 초상화'로 알려진 작품을 보유하고 있었는데 그림 속 주인공의 실제 인물이 바로 이사벨라 데 메디치로 밝혀졌다. 작품은 1817년부터 전시되었고 그때 갤러리의 카탈로그와 안내서, 1928년에 다시 제작된 설명서에서는 화가 아뇰로 브론치노가 그린 것으로 언급했다. 하지만 여러 학자의 후속적인 문헌 연구와 초상화 기법 등을 면밀하게 분석한 결과 브론치노가 아닌 알레산드로 알로리의 작품이라는 결론에 이르렀다.

이사벨라 데 메디치(Isabella de' Medici), 알레산드로 알로리, c. 1565, 피티 궁 팔라티나 화랑, 피렌체

이사벨라 메디치(Isabella de' Medici, 1542~1576)는 피렌체에서 태어났고, 처음에는 형제자매들과 함께 베키오 궁전에서 살다가 나중에는 피티 궁전으로 옮겨 살았으며, 부친의 시골 별장인 빌라 디 카스텔로에서 많은 시간을 보내며 지냈다. 메디치 가문의 자녀들은 뛰어난 가정교사로부터 고전, 언어, 예술 등 다양한 과목을 교육받았는데 이사벨라 역시 오빠 프란체스코와 함께 인문주의 교육을 받았다. 어렸을 때부터 음악을 매우 좋아하여 성인이 되었을 때는 자기 표현의 수단으로 음악을 사용했다고 한다. 대단한 미인이었던 그녀는 궁정인들 모두 좋아할 만큼 적극적이며 활달한 성격이었다.

1553년, 11세의 이사벨라는 토스카나 남부의 브라치아노 공국 공작의 아들이었던 12세의 파올로 지오르다노 오르시니와 약혼했는데 그것은 코시모 대공이 남부 국경과 고대 로마로부터 이어진 전통 명문 오르시니(Orsini) 가문과의 관계를 확고히 하고자 했기 때문이었다. 두 사람은 1558년 빌라 디 포지오 아 카이아노에서 비공개로 결혼식을 올렸고, 파올로는 이틀 후 그곳을 떠났지만 이사벨라는 계속 피렌체 머물렀다.

그때 사위의 소비 습관을 알고 걱정했던 코시모는 딸에게 지참금으로 5만 스쿠디를 주면서 당시 피렌체 여성들이 다른 지역의 관례와 달랐던 커다란 자유를 주었고 그에 따른 적절한 통제를 받도록 했다. 그러는 사이 어머니가 세상을 떠나 이사벨라는 한동안 피렌체의 퍼스트레이디로 활동하면서 메디치 가문 여성으로의 정치적 면모를 보여주었는데 그러는 사이 여러 차례 유산을 겪으면서 20대 후반까지 아이를 갖지 못했다.

그러나 이사벨라는 자유로운 성격으로 인하여 남편이 군대를 이끌고 원정하는 동안 자신을 경호해주던 파올로 지오르다노의 사촌 트로일로 오르시니와의 추문에 휩싸인다.

1576년 7월, 그녀는 사냥을 즐기던 중 메디치 빌라에서 갑자기 사망했

다. 오빠이자 대공(프란체스코 1세)은 사건에 대한 즉각적인 조사를 명령하면서 그녀가 사망 직후 파올로 지오르다노에게 발견되었고, '정오 무렵 누군가 그녀를 목졸랐다'라는 사실이 드러났다.

사고는 그녀의 사촌 레오노라가 불과 며칠 전에 비슷하게 죽은 일에 이은 두 번째 의문사가 되었는데 이를 두고 대부분 역사학자는 이사벨라와 트로일로가 사랑에 빠진 일에 대한 앙심을 품고 파올로 지오르다노가 그녀를 죽였거나, 아니면 오빠 프란체스코 대공의 지시였을 것으로 가정하는데 자연사였다는 의견도 있었다. 당연히 메디치 가문의 반대 세력은 마치 기다렸다는 듯이 치정 사건이라며 크게 소문냈다고 한다.

한편, 보카치오가 쓴 '데카메론'에서도 언급되고 있을 정도였던 오르시니(Orsini) 가문은 세 명의 교황과 34명의 추기경을 비롯하여 적지 않은 정치적 인물을 배출했던 명문가였다. 가문은 고대 로마 율리오-클라우디우스 왕조에서 비롯되어 콜로나(Colonna) 가문과 함께 수 세기에 걸쳐 현재의 이탈리아 로마 지역에 뿌리를 내린 봉건 세력이었다.

시조에 해당하는 카요 오르소 오르시니는 서기 600년경의 사람으로, 그로부터 다섯 명의 교황이 나왔고 13세기 초에 이르러 그의 후손은 비코바로, 리첸차, 로카지오비네, 네투노 등지로 영지를 넓혔는데 이 지역들이 장차 가문의 핵심적인 영토가 된다.

당초 오르시니와 더불어 칭해지던 보보네(Bobone)라는 가족 명은 11세기 무렵 사라졌고, 이 무렵 나폴레오네와 위대한 마테오 로소 시기를 맞아 그들의 명성이 크게 높아졌다. 이들로 인하여 영토가 넓혀졌고, 신성로마제국군을 격파하면서 현재 로마를 근거지로 삼아 실질적 지배 세력이 되었다. 그 무렵 그들의 앙숙이었던 콜로나 가문 역시 남쪽으로부터 영역을 확장하여 그들에게 대등한 세력으로 등장했고 그때 오르시니 가문 출신의 니콜라오 3세(Nicholas III) 교황이 선출되었다.

오르시니는 로마를 중심으로 근거지를 만들면서 토스카나로까지 영토를 넓혔고 헝가리는 물론 이탈리아반도 남부로 세력을 확장하면서 나폴리 왕국과도 관계를 유지했는데 가장 중요한 인물 중 하나로 몬테로톤도의 지오반니 바티스타 오르시니를 들 수 있다. 교황 식스투스 4세에 의하여 추기경이 된 지오반니는 1502년 체사레 보르자에 대한 음모를 꾸민 사람 중 하나로 여겨지며, 그 일이 결국 실패했기 때문에 다른 가족 구성원과 함께 1503년 2월 체사레의 보복으로 암살당하고 말았다.

여러 가지 이유로 가문 구성원 상당수가 암살되면서 가문은 위축되어 16세기 후반에 이르러 많은 영지를 잃으며 쇠퇴의 길을 걸었다. 결국 오르시니의 마지막 대표격이었던 엔리코와 프란체스코는 1641년 몬테로톤도 계열을 바르베리니(Barberini) 가문에 양도했다.

곤차가 가문
루도비코 곤차가 3세

'터키인(the Turk, il Turco)'으로 불렸던 후작 루도비코(로도비코) 3세 곤차가(Ludovico III Gonzaga, 1412~1478)는 만토바를 다스렸던 권력자로, 지안프란체스코 1세 곤차가와 페사로의 말라테스타 4세의 딸 파올로 사이의 아들이었다. 그는 1432년부터 유명한 용병대장이었던 부친의 부관이 되었고, 1433년에 황제 지기스문트의 조카였던 브란덴부르크의 바르바라와 결혼했다.

1436년부터 루도비코는 아버지의 승인 없이 독자적으로 밀라노 공국의 비스콘티(Visconti) 가문을 위하여 용병대장이 되었는데 이를 나중에 알게 된 부친 지안프란체스코는 루도비코와 그의 아내를 만토바에서 추방하고 둘째 아들 카를로 곤차가를 상속자로 지명했다.

그러나 1438년에 지안프란체스코 자신도 비스콘티 가문에 고용되면서 1441년 루도비코와 화해했기 때문에 1444년에 루도비코가 다시 만토바의 후작위를 계승했다. 하지만 가족 영지 일부는 동생들인 카를로, 지안루치도 및 알레산드로의 소유가 되었는데 당시 만토바는 수년간의 전쟁에 따른 막대한 비용 지출로 국가 재정이 바닥나 열악한 상태였다.

한편 1445년부터 1450년까지 루도비코는 밀라노, 피렌체, 베니스, 나폴리의 용병대장으로 일했는데 그 일은 실제로 만토바를 위하여 평화의 연장은 물론 경제적 이익을 추구했던 진심 어린 일이었다.

1448년 카라밧지오 전투에 참여하는 도중 철수한 그는 1449년 밀라

곤차가 궁정의 곤차가 3세, 얼굴
(The Court of Gonzaga), 안드레아
만테냐, 1465-1474, 만토바 공작
궁, 만토바

노를 상대로 결성되었
던 피렌체와의 연합군
을 위하여 베니스의 용
병대장으로 복무하면서
1450년 롬바르디아에
서 나폴리의 알폰소 왕
을 위해 군대를 이끌 수
있게 되는데 이 일 역시
자신과 만토바를 위한
것이었다.

밀라노의 새로운 공작 프란체스코 스포르차(Francesco Sforza)는 만토바
영토였으나 나중에는 베니스의 일부가 되었던 로나토, 페스키에라, 아솔
라를 그에게 넘기겠다고 약속하며 그를 동맹으로 유인했는데 이때 베니
스는 1452년 루도비코의 동생 카를로를 용병대장으로 고용하면서 이에
맞선다.

카를로 곤차가가 1453년 3월 4,000명의 병사와 함께 형 루도비코의 만
토바 영토를 침공하여 벨포르테 성과 비가렐로를 점령하자 루도비코는
말 3,000필과 보병 500명으로 구성된 군대를 규합하여 용병대장 티베리
오 브란돌리니가 이끄는 밀라노 군대와 함께 몬잠바노 근처 카스텔라로
라구셀로에서 카를로를 격파했다.

루도비코는 아디제 강을 건너 퇴각하는 카를로 군대를 추격하여 완벽

하게 그들을 쫓아버렸 지만, 니콜로 피치노가 이끄는 베니스 군대가 오히려 아솔라를 차지 하면서 그에게 맞섰다. 결국 1454년의 로디조 약으로 베니스는 루도 비코에게 차지했던 땅 을 반환하면서 세 도시 에 대한 그의 주장을 확실히 포기하도록 강요했다. 그럼에도 루도비코는 1456년 카를로가 자 손 없이 사망했기 때문에 그의 영지를 차지할 수 있었다.

한편, 만토바의 최고 전성기를 들자면 1459년 5월 27일부터 1460년 1 월 19일까지 그곳에서 열린 가톨릭 공의회 시기라고 할 수 있다. 교황 비 오 2세(Pius II)가 몇 년 전 콘스탄티노플을 정복한 오스만 투르크 세력에 대항하여 십자군을 소집했기 때문이다. 그때 교황은 개최지 만토바에 대 하여 다음과 같은 기록을 남겼다.

"그곳은 습지라 건강에 해로우며 너무나 뜨거워 모든 것을 태우고 있 어서 포도주는 맛이 없었고 음식 역시 그랬다."

그래도 만토바 의회는 루도비코의 아들 프란체스코가 권좌에 오르면 서 명예가 크게 높아졌다는 평가와 함께 회합을 마무리했다. 그 후 1466

곤차가 궁정 신부 방의 곤차가 3세(The Court of Gonzaga), 안드레아 만테냐, 1465-1474, 만토바 공작궁, 만토바

년부터 루도비코는 계속하여 스포르차가 다스리는 밀라노를 위해 용병대장으로 일하다가, 1478년 흑사병으로 고이토에서 사망한 후 만토바 대성당에 묻혔다.

루도비코는 아버지의 직업을 이어받은 용병대장이었음에도 어린 시절 제대로 된 인문주의 교육을 받을 수 있었는데 그것은 오로지 아버지의 엄한 지시에 따른 것이었다. 그때 유명한 인문주의자였던 비토리노 다 펠트레가 그를 가르치면서 "후계자를 위한 교육으로 그가 앞으로 통치할 곳의 사람들에게 도움이 될 것이기 때문에 관련 이익을 위하여 마땅히 어려운 일을 수행해야 한다"라는 글을 남겼고 그의 교육이 매우 도덕적이고 종교적이었기 때문에 거의 평신도가 행할 수 있는 금욕주의적 맥락과 맞닿아 있었다고 한다.

따라서 교육을 잘 받은 루도비코가 적지 않은 수의 교회를 설립한 일이 비오 2세가 공의회를 주최하게 된 배경이 되었고, 나아가 인문주의 관련 문화에 대한 그의 관심으로 도시 전역에서 이루어진 공공 건설이 가능하게 되었다고 후대의 역사학자들은 입을 모은다.

루도비코는 1460년 안드레아 만테냐(Andrea Mantegna)를 곤차가 가문을 위한 궁정화가로 임명했고, 만테냐가 곤차가 성에 유명한 카메라 델리 스포시(Camera degli Sposi)를 그렸기 때문에 화면 속 왕좌에 앉아 있는 후작의 모습을 감상할 수 있다.

화면을 보면 평상복을 입은 후작이 왼쪽을 바라보며 무슨 말을 하고 있는데 대화의 주제는 그가 손에 들고 있는 편지가 맞는 것 같다. 반면에 그에게 말을 걸고 있는 사람이 누구인지 확실하지 않은데, 개인 비서일 수도 있지만, 루도비코를 위한 법률 자문이자 밀라노 공국 대사였던 외교관 라이몬도 루피 디 소라냐 또는 후작의 동생 알레산드로로 추측된다. 그림 속 의자 아래에서 웅크리고 있는 개는 사냥, 권력 및 충성심에 대한 열정을 상징하면서 후작이 가장 좋아했던 루비노이다.

곤차가 가문
카밀라 곤차가와 남편 피에르 마리아 로시

곤차가 가문(House of Gonzaga)은 1328년경부터 1708년경까지 이탈리아 북부 지역에 있는 만토바와 롬바르디아 지역을 다스렸던 주요 가문이었다. 그들은 피에몬테의 몬페라토와 프랑스의 네베르를 비롯, 유럽의 여러 작은 영지도 통치하면서 가톨릭 성인 한 명, 추기경 12명, 주교 14명을 만들었고 두 명의 신성로마제국 황후(엘레오노라 곤차가와 엘레오노라 곤차가-네베르)를 비롯하여 한 사람의 폴란드 왕비(마리 루이스 곤차가)를 배출했다.

일찌감치 만토바 지역을 차지하면서 보나콜시 등과 연합하여 카살로디 가문과 같은 숙적 가문을 격파했던 곤차가는 1328년 루도비코 1세가 결국 보나콜시로부터 권력을 빼앗아 강성한 가문으로의 발걸음을 시작했다. 1433년 지안프란체스코 1세는 신성로마제국 지기스문트 황제로부터 만토바 후작이라는 공식 칭호를 받은 데 이어 1435년 그의 딸 마르게리타가 페라라 후작 레오넬로 데스테와 결혼함으로써 지역 귀족들로부터 점차 유력 가문으로 인정받기 시작했다.

1530년 페데리코 2세(1500~1540)에 이르러 드디어 만토바 공작이라는 칭호를 받았는데 이때 페데리코 2세의 형제들을 주목할 만하다. 즉 에르콜레 곤차가는 추기경이 되어 트리엔트공의회를 주재했을 정도로 거의 교황에 가까운 존재였고, 페란테는 황제 카를 5세의 충실한 동반자가 되었다.

1531년에 가문은 혼인을 통해 몬페라토 후작위를 획득했으며 아울러

카밀라 곤차가 공작부인과 아들들
(Portrait of Camilla Gonzaga and Her Three Sons) 파르미지아니노, 1539–1540, 프라도 미술관, 마드리드

모계 조상으로 몬페라토의 초기 지배 가문이었던 팔레올로구스의 비잔틴제국 가계도 이어받을 수 있었다. 또한 만토바 곤차가 차자 계열의 공작 페데리코 2세 곤차가와 마르게리타 팔레올로가의 어린 아들인 루이지 곤차가는 프랑스 귀족의 상속녀와 결혼하면서 네베르와 레텔의 공작이 되었다. 그렇게 이루어진 곤차가-네베르 계열은 루이지의 아들 샤를 (카를로)가 만토바와 몬페라토를 물려받으면서 이어진 만토바 계승 전쟁을 통하여 다시 만토바를 다스린다.

또 다른 곤차가의 차자 계열로는 최초의 군주 백작이었다가 나중에 공작이 되는 구아스탈라를 들 수 있다. 그는 만토바 공작 프란체스코 2세의 어린 아들 페란테의 후손으로, 손자 페란테 2세 역시 만토바 계승 전쟁에서 중요한 역할을 했으며, 또 다른 차자 계열로는 루도비코 3세의 아들 지안프란체스코와 사비오네타가 있었다.

샤를 곤차가-네베르 왕자의 딸 마리 루이스 곤차가는 1645년부터 그녀가 죽던 1667년까지 폴란드의 왕비였고 같은 이름의 두 사람 엘레아노르 곤차가는 신성로마제국 황제 페르디난트 2세와 페르디난트 3세와 연속적으로 결혼하면서 황후가 되었는데 페르디난트 3세의 배우자는 곤차가 가문의 상속녀였다. 그리고 예수회 수도사였던 성 알로이시오 곤차가 (St. Aloysius Gonzaga) 역시 곤차가 가문의 인물이었다.

곤차가 가문은 셰익스피어의 '햄릿'에 나오는 연극의 영감을 제공하여 3막 2장에서 '곤차고의 살인(쥐덫)'으로 묘사되기도 했다.

지오반니 곤차가의 딸이자 만토바의 페데리코 2세의 4촌인 카밀라 곤차가(Camilla Gonzaga, 1500~1585)는 1523년 피에르 마리아 데 로시와 결혼하여 아홉 아이를 두었다. 그림 속 아이들이 바로 그녀의 자식들로, 카밀라를 중심으로 장남 트로일로와 막내 시지스몬도가 같은 쪽에 있고 차남 이폴리토가 반대쪽에 있다. 작품은 플랑드르 화가 홀바인 2세가 구성

했던 그의 초기 방식과 비교할 수 있는, 아이들과 함께한 자애로운 어머니를 표현한 이탈리아 최초의 초상화라고 할 수 있다.

이 패널과 함께 이루어진 피에르 프란체스코 3세의 초상화는 세라 후작의 컬렉션에서 한 쌍으로 함께 소장되어 있었지만, 두 작품이 품질면에서 너무 달라 처음부터 한 쌍이 아니었을 것이라는 의혹이 있다. 아무튼 프란체스코의 초상화는 석 점이 따로 더 있다.

필라델피아 미술관에 있는 지울리오 캄피가 그린 초상화 속 여인과 의심할 바 없이 같은 인물인 백작부인은 어깨에 다산을 상징하는 검은 담비를 걸치고 있었지만, 나중에 지워졌고 금은보화는 당시의 결혼 선물이었다. 그때 검은 담비(sable)는 다른 의미로 불행을 예언하고 죽어서 악을 물리칠 수 있는 동물이라고 여겨졌다. 그래서인지 부인은 모피를 대신하여 어린 아들들을 마치 부적과 호위하는 존재로 만들어 자신을 불행에서 막고 있는 것처럼 보인다.

또 다른 초상화는 카밀라 곤차가의 남편 피에르 마리아 로시(Pier Maria Rossi, 1504~1547)로, 그는 산 세콘도 7대 백작이자 장군이었다. 산 세콘도 파르멘세에서 태어난 그는 귀족 로시 가문의 트로일로 1세 데 로시와 비앙카 리아리오의 아들이었는데 그의 어머니 비앙카는 카테리나 스포르차의 첫째 딸이자 지오반니 델레 반데 네레의 이복 누나였다.

거의 같은 나이였던 삼촌 지오반니(나중에 주교가 되는)와 함께 메디치 궁정에서 교육받은 그는 1521년 아버지가 죽자 산 세콘도 백작이 되어 가문의 땅을 물려받았고 1523년 카밀라 곤차가와 결혼했는데, 그때 그녀는 6,000두카티의 지참금과 보석, 가구 및 기타 재산을 가져왔다.

프랑스에 처음 체류한 이후 이탈리아로 돌아온 그는 삼촌과 함께 가문의 영지를 방어했으며, 피렌체 포위 공격(1529~1530) 기간에는 제국군 군단을 지휘했다. 그리고 황제 카를 5세의 휘하에서는 1535년 튀니스, 1536년 프로방스, 1537년 알바니아에서 복무했고, 그 보상으로 인근 파르마로부터 자신의 땅을 독립시키는 제국의 특권을 부여받았다.

1542년에는 프랑스의 프랑수아 1세 왕 밑에서 복무했는데 그때 국왕은 그를 성 미카엘 기사단의 장군 겸 기사로 임명했다. 그는 인문주의자인 피에트로 아레티노와 주기적으로 서신을 주고받으면서 지내다가 1547년 프랑스에서 세상을 떠났다.

곤차가 가문
엘리자베타 곤차가와
우르비노 공작 구이도발도 1세 몬테펠트로

우르비노 공작 구이도발도 다 몬테펠트로의 부인 엘리자베타 곤차가는 우르비노 문화에 있어서 당대 누구보다 중요했던 인물이었다고 할 수 있다.

라파엘로가 그린 그녀의 초상화를 보면, 팔과 손을 볼 수 없는 상태임에도 오로지 어깨와 얼굴로만 이루어졌고, 가슴 바로 아래에서 초점을 모으는 듯한 그녀의 시선에서는 엄격함을 느낄 수 있다. 배경은 점을 찍은 것 같은 나무를 비롯하여 언덕과 높은 산이 있는 평화롭고 밝은, 바람이 잘 통하는 듯한 전형적인 움브리아의 풍경이다. 그 앞의 공작부인은 검은색 옷을 입고 몬테펠트로 가문의 문장 색상에서 영감을 받은 듯한 비대칭 금색과 은색 직사각형으로 장식된 가무라(gamurra) 또는 카무라(camurra) 드레스를 입고 있다.

또한 흰색 목에서 어깨로 이어진 사각형 라인에 고대 아라비아 문자(Kufic)로 된 금색 글자가 새겨져 있는 옷을 입은 그녀는 단순한 디자인의 금목걸이 두 개를 걸치고 있다. 그리고 새하얀 이마에는 전갈 모양의 보석을 볼 수 있는데 때때로 이 귀금속은 엘리자베타가 궁중에서 이루어졌던 대화에서 자랑삼았던 문학과 관련한, 즉 사랑의 은유로 해석되기도 한다. 하지만 그것은 다산과 관련된 점성술 기호인 전갈자리를 의미하기도 하는데 남편의 불임으로 인해 아이를 가질 수 없었던 공작부인의 가슴 아픈 운명을 나타내는 것 같다.

또한 드레스에 드리워진 그림자를 비롯하여 피부의 창백한 색조로 대비를 이룬 정밀한 기법, 세부를 모두 공들여 주의 깊게 그린 화가 라파엘로로 인하여 그가 평소 플랑드르 회화에 깊은 흥미가 있었음을 알게 된다.

라파엘로가 시도한 초기 스타일이자 영혼의 감동을 표현하고자 했던 그의 관점이 엘리자베타의 공식 초상화를 더욱 진실하고 흥미진진하게 완성하려는 열망으로 완성되었고, 절제되고 품위 있는 시선과 더불어 아직 젊어 보이는 입술의 곡선을 통하여 보는 사람들에게 순수한 표현으로의 실제를 경험하게 만든다.

엘리자베타 곤차가(Elisabetta Gonzaga, 1471~1526)는 르네상스의 대표적인 귀족이자 우르비노 공작부인으로, 공작 구이도발도 다 몬테펠트로와 결혼했다. 그런데 남편의 문제로 자녀를 갖지 못했기 때문에 남편의 조카였던 프란체스코 마리아 1세 델라 로베레(Francesco Maria I della Rovere)를 상속자로 입양할 수밖에 없었다. 그럼에도 그런 불운을 떠나 그녀의 교양과 품위 있는 삶은 끝까지 존경의 대상이 된다.

엘리자베타는 만토바에서 후작인 페데리코 1세 곤차가와 바이에른, 즉 바바리아의 마르그리트 사이에서 둘째 딸로 태어났는데 나중에 만토바 후작이 되는 프란체스코 2세 곤차가(Francesco II Gonzaga)는 그녀의 오빠였다. 1489년 그녀는 우르비노 공작 몬테펠트로와 결혼했는데 아이가 없었음에도 이혼을 거부했고, 통풍 합병증 등으로 앓아누운 남편을 끝까지 간호하면서 공작이 세상을 떠난 이후에도 재혼하지 않았다.

그때 엘리자베타가 받았던 수준 높은 교육은 15세기 후반 이탈리아의 위대했던 지성인들과 함께 생활하도록 이끌었다. 당시 우르비노 궁정에는 뛰어난 작가, 예술가, 학자들이 늘 모여들었기 때문에 그녀는 16세기 이탈리아의 힘 있는 정치 세력과 접촉하며 원만하고 수준 높은 인문학 동호인

모임을 만들 수 있었다.

엘리자베타는 영향력 있는 르네상스 후원자이자 정치적 여장부였던 이사벨라 데스테와 시누이, 올케 사이였고 건강이 그리 좋지 않았음에도 불구하고 훌륭한 승마 선수로, 우르비노 주변 전원에서 이루어진 사냥 행사에도 자주 참석했다.

1502년 6월, 체사레 보르자가 우르비노에 쳐들어왔을 때 남편 구이도 발도는 도주했고, 엘리자베타는 일종의 인질이 되어 만토바에 남아야 했다. 그렇게 이듬해까지 그곳에 있던 그녀는 베니스에서 남편과 합류한 후 이듬해 권력을 회복할 수 있었고, 1508년 구이도발도가 36세의 나이로 사망한 후 미성년 상속자의 섭정이 되어 우르비노에서 계속 살았다.

1509년 프란체스코 마리아 1세는 엘리자베타의 조카인 엘레오노라 곤차가(Eleonora Gonzaga)와 결혼하면서 영주권을 더욱 공고히 했는데 그때 엘레오노라의 어머니는 르네상스를 상징하는 부인 이사벨라 데스테였다.

그러다가 1516년 6월, 엘리자베타는 교황 레오 10세에 의해 우르비노에서 추방되는데 그 까닭은 교황이 자신의 조카 로렌초 데 메디치에게

구이도발도 1세 몬테펠트로 공작

(Portrait of Guidobaldo da Montefeltro), 라파엘로, 1507년경, 우피치 갤러리, 피렌체

우르비노 공국을 물려주려고 했기 때문이었다. 결국 그녀는 조카 엘레오노라 곤차가와 함께 돈 한 푼 없이 그곳을 떠나 페라라로 떠났고, 1526년 그곳에서 사망했다.

한편, 엘리자베타는 작가 발다사레 카스틸리오네의 유명한 저작물 속에 불멸의 존재로 남았는데 1528년 쓴 '궁정의 서(The Book of the Courtier)'는 엘리자베타 곤차가와 함께 나눈 대화를 바탕으로 제작된 것이다.

엘리자베타의 남편 구이도발도의 초상화는 1635년 비토리아 델라 로베레의 지참금으로 피렌체에 가져온 우르비노 공작 소장품의 일부였던 것 같다. 관련하여 1623년, 페사로 공작 궁의 목록에서 처음으로 확실하게 언급된 초상화는 1905년이 되어서야 처음으로 라파엘로의 작품으로 공인되었는데 그전에 이 그림을 그렸다고 여겨졌던 화가는 프란체스코 프란치아와 체사레 타마로치오였다.

구이도발도 또는 구이도 우발도 다 몬테펠트로(Guidobaldo, Guido Ubaldo, da Montefeltro, 1472~1508)는 1482년 아버지 페데리코 다 몬테펠트

로의 뒤를 이어 우르비노 공작이 되었다. 성인이 되어 만토바 후작 프란체스코 2세 곤차가의 여동생인 엘리자베타 곤차가와 결혼했던 그는 프랑스 국왕 샤를 8세가 이탈리아 남부를 침공했을 때 프랑스군과 함께 교황 알렉산더 6세의 주요 지휘관 중 한 명이 되어 전투에 참여했고, 나중에는 샤를을 상대로 베니스 공화국에 속하여 싸웠다. 1496년 브라치아노 근처에서 전투를 벌이던 중 오르시니 가문과 비텔리 가문에 의해 포로로 잡혔다가 이듬해 석방되었다.

그는 1502년 체사레 보르자의 군대를 피해 우르비노에서 도망쳐야 했지만, 이듬해 체사레의 아버지인 교황 알렉산더 6세가 사망한 후 돌아왔고, 누나의 아들이자 교황의 조카였던 프란체스코 마리아 델라 로베레를 후계자로 입양했다. 구이도발도는 율리오 2세가 로마냐 지방을 다시 정복하는 일을 도왔고, 교황 율리오 2세는 세니갈리아와 우르비노의 영주권을 통합했다.

그 무렵 우르비노의 궁정은 이탈리아에서 가장 세련되고 우아한 궁정 중 하나였기 때문에 그는 그곳에서 많은 문학인을 만났는데 그때 이탈리아 출신의 인문주의자, 역사가, 사제, 외교관으로 생애 대부분을 영국에서 보낸 영국 역사가 폴리도레 베르질(Polydore Vergil)이 앞서 언급한 발다사레 카스틸리오네와 더불어 구이도발도와 엘리자베타를 위하여 일했을 것으로 여겨진다. 통풍을 앓던 구이도발도는 36세의 나이로 포솜브로네에서 사망했고, 그의 자리를 조카가 이어받는다.

곤차가 가문
공작부인 엘레오노라 곤차가와 우르비노 공작 프란체스코 마리아 1세 델라 로베레

티치아노는 우르비노 공작부인 엘레오노라 곤차가가 1536년 겨울 베니스에서 머물고 있을 때 그녀의 초상화를 그렸는데 남편인 프란체스코 마리아 1세 델라 로베레의 것보다 앞서 완성되었다. 전형적인 부부를 그렸음에도 구성적으로 보아 비교 대상으로 생각할 수 없도록 하나는 용맹한 군인의 전형을 묘사했고 또 다른 하나는 충실한 부인이면서 자신의 애완견을 그려 넣어 여성의 미덕에 의한 안정된 결혼 생활을 묘사하고 있다.

1537년 11월, 공작 부부를 그린 두 작품이 유명한 문학인 피에트로 아레티노(Pietro Aretino)를 비롯한 티치아노의 후원자들에게 공개되었을 때 아레티노는 두 편의 유명한 소네트를 써서 초상화가 티치아노의 재능을 칭찬했는데 그것은 내면의 자질과 더불어 주제의 도덕적 특성을 통하여 화가의 불멸로 이끄는 능력에 대한 찬사로, 시의 표현력을 능가할 수 있는 것이 바로 그림이라고까지 언급했다.

공작과 공작부인의 그림 한 쌍을 만들면서 티치아노는 예상대로 델라 프란체스카의 전임자였던 페데리코 다 몬테펠트레와 바티스타 스포르차의 초상화에서 볼 수 있는 많은 남성적 주제를 재현했는데 그것은 다름이 아닌, 군사적 공적과 현장을 강조하는 견고하면서 개별적인 화면 구성이었다.

엘레오노라 곤차가의 초상(Portrait of Eleonora Gonzaga della Rovere), 티치아노, 1538. 우피치 갤러리, 피렌체

프란체스코 마리아는 놀라울 정도로 잘 묘사된 반짝이는 갑옷을 입고 경계하는 자세를 취하고 있는데 오른팔과 지휘봉이 보는 이들이 있는 공간을 향해 극적으로 튀어나오고 있다. 아울러 그의 뒤에는 벨벳 천이 생동감 넘치고 약동하는 붉은색을 반사하는 가운데, 화려한 깃털 장식으로 이루어진 투구가 비스듬히 놓인 각진 창들을 마주하고 있다.

공작의 초상화와 대조적으로 엘레오노라 곤차가는 매우 섬세하면서 화려하다 하기 어려운 중간 정도로 묘사된 궁중 드레스를 입은 채 의자에 반드시 앉아 있다. 그녀의 애완견은 창문 앞 테이블에서 지루해하는 자세로 누워 있으며, 창밖 배경에는 광활하면서 사람이 결코 쉽게 지날 수 없는 장면이랄 수 있는 이상적 풍경으로 그곳에 교회 첨탑이 솟아 있다.

엘레오노라 곤차가(Eleonora Gonzaga, 1493~1550)는 만토바 후작 프란체스코 2세 곤차가와 후작부인 이사벨라 데스테의 일곱 자녀 중 맏이였다. 1509년 9월, 우르비노 공작 프란체스코 마리아 1세 델라 로베레와 결혼하면서 두 아들과 딸 셋을 두었다. 그녀 역시 어머니 이사벨라처럼 남편이 유배로 우르비노를 비웠던 기간에 국가 행정을 책임지면서 예술의 중요한 후원자가 되었고, 피에트로 벰보, 사돌레트, 발다사레 카스틸리오네 및 토르쿠아토 타소 등과 같은 당시 최고의 교양 수준을 가졌던 친구들과 지냈다.

티치아노는 1537년 공작의 초상화와 함께 그녀를 그렸고 그녀의 얼굴은 그 무렵 다른 세 점의 티치아노 그림들, 즉 '라벨라(La Bella)', '모피 외투를 입은 소녀(Girl in the Fur Cloak)' 및 아마도 그녀의 아들 구이도발도가 의뢰한 것으로 보이는 '우르비노의 비너스(Venus of Urbino)'와 유사한 모습이다.

용병대장 프란체스코 마리아 1세 델라 로베레(Francesco Maria I della Rovere, 1490~1538)는 1508년부터 1516년까지 우르비노 공작이었고, 이어 로렌초 2세 데 메디치로부터 공작권을 되찾았던 1521년부터 1538년까지 우르비노를 다시 다스렸다.

그는 세니갈리아에서 교황청 수비대장이자 도시의 영주였던 지오반니 델라 로베레와 페데리코 3세 다 몬테펠트로의 딸인 지오반나 다 몬테펠트로의 아들로 태어났는데 교황 율리오 2세였던 쥴리아노 델라 로베레의 조카이기도 했다. 그는 상속자가 없던 그의 삼촌 우르비노 공작 구이도발도 1세에 의하여 공작 자리를 물려받았다.

1502년 델라 로베레는 당시 이탈리아 중동부 마르케를 강력한 야심가이자 장군이었던 체사레 보르자에게 점령당하면서 세니갈리아의 영주라는 지위를 잃는데, 그때 프란체스코 마리아와 그의 어머니는 보병 소대장 안드레아 도리아 덕분에 보르자 군대가 자행한 학살에서 살아남을 수 있었다.

1508년, 구이도발도가 사망한 후 델라 로베레는 우르비노의 공작이 되었고, 체사레 보르자가 죽은 이후 삼촌인 교황의 지원 덕분에 세니갈리아를 회복할 수 있었으며, 같은 해 엘레오노라 곤차가와 결혼했다.

1509년에 그는 교황령 군대의 총사령관으로 임명되었고, 이어 페라라와 베니스를 상대로 한 이탈리아 전쟁에 참전했다. 그러나 1511년 볼로냐 정복에 실패한 후, 그와 그의 군대는 추기경 프란체스코 알리도시를 백주 대로에서 암살했는데, 이는 체사레 보르자에 비교될 만큼 잔인한 행동으로, 삼촌인 교황을 크게 슬퍼하게 만든 사건이었다.

페사로의 군주를 겸했던 델라 로베레는 율리오 2세가 사망한 후 자신의 정치적 배경도 잃는다. 새 교황 레오 10세 치하에서 페사로가 교황의 조카 로렌초 2세 데 메디치에게 넘겨진 데 이어 그는 결국 1516년에 파문당하면서 우르비노에서 쫓겨나는데, 그곳을 찾고자 노력했지만 실패하고 만다. 그는 1521년 레오 10세가 세상을 떠난 후에야 자신의 공국으로 돌아올 수 있었다.

1521년 이탈리아 전쟁 동안 델라 로베레는 롬바르디아에서 베니스 공화국의 총사령관으로 싸웠지만, 새로운 메디치 교황 클레멘트 7세가 등장하면서 점차 소외되었다. 그러면서 신성동맹의 최고 사령관으로서 제국 침략군에 대한 그의 안일했던 방어는 1527년의 '로마의 약탈'을 일으킨 원인 중 하나로 꼽는다.

그는 1520년대 후반 파비아 함락의 주역이었으며, 이후에는 베니스 공화국을 위해 싸웠고 나중에 마르케 지역의 교황권에 맞서기 위하여 아들 구이도발도를 그 지역 영주 가문 출신 지울리아 다 바라노와 결혼하도록 했다.

델라 로베레는 결국 페사로에서 독살로 사망했는데 일부 학자들은 셰익스피어의 작품 '덴마크 왕자 햄릿'에 언급된, 알려지지 않은 희곡인 '곤차고의 살인(The Murder of Gonzago)'이 나중에 햄릿에 의해 '쥐덫(The Mousetrap, 극 중 연극)'으로 다시 만들어졌다고 언급하면서 그것이 델라 로베레의 죽음을 대중적으로 재현한 것일 수도 있다고 말한다.

우르비노의 귀족들
우르비노 공작 부부

우르비노 공작 부부를 그린 두 폭(diptych) 초상화 역시 르네상스 회화에서 매우 유명한 작품 중 하나로, 페데리코 3세 다 몬테펠트로, 즉 피에로 델라 프란체스카 페데리고 다 몬테펠트로(Federigo da Montefeltro, 1422~1482) 공작과 그의 두 번째 부인 바티스타 스포르차(Battista Sforza, 1460~1472)를 그린 것이다.

일생을 크고 작은 전쟁 속으로 뛰어들어 용병들의 용맹한 지도자이며, 뛰어난 전략가이자 대단한 예술 후원자였던 공작은 작은 도시 국가 우르비노를 세련된 문화의 중심지로 만들었다.

부부를 그린 두 점의 옆모습 초상화 형식은 전통적으로 이어진 동전이나 메달에서 볼 수 있으며, 두 인물은 고대에서부터 이어진 엄숙한 분위기를 나타내면서 우르비노 궁정의 위엄을 강조하고 있는 전경, 즉 흉상과 더불어 배경 역시 아름다운 토스카나 풍경으로 되어 있다.

하지만 이렇게 두 사람의 일견 완벽해 보이는 옆모습을 나타냈던 진짜 이유는 공작이 무척 많은 전투에 나섰던 까닭에 피부가 그리 좋지 않았음은 물론 코가 부러진 상태에 마상 창 결투 중 오른쪽 눈을 잃었기 때문이었다. 따라서 남편으로 인하여 역시 대칭으로 나타낸 스포르차 공작부인은 당시의 유행을 알리는 화려한 옷을 입고 있으며 고귀한 진주 목걸이가 목을 여러 겹으로 감싼 가운데 이마가 지나치게 높게 그려졌다.

딸 여섯을 낳은 공작부인은 아들이자 후계자를 낳은 얼마 후 폐렴에

우르비노 공작 부부의 초상(Portraits of the Duke and Duchess of Urbino, Federico da Montefeltro and Battista Sforza), 피에로 델라 프란체스카, 우피치 갤러리, 피렌체

걸려 세상을 떠났는데 그때도 공작은 전쟁 수행 중이었다. 돌아와 비극적 상황을 접하고 비탄에 빠진 공작의 주문에 따라 두 사람의 초상화가 만들어졌고, 공작부인의 모습은 추정과 상상에 따라 그려졌다.

두 작품 뒷면에도 그림을 볼 수 있는데, 부부가 미덕(Virtues)으로 이끄는 두 대의 전통적 마차에 탑승하고 있는 장면이다. 공작은 갑옷을 입은 장군이 되어 승리의 왕관을 쓰고 있으며 공작부인은 순결의 상징인 유니콘 두 마리가 끄는 마차에 앉은 경건한 모습으로 온화한 영혼임을 나타내고 있다.

구비오의 페트로이아에서 태어난 페데리코 공작은 우르비노, 구비오 및 카스텔두란테의 영주이자 스폴레토 공작이었던 구이단토니오 다 몬테펠트로의 사생아였다. 그가 태어난 지 2년이 지나 교황 마르티노 5세(Martin V)는 구이단토니오의 부인이자 자신의 조카였던 카테리나 콜로나의 뜻에 따라 그를 합법적 아들로 만들었다. 그래서인지 페데리코가 구이단토니오의 아들이 아니라 교황의 손자라는 소문이 끊이지 않았다.

게다가 구이단토니오의 사생아 딸 아우라는 1420년 자신이 고용한 대장인 베르나르디노 우발디니 델라 카르다와 결혼했다. 그때 아들, 즉 후계자가 없었기 때문에 구이단토니오가 아우라가 낳은 첫아들을 태어나자마자 데려다가 자신의 아이로 만들었다는 소문 역시 이어져 교황 비오 2세 시기를 포함하여 페데리코가 살아 있을 때까지 주변으로 퍼져나갔다.

1433년 롬바르디아 전쟁에 따른 페라라 평화조약의 결과 베니스와 만토바에서 인질이 되었던 그는 1437년 지기스문트 황제로부터 기사 작위를 받은 후 구비오에서 젠틸레 브란칼레오니와 정략 결혼해야 했는데 이미 16세 때부터 니콜로 피치니노 밑에서 용병대장이 되었던 그는 1441년, 끝내 자신의 소유가 되는 성 레오 공성전에 두각을 나타냈다. 그리하여 피치니노가 그만둔 후, 리미니의 영주인 마르케에 맞선 적장 시지스몬도 판돌포 말라테스타와 싸우기 위하여 페사로로 갔다.

1444년 7월, 새로 취임한 교황 에우제니오 4세(Eugene IV)에 의하여 우르비노 공작이 된 그의 이복형 오단토니오 다 몬테펠트로가 음모에 의하여 암살당했는데 그때 페데리코가 그 일에 가담했다는 사실은 확인되지 않았지만, 그 후 그는 군대를 이끌고 우르비노를 점령하게 된다.

하지만 작은 공국에 불과한 그곳의 재정 상황이 매우 어려웠기에 그는 계속하여 용병대장이 되어 이곳저곳에서 전쟁을 벌여야 했다. 그 중 첫 번째 전투가 기사 300명과 함께 프란체스코 1세 스포르차를 도운 일이었다. 그때 그는 부하들의 굳건한 충성심을 불러일으켜 명성을 얻은 몇

안 되는 용병대장 중 한 명이 되었다.

페데리코가 결코 공짜로 싸운 적이 없었기 때문에 스포르차 가문은 그에 대한 보수로 페사로를 그에게 넘길 때 시지스몬도 판돌포 말라테스타 역시 1만 3,000플로린을 받고 어쩔 수 없이 포솜브로네를 페데리코에게 넘기면서 분노를 삭여야 했다.

이어 6년 동안 피렌체에서 복무했던 페데리코는 1450년 당시 밀라노 공작인 스포르차에게 고용되었으나 창 경기 중 오른쪽 눈을 잃어 임무를 제대로 수행하지 못했다. 그리하여 말라테스타가 스포르차 대신 지위를 차지했고, 페데리코는 1451년 10월 나폴리 국왕 아라곤 알폰소 5세의 제안을 받아들여 피렌체에 맞서 싸웠다.

눈을 잃은 후 "지도자는 결코 음모에 대하여 낯선 사람이 아니다"라는 구절로, 마키아벨리가 쓴 '군주론'의 내용에 영감을 준 페데리코는 이름난 외과 의사에게 부상으로 훼손된 자신의 콧대를 비롯하여 눈 주위를 치료하도록 지시했다. 덕분에 한쪽 시력을 회복한 그는 주변의 암살 시도에 덜 취약해지면서 성공적인 야전 사령관으로의 능력을 회복할 수 있었다.

1453년 나폴리 군대에 만연한 말라리아로 인하여 페데리코는 하나 남은 건강한 눈까지 잃을 위험에 놓였고 이듬해 맺어진 신성동맹에 대한 로디 조약은 그에게 군사령관으로의 능력을 발휘할 기회를 거의 박탈하다시피 했다. 게다가 자신의 사랑하는 사생아 알폰소와 부온콘테의 죽음으로 크게 실의에 빠졌던 그는 비오 2세가 교황이 되어 자신을 신성로마교회의 책임자(Gonfaloniere)로 만들었기 때문에 재산이 늘어난 일로 그나마 위안 삼아야 했다.

페데리코는 나폴리 왕국에서 주목할 만한 공적들을 세운 후, 1462년 마르케에서 말라테스타와 싸워 세니갈리아 근처 체사노 강에서 그의 세력을 완전히 섬멸했고 다음 해 파노와 세니갈리아를 점령하면서 시지스몬도 판돌포를 포로로 잡았다. 그러자 교황은 그를 정복한 지역의 대리자로 임명한다.

1464년 새로운 교황 바오로 2세(Paul II)는 그에게 앙귈라라 사람들을 밀어내도록 요청했는데 그에 따라 북부 라치오의 대부분을 되찾으면서 교황의 통치권이 확대되었고, 이듬해 그는 로마냐의 체세나와 베르티노로를 점령한 데 이어 1466년 프란체스코 스포르차가 사망한 이후 밀라노 정부의 요청으로 어린 아들 갈레아초 스포르차를 도우면서 바르톨로메오 콜레오니에 대항하는 전투를 지휘했다.

그는 이듬해 벌어진 몰리넬라 전투에 참전했고, 1469년 시지스몬도 판돌포가 사망하자 교황은 그에게 리미니를 점령하도록 보냈다. 그러나 멀리 있는 리미니에 도달한 그는 비대해진 교황 권력이 자신의 본거지인 우르비노까지 위협할 수 있다는 두려움 때문에 그곳 일원만큼은 자신의 영역임을 선포해야 했다.

결국 1469년 8월 벌어진 큰 전투에서 교황군을 격파한 후, 그는 시지스몬도의 아들인 로베르토 말라테스타에게 자신의 군대를 넘겨주었지만, 그와 교황 사이에 이루어졌던 갈등과 문제는 새로운 교황 식스투스 4세가 선출되면서 해결되었다. 그때 새 교황은 자신이 총애하는 조카 지오반니 델라 로베레를 페데리코의 딸 지오반나 결혼시켰고 1474년 그에게 우르비노 공작이라는 칭호를 부여했다. 그리고 로베르토 말라테스타는 페데리코의 둘째 딸인 엘리자베타와 결혼했다.

하지만 페데리코는 자신의 조카인 지롤라모 리아리오를 위한 국가를 세우려는 교황의 책략에 휘말리면서 이전 자신의 후원자들이었던 피렌체 사람들과 싸워야 했고, 1478년 파치가의 음모에 연루되면서 음모가 실패하자 로렌초 데 메디치 진영을 상대로 역공을 취했다.

그러나 그때 사랑하는 두 번째 아내가 아들을 낳은 후 폐렴으로 사망했기 때문에 우르비노로 돌아온 그는 웅장한 궁전에서 홀로 보내야 했다. 그는 세상을 떠난 아내를 일컬어 '나의 공적인 시간과 사적인 시간의 즐거움'이었다면서 그리워했는데 그때 사람들은 그들 부부를 두고 '한 몸에 있는 두 영혼'이라고 말했다.

1482년 그는 베니스와의 전쟁이 일어나자 페라라의 에르콜레 1세의 군대를 지휘해 달라는 요청을 받았으나 열병에 걸려 9월 페라라에서 사망했다.

페데리코의 아들인 구이도발도는 만토바의 영주인 페데리코 1세 곤차가의 총명하면서 교육을 잘 받은 딸인 엘리자베타 곤차가와 결혼했는데, 1508년 구이도발도가 사망하자 우르비노 공국은 지오반나를 거쳐 구이도발도의 조카인 교황의 가문 델라 로베레에게 넘겨졌다.

바티스타 스포르차는 비록 페데리코의 두 번째 아내였지만, 비교적 짧은 생을 살았음에도 대부분 시간을 원정 전투로 보냈던 남편을 대신하여 우르비노를 다스렸던 현명하고 정숙한 공작부인이었다. 그녀는 페사로의 영주였던 알레산드로 스포르차와 카메리노의 영주 피에르젠틸레 바라노와 엘리자베타 말라테스타의 장녀였던 콘스탄차 다 바라노 사이에서 태어난 최초의 합법적인 자녀였다.

1447년 어머니 콘스탄차는 바티스타가 18개월이었을 때 둘째이자 아들 콘스탄초를 낳은 후 사망했기 때문에 바티스타는 사생아 이복 자매인 지네브라, 안토니아와 함께 삼촌 프란체스코 스포르차와 그의 아내 비앙카 마리아 비스콘티의 궁전으로 이주하여 사촌들과 함께 자랐다.

바티스타와 사촌 이폴리타 마리아는 인본주의 교육을 받으면서 자랐기 때문에 그리스어와 라틴어에 능통했고, 바티스타는 네 살 때 처음으로 라틴어로 발표했을 정도였다. 그녀는 라틴어 수사법에도 매우 능숙하며 교황 비오 2세 앞에서도 연설까지 했다고 하는데 시인 지오반니 산티는 바티스타를 두고 '귀중한 은혜와 미덕을 모두 갖춘 소녀'라고 칭찬했다고 한다.

삼촌 프란체스코 스포르차는 그녀를 당시 스물네 살 연상이었던 우르비노 공작 페데리코 다 몬테펠트로와의 결혼을 주선하여 1460년 두 사람은 결혼식을 올렸는데 그때 바티스타는 14세 소녀였다. 페데리코는 그녀를 무척 사랑했기 때문에 그들의 결혼 생활은 행복했으며, 더욱이 정치적 문제 역시 부인과 이야기를 나누면서 우르비노에서 벌어진 거의 모든 공식 행사에 두 사람이 늘 동행했을 정도였다.

스포르차 가문에서 이루어지던 여성 인문주의 교육 전통을 이어받은 그녀는 숙모 비앙카 마리아에게서 받은 교육을 자신의 딸들에게 그대로 교육시켰다. 그래서 아네세(Agnese)의 딸이자 자신의 손녀였던 비토리아 콜로나는 당대의 유명한 시인이 될 수 있었다.

여섯 명의 딸을 두었던 바티스타는 1472년 1월, 외아들이자 공작의 후계자인 구이도발도 다 몬테펠트로를 낳았다. 그러나 아들이 태어난 지 3개월 후 출산 후유증에서 완전히 회복되지 못한 채 폐렴에 걸려 1472년 7월에 세상을 떠났다.

우르비노의 귀족들
프란체스코 마리아 2세 델라 로베레

　페데리코 바로치가 그린, 우르비노의 마지막 공작 프란체스코 마리아 2세 델라 로베레의 초상화는 매우 어두운 배경 속에서 4분의 3 정도로 미묘하게 고개를 돌린 시선과 함께 자랑스러운 군사 지도자라는 존재를 명확하게 나타내고 있다. 이 그림의 배경으로 인하여 공작이 만든 컬렉션을 화가 바로치가 크게 참조했음을 알 수 있다.

　그림 속 주인공은 당시 이탈리아의 유명한 총포 제작업소에서 만든 전투용 갑옷을 입고 있는 가운데 위로부터 화려한 조명 효과가 내려오며 화면에 이루어진 적절한 강조 속에 있다. 그는 왼손을 허리 쪽에, 오른손은 깃털 달린 헬멧 위에 얹고 있다.

　또한 손과 팔을 보호하기 위한 금속 덮개 손잡이와 그 위로 놓인 방패에 대한 묘사가 완벽하며, 장식적으로 보이면서도 전투 관련 꼼꼼한 세부 사항으로 주인공의 확실한 대비 자세를 알 수 있고, 거기에 화가는 젊은 장수의 표정에 자신감, 야망, 영광에 대한 열망은 물론 냉정한 지적 면모를 알리고 있다. 게다가 반짝이는 깊은 눈빛, 왼쪽에서 들어오는 광선은 시선을 사로잡는 어깨띠의 붉은 음영과 대조되면서 그림자 속으로 부드럽게 사라지는 얼굴의 장밋빛 색조를 더욱 돋보이게 한다.

　초상화는 구이도발도 공작이 1571년 10월 교황의 깃발 아래 뭉쳐 유럽 국가 연합을 이루었던, 즉 '신성동맹'의 이름으로 벌어진 '레판토 전투'에서 두각을 나타냈던 아들의 용맹함을 기념하기 위해 제작한 것이다.

또한 화가 바로치를 우르비노 공작과 하나로 연결하도록 만든 보기 좋은 관계를 넘어 작가와 모델이라는 감정적인 결합의 시작을 의미했다.

그 후 작품을 페르디난도 2세 데 메디치와 결혼했던 마리아 2세 델라 로베레의 손녀 비토리아가 물려받았고, 델라 로베레의 컬렉션과 함께 메디치 컬렉션의 일부가 되었다.

페사로에서 태어난 프란체스코 마리아 2세 델라 로베레(Francesco Maria II della Rovere, 1549~1631)는 우르비노의 지도자이자 공작, 그리고 몬테펠트로 백작이었던 구이도발도 2세 델라 로베레와 비토리아 파르네세의 아들로, 10대 시절이었던 1565년부터 3년간 스페인 궁정으로 가서 엄격한 교육을 받았다.

아버지 구이도발도 2세가 오스만 투르크에 대항하는 신성동맹에 참전한 것은 교황 비오 5세가 이슬람의 침략으로부터 유럽을 보호하기 위해 기독교 군주들에게 참전을 호소했기 때문이었다. 그리하여 나이 어린 프란체스코 마리아 2세 역시 1571년의 레판토 해전에 나서서, 오스트리아의 돈 지오반니 군대와 연합한 후 우르비노 공국 출신의 3만 2,000명이 넘는 병사의 선두에서 그들을 지휘하면서 결국 커다란 전과를 올려 가문의 명성을 드높인다.

1574년 아버지의 죽음 이후 그는 우르비노와 소라의 공작 직위를 물려받았고, 1580년 자신의 우르비노 공국이 직면한 경제적 어려움을 해결하기 위해 가문이 대대로 소유했던 영지 소라 공국과 아르체 공국을 지아코모 본콤파니에게 10만 스쿠디를 받고 매각했다.

프란체스코 마리아 2세는 1585년 9월 교황으로부터 '존엄한 자(Serenissimo)'라는 칭호를 받았으며 같은 시기 '황금 양털 기사(Knight of the Golden Fleece)'로 임명되었다.

그러면서 시민들에게 세금 부담을 감해준 일 등으로 감동을 주면서

프란체스코 마리아 2세 델라 로베레(Portrait of Francesco Maria II della Rovere), 페데리코 바로치, 우피치 갤러리, 피렌체

경제 회복을 이루었기 때문에 공국 사람들로부터 큰 사랑과 존경을 받았다. 그랬음에도 1598년 아내 루크레치아 데스테가 후계자를 남기지 못하고 세상을 떠나 우르비노의 앞날을 크게 걱정한다.

그는 재혼, 마지막 공작인 그가 상속인이 없이 세상을 떠나는 문제, 그 결과 공작령을 교황령으로 반환하게 되는 일 등을 두고 신하들과 구체적으로 협의했는데 그때 신하들은 당시 49세의 군주에게 새로운 혼인으로 주권을 지속시켜야 한다고 건의했다.

결국 후계자를 얻어 가문의 지속은 물론 교황령과의 합병을 피하고자 1599년 4월 카스텔두란테에서 36세 어린 사촌 여동생 리비아 델라 로베레와 결혼했다. 그리하여 1605년 5월 아들 페데리코 우발도가 태어나 매우 어린 나이에 공작 자리를 물려받았고, 이어 1621년 아들이 클라우디아 데 메디치와 결혼하면서 프란체스코 마리아 2세에게 손녀 비토리아(Vittoria della Rovera, 장래 페르디난도 2세 데 메디치 대공의 아내이자 토스카나 대공비)를 안겨주었다.

그런데 아들 우발도가 1623년 6월 간질로 갑자기 사망하는 바람에 이듬해 12월 마리아 델라 로베레는 다시 공작 직위에 복귀했지만, 더 이상 후계자를 만들지 못하면서, 결국 로베레스키 영지를 교황 우르바노 8세(Urban VIII)에게 양도해야 했다. 그는 1631년 4월, 자신이 가장 좋아했던 카스텔두란테(Casteldurante)에서 사망했고, 그곳에 있는 십자고상(Crucifix) 예배당에 묻혔다.

몬테펠트로 가문
사과를 들고 있는 젊은 남자

'사과를 들고 있는 젊은 남자'라는 제목의 초상화는 라파엘로가 그린 유명한 작품으로, 1505년부터 피렌체의 우피치 미술관에 소장되어 있다. 작품은 우르비노의 델라 로베레, 몬테펠트로 가문을 위해 제작되었을 가능성이 크며, 1504년 그의 삼촌인 교황 율리오의 입양을 통해 페데리코 다 몬테펠트로의 손자이자 훗날 우르비노 공작이 된 프란체스코 마리아 1세 델라 로베레의 초상화로 여겨진다.

몬테펠트로(Montefeltro) 가문은 우르비노와 구비오를 통치하면서 1443년 우르비노 공국이 된 역사적인 유력 가문 중 하나로, 1508년에 남성 상속자가 소멸하여 그들의 지배가 끝나면서 델라 로베레(Della Rovere) 가문이 권력을 이어받았다.

가문은 오랜 라이벌로 리미니의 지배자들이었던 말라테스타(Malatesta) 가문과 마찬가지로 카르페냐 영주들(Lords of Carpegna)의 여러 분파 중 하나였는데 1140년경 안토니오가 형제들과 함께 몬테코피올로 성 지역을 물려받은 데 이어 산 레오 성을 차지한 후 그곳에 있던 바위 이름을 따서 몬테펠트로라는 지명을 가문 이름으로 쓰게 되었다.

그리고 신성로마제국 황제 프리드리히 1세가 1155년 안토니오를 우르비노에 대한 대리 통치자로 임명하면서 교황령이 오랜 소유권을 갖고 있던 이 도시를 자신의 권역 내 이탈리아 왕국(Kingdom of Italy, Imperial Italy, 신성로마제국)의 영토라고 주장했다. 이 무렵 안토니오의 아들 몬테펠트라

노 1세 역시 우르비노에 대한 교황 대리자가 되어 몬테펠트로 백작이 되었다.

1226년, 그의 아들인 부온콘테 1세와 타데오 다 몬테펠트로는 황제 프리드리히 2세에 의해 우르비노 백작이 되었고, 교황과 제국 추종자들(구엘프파와 기벨린파) 사이의 충돌 중 몬테펠트로 형제와 그 후손들은 마르케와 로마냐 지역의 기벨린파의 지도자가 되면서 말라테스타 가문은 구엘프파의 주도권을 잡았다.

그러면서 부오콘테 1세와 프랑스 및 교황군과 함께 전쟁을 벌였던 포를리의 대장 구이도 1세가 몬테펠트라노 2세 자리를 계승했는데 교황 보니파키우스 8세는 그 전쟁에서 구이도가 취했던 반역적 행동에 대하여 용서하면서 팔레스트리나와 콜노나에 맞서도록 그를 이용했다.

그리하여 구이도의 후계자였던 페데리코 1세(1296~1322)는 교황청(Holy See)으로부터 파노, 오시모, 레카나티, 구비오, 스폴레토와 아시시를 빼앗으며 자신의 영토를 넓혔지만, 그들 지역에 높은 세금을 부과하다가 원

사과를 쥐고 있는 젊은이, 프란체스코 마리아 델라 로베레(Portrait of a Young Man with an Apple, Portrait of Francesco Maria I della Rovere), 라파엘로, 우피치 갤러리, 피렌체

한을 사 살해당했기 때문에 우르비노는 다시 교황의 통제를 받는다. 그러나 1323년에 페데리코의 아들 놀포가 우르비노의 영주로 공식 선포되었다.

1355년 교황 사절 알보르노츠 추기경은 교황권을 회복하기 위해 이탈리아를 여행하면서 우르비노는 또다시 교황청의 통제를 받게 되었는데 놀포의 아들 페데리코 2세 역시 상황을 그대로 받아들였다. 하지만 그의 아들 안토니오 2세(1377~1403)는 마크케와 움브리아가 교황청에 대항하여 일으킨 반란을 틈타 우르비노에서 자신만의 권력을 회복시켰으며, 구이단토니오는 교황 마르티노 5세(Martin V)에 의하여 스폴레토 공국의 통치자로 임명된 후 여러 이권을 두고 브라치오 다 몬토네와 전쟁을 벌였다. 그러나 그의 아들 오도 안토니오는 집권한 지 불과 몇 달 만에 암살당했다.

우르비노 사람들은 구이단토니오의 사생아로 비토리노 다 펠트레의 학교에서 공부했고 예술을 사랑했던, 페데리코 3세(Federico III, 용병대장 페데리코 다 몬테펠트로)에게 군주권을 주자고 제안했는데 그렇게 이루어진 그의 영도 아래 우르비노는 르네상스 문화의 중심지가 될 수 있었다.

그때 그는 시지스몬도 판돌포 말라테스타, 르네 당주(René of Anjou) 및 피렌체와의 전쟁에 참여하면서 뛰어난 능력을 발휘했기 때문에 1474년 교황 식스투스 4세는 그에게 우르비노 공작(Duke of Urbino)이라는 칭호를 수여한다.

하지만 그를 이어 공작이 되었던 구이도발도 1세는 체사레 보르자의 공격을 피하여 우르비노에서 도망쳤으며, 누나의 아들이었던 프란체스코 마리아 델라 로베레를 입양하여 후계자로 삼았다. 그 후 그는 로마냐를 재정복하는 율리오 2세를 도왔지만, 교황 레오 10세는 그로부터 영토를 빼앗아 로렌초 데 메디치에게 준 후 프란체스코 마리아 델라 로베레에게 넘겼다. 로베레 가문은 1631년 공국이 멸망하고 교황령으로 돌아설 때까지 그곳을 통치했다.

에스테 가문
니콜로 데스테

1450년, 페라라의 영주인 레오넬로 후작이 사망하자, 1438년 7월 20일에 태어난 니콜로 데스테는 아버지의 뒤를 이어 에스테 자치정부를 맡아야 했다. 그러나 그가 아직 성년에 이르지 못했기 때문에 페라라의 권력은 교황 니콜라스 5세(Nicholas V)가 지원했던 야심가 보르소 데스테(Borso d'Este)의 수중으로 들어갔다.

지위 및 영지의 계승 가능성에서 제외되었음에도 니콜로는 당시 인문주의 문화에 가장 개방적이었던 페라라의 보르소 궁정에서 앞서가는 교육을 받을 수 있었다. 그렇게 아버지와 마찬가지로 유능한 스승 구아리노 베로네세로부터 문학을 중심으로 배웠고, 뛰어났던 작가들과 서신을 교환하며 지냈지만, 성인이 된 후에는 이복형 에르콜레(Ercole)가 쥐고 있던 페라라의 권력을 되찾으려 시도했다가 실패하면서 불행한 최후를 맞는다.

니콜로 데스테(Niccolò d'Este, 1438~1476)는 페라라를 다스리던 레오넬로 데스테 후작의 유일한 적장자였고, 아버지는 스텔라 데 톨로메이라는 여인에게서 태어난 니콜로 3세의 사생아였다. 니콜로는 아버지의 첫 번째 부인이었던 만토바 후작 지안프란체스코 곤차가의 딸인 마르게리타 사이에서 태어났지만, 그의 어머니는 그가 여섯 살 때 사망했기 때문에 부친은 아라곤의 마리아와 재혼했지만 두 사람 사이에 자녀는 없었다.

1450년 레오넬로가 사망하자 니콜로 3세의 강력한 의지에 따라 레오

넬로 가문을 합법화했던 교황의 지원을 받은 레오넬로 가문의 먼 친척 보르소가 상속자가 되면서 페라라를 다스렸지만, 그 역시 후계자 없이 사망하고 만다. 그때 권력을 쥐었던 보르소는 니콜로를 여러 번 독살하려고 시도했음에도 결국 성공하지 못한 상태에서 죽었기 때문에 그의 또 다른 이복동생 에르콜레가 권력을 이어받았다.

1476년, 니콜로는 곤차가 가문의 도움을 받아 무력으로 권력을 되찾고자 시도하면서 페라라에 도착하여 그곳 사람들에게 반란을 일으키도록 선동했다. 그러자 작은 알폰소 1세 데스테를 포함한 에스테 가문 사람들은 자신들의 성(Estense Castle)만을 굳건히 방어했는데 이때 일단 멀리 철수했던 에르콜레는 또 다른 의붓형제 리날도와 함께 페라라로 돌아와 반란을 진압했다. 그러면서 탈출에 성공했던 니콜로 역시 나중에 다른 반군과 함께 본데노 부근에서 체포된다.

니콜로는 1476년 9월 어느 날 밤 페라라 성 안뜰에서 참수형을 당했

스키파노이아 궁 달의 방에서 보르소가 산 지오르지오의 경주에 참여한 광대 소콜라에게 상금을 주는 장면, 왼쪽의 흰옷 입은 사람이 니콜로 데스테(Palazzo schifanoia, salone dei mesi, 04 aprile, Borso assiste al Palio di San Giorgio e dà moneta al buffone Scoccola), 프란체스코 델 코사, 1476-1484, 스키파노이아 궁, 페라라

고, 공작으로 즉위한 에르콜레 1세는 장엄한 장례식을 치러주면서 니콜로의 시신을 금색 수단으로 덮으라고 명령했다. 니콜로는 에스테 가문의 여러 조상의 유해가 안치된 페라라의 산 프란체스코 교회에 있는 붉은 방주(Red Ark)에 영예롭게 안장되었다.

메디치가의 앙숙 스트로치 가문
아뇰로 도니 가족

르네상스 시기 피렌체의 직물 산업이 최고조에 이르렀기 때문에 작품 속의 주인공처럼 사회, 경제적으로 풍족하게 살았던 이를 쉽게 접할 수 있다. 따라서 라파엘로는 두 점의 초상화를 그렸는데 주인공들은 부유한 직물 상인이자 피렌체 상류층 사이에서 저명했던 인물 아뇰로 도니(Agnolo Doni, 1474~1539)와 1504년 1월 그와 결혼한 아내이자 귀족 출신의 마달레나 스트로치(Maddalena Strozzi, 1489~1540)이다.

아뇰로가 라파엘로에게 의뢰했던 부부의 초상화를 두고, "아뇰로는 피렌체에서 살고 있으면서 돈 쓰는 일에 매우 조심했지만, 문화 예술을 사랑했기 때문에 기꺼이 라파엘로에게 많은 돈을 지불했고, 작품들은 피렌체의 칸토 델리 알베르티 근처 코르소 데 틴토리에 있는 매우 아름답고 무척 안락한 아뇰로의 집에서 그의 아들인 지오반 바티스타가 소유하고 있는 것을 볼 수 있다"라고 바사리는 언급한다.

아뇰로 도니는 미켈란젤로에게 톤도(원형 그림) 형식의 '성 가족' 역시 의뢰했는데 이것들 모두 16세기 초 피렌체 예술에 있어서 중요한 시기에 이루어진 명작들이다. 당시 피렌체에서는 미켈란젤로를 비롯하여 다빈치, 라파엘로가 활약하면서 미술계를 크게 부흥시켰기 때문에 세기의 첫 10년 동안 피렌체 사람들은 엄청난 문화적 열정의 시기를 경험할 수 있었으며 아뇰로 역시 예외적이던 시대를 빛냈던 화가들의 그림으로 자신의 결혼과 첫 아이의 탄생을 축하할 수 있었다.

아뇰로 도니와 마달레나 '스트로치' 도니의 초상화(Portraits of Agnolo and Maddalena 'Strozzi' Doni), 라파엘로, 1505–1506, 우피치 갤러리, 피렌체

한편, 신부 마달레나의 초상화를 방사선 분석해본 결과, 처음에 그렸던 배경을 변경하여 풍경이 내려 보이도록 바꿨음을 알 수 있지만, 신랑 아폴로의 것은 그대로 그렸기 때문에 신부의 그림 배경 속 풍경이 남편의 것으로 이어지는 시각적 연속성을 만들고 있다.

두 걸작 초상화는 라파엘로의 예술뿐만 아니라 베로키오가 '꽃을 든 여인'에서, 다빈치가 '모나리자'를 통해 이전에 공식화했던 방식을 개발시켜 새롭고 자연스러운 스타일에 도달시킨 피렌체 초상화의 전통에서 매우 중요한 과정을 담고 있다. 특히 반 흉상 표현은 그 연관성에 있어서 '모나리자'와 가까워 라파엘로가 적어도 1504년 말에 피렌체에서 직접 보고 연구했을 것으로 여겨진다.

라파엘로는 스승인 피에트로 페루지노를 비롯하여 한스 멤링과 같은 15세기 후반의 플랑드르 화가들의 기법을 따르면서 공간에 대한 견고하고 명확한 접근 방식을 선호했고, 인물 뒤의 지평선을 낮추면서 전경에 인물을 두드러지게 내세워 다빈치의 방식과 약간 거리를 두고 있다.

또한 그는 '모나리자'에서 볼 수 있는 매혹적인 스푸마토 방식을 사용하여 얼굴, 직물 및 보석의 상세한 묘사라는 설명을 확실하게 하고 있는데, 그것이 형태와 색상 사용으로 대체되고 있다. 즉 마달레나의 펜던트는 유니콘 모양의 도드라짐과 세 개의 진귀함을 나타내는 보석(루비, 에메랄드, 사파이어), 순결함과 결혼의 충실함을 암시하는 진주로 구성되어 특히 의미가 깊다.

스트로치 가문(House of Strozzi)은 강력하고 대단했던 라이벌 메디치 가문과 마찬가지로 정치에 입문하기 전 은행업부터 시작했던, 고대로부터 이어진 피렌체의 전통 귀족 가문이었다. 1434년 피렌체에서 추방될 때까지 스트로치 가문은 도시에서 가장 부유했기 때문에, 행정부를 장악하여 재정적, 정치적으로 자신들을 궁지로 몰아간 메디치 가문과 치열

도니 톤도, 성 가족(Holy Family, Doni Tondo), 미켈란젤로, 1505-1506, 지름 120cm, 우피치 갤러리, 피렌체

한 경쟁을 한다.

따라서 정치적, 재정적 각축이 스트로치-메디치 사이의 크고 작은 다툼의 원인이 되었고, 나중에 메디치 가문이 피렌체를 통치하는 동안 스트로치 가문 역시 시에나를 다스렸는데 그때 피렌체가 그곳을 공격하면서 두 가문 사이에는 커다란 원한 관계가 만들어졌다. 그렇지만 얼마 지나지 않아 스트로치 가문이 메디치 가문과 혼인하면서 본질적으로 우월적 지위를 추구했다.

그들 중 팔라 스트로치(1372~1462)는 가족 소유의 은행을 소홀히 경영하면서도 피렌체에서 공적으로 중요한 역할, 즉 피렌체 산타 트리니타 수도원에 최초의 공공 도서관을 설립했을 뿐만 아니라 젠틸레 다 파브리아노에게 스트로치 예배당의 중요한 제단화 '동방 박사의 경배'의 제작 등을 의뢰했다.

팔라는 1433년에 코시모 데 메디치를 추방하는 데 주도적인 역할을 했지만, 반면에 마테오 스트로치와 알레산드라 마칭기의 아들인 필리포 스트로치 2세 베키오(1428~1491) 역시 젊은 시절 추방되어 나폴리에서 성공적인 은행가가 되었고, 용병대장이자 군지휘관으로 메디치 가문과 화해하면서 1466년 피렌체로 돌아온 후 스트로치 궁 건축을 시작했는데 그 일은 아들 필리포 2세가 완성했다.

그들 가문에서 가장 잘 알려진 필리포 2세는 피에로 디 로렌초 데 메디치의 딸 클라리체 메디치와 결혼했다. 그때 메디치 가문은 그가 피렌체 공화국의 비공식 통치자 되는 일을 격렬하게 반대했지만 결국 그는 도시의 중요한 지도자 중 한 명이 되었다.

필리포 스트로치의 큰아들 피에로 역시 라우도미아 데 메디치와 결혼하여 스코틀랜드에서 잉글랜드에 맞서 싸웠고, 프랑스에서는 신성로마제국 및 스페인에 대항하여 전투를 벌인 끝에 1554년 프랑스군 원수로 임명되었다. 그후 1557년 프랑스 칼레 포위 공격에 참여했고. 1558년 로렌의 티옹빌 전투에서 입은 부상으로 사망했다.

작은아들 레오네는 프랑스에서 저명한 해군 제독으로 메디치 가문에 맞서 싸웠는데 1554년 사를리노를 공격하던 중 입은 부상으로 세상을 떠났으며 또 다른 아들인 로렌초 스트로치는 프랑스 교회에 입교하여 1565년부터 시에나의 추기경이자 대주교직을 수행했다.

세월이 흘러 스트로치 가문은 혼인을 통하여 포라노 왕자, 바뇰로 공작의 직위를 얻었고, 어떤 이는 비엔나로 이주하여 그곳에 스트로치 궁전을 건축하기까지 했는데 궁은 오스트리아의 것이었다가 매각되어 1999년부터 이탈리아의 국가 소유가 되었다. 스트로치의 후손들은 여전히 피렌체와 미국을 포함한 세계 여러 곳에서 살고 있다.

보르자 가문
루크레치아 보르자

마키아벨리(Niccolo Machiavelli, 1469~1527)가 쓴 '군주론(Il Principe, The Prince)'에서 군주는 상황에 따라 비도덕적인 행위도 할 수 있다고 언급하기 때문에 지금도 논란이 되고 있지만, 좋게 말하여 '현실에 맞는 통치'라는 정당성을 부여한 글이기도 하다. 하지만 그가 군주론을 쓴 가장 큰 이유는 피렌체의 메디치 가문에게 잘 보이기 위해서였다. 그때 마키아벨리는 주요 직무에서 배제된 이후 정치적 복귀를 갈망했고, 그렇게 쓴 글의 서문에 '로렌초 2세 메디치에게 바친다'라고 밝힌 것이다.

군주론에는 신하를 다루는 법, 상비군의 필요성과 용병의 해악, 요새의 기능, 중립의 해악 등 통치 지침이 되는 내용들이 들어 있는데, 도덕적 행동이 실질 통치에 해악을 끼치고, 비도덕적 행동이 실질 통치에 유용한 이유를 설명하면서 군주가 국가를 통치하고 유지하기 위해서는 도덕적이지 않아야 하며, 불성실, 몰인정, 잔인해도 무방하고 심지어 기독교가 지배하던 당대에 반종교적인 행동도 불사해야 한다고까지 주장한다.

그러면서 그는 그런 모델로 잔학하기로 유명했던 인물 체사레 보르자를 꼽는다. 그는 체사레 보르자를 비판하기도 하는데, 그것은 체사레가 끝까지 철저하게 상대방의 싹을 자르지 못했기 때문이라고 했다. 즉 더 완벽하게 잔인해야 하는데 마지막에 순간에 순진하게 상대방의 호의를 믿었다는 것이다.

체사레 보르자에 대하여 알아보기 전에 그의 여동생의 극적인 삶을

먼저 알아볼 필요가 있다. 그녀를 통하여 체사레를 알 수 있을뿐더러, 유명했던 보르자 남매와 더불어 그들의 아버지였던 로드리고, 즉 교황 알렉산더 6세에 대해서도 알 수 있기 때문이다.

체사레의 여동생 루크레치아 보르자(Lucrezia Borgia, 1480~1519)는 대단한 미모의 소유자였다고 하는데 그녀를 제대로 그린 초상화나 관련 그림이 매우 드물다. 그런 예는 오빠 체사레와 아버지 알렉산더 교황 역시 마찬가지이다.

아무튼 시간이 지나면서 팜므파탈에 가까운, 어찌 보면 안쓰럽기까지 했던 삶으로 인하여 루크레치아를 다룬 문학 작품, 영화, TV 드라마 등이 나타났는데, 대표적인 것들이 빅토르 위고의 소설(Lucrèce)과 그것을 바탕으로 제작된 유명 오페라 등이다. 1935년에는 영화감독 아벨 강스 역시 영화(Lucrezia Borgia)로 만들었고 영국 국영 방송(BBC)에서는 보르자 가문(The Borgias)이라는 드라마 시리즈를 내놓았다.

스페인 출생의 교황 알렉산더 6세의 본명은 로드리고 보르자였으며, 그가 추기경이었을 때 숨겨놓은 여인(정부) 반노차 카타네이에 의하여 체사레를 비롯한 아들들과 외동딸 루크레치아가 로마에서 태어났다. 그 후

교황이 된 로드리고는 가족과 가문(Borja, Borgia) 위주로 일을 하기 시작했는데 아들 체사레를 대주교로 만들어 측근으로 기용했기에 체사레는 조금 지나 바로 추기경이 되었고 또 다른 아들 지오반니는 공작이 되어 교황청 군대의 대장이 되었다.

루크레치아의 어린 시절에 대해서는 알려진 게 드물지만 1489년경 그녀는 아버지 8촌 아드리아나의 의붓아들과 결혼하게 되는 아버지의 새로운 애인 파르네세와 함께 살면서 과부였던 아드리아나의 보살핌 속에 근처 성 식스투스 수녀원에서 교육받았다고 한다.

한편, 당시 밀라노의 스포르차 가문은 알렉산더 6세 교황을 선출하도록 힘썼던 유력한 집안이었고 프랑스와 힘을 합쳐 나폴리에 맞서고 있었다. 따라서 루크레치아는 지오반니 스포르차라는, 아드리아해에 있는 어촌 페사노의 군주와 결혼하게 되는데 그렇게 하면서 두 가문이 결합한다.

1493년 결혼식을 올릴 때 그녀의 나이는 13세였고, 그렇게 시작했던 결혼은 루크레치아에게 큰 불만이 되었다. 혼인 4년이 지날 무렵 아내의 끊임없는 불평에 화가 난 지오반니 역시 그녀의 품행을 문제 삼아 고소

하기에 이른다. 결국 스포르차 가문은 교황에게 더 이상 호의적이지 않게 되었고, 그런 상태에서 벌어진 전쟁으로 교황권 상실 직전까지 가고 말았다.

1497년 초 두 사람은 이혼하는데 그때 세상에 알려진 혼인 무효의 이유는 그들 사이에 아이가 없었다는, 즉 남편 지오반니의 성적 문제였다. 이에 지오반니는 크게 반발했지만, 이미 막강한 군사 조직을 거느리고 있던 체사레의 겁박을 견디기 힘들어 결국 루크레치아가 결혼 때 가져온 많은 지참금을 반환하지 않는 대가로 동의한다.

그러자 루크레치아의 아버지인 교황과 체사레 등은 새로운 계획을 수립하는데 그것은 프랑스가 아닌 나폴리와의 동맹이었다. 그렇게 루크레치아는 21세가 되던 1498년 아라곤의 알폰소와 두 번째 결혼식을 올렸다. 하지만 두 사람이 합친 지 불과 1년 만에 또 다른 동맹이 보르자 가문을 유혹했기 때문에 두 번째 결혼은 첫 번째보다 더 좋지 않게 되어 남편은 결국 아라곤으로 떠났고, 루크레치아는 스폴레토의 지배자로 임명된 데 이어 1499년 알폰소의 아들을 낳아 자신의 아버지 이름을 따서 로드리고라고 불렀다.

이듬해 7월, 알폰소가 바티칸에서 집으로 돌아오는 길에 암살범이 휘두른 칼에 찔리는 부상을 당한다. 그때 루크레치아는 경호원을 고용하여 집을 지키게 하면서 남편을 보살폈지만, 사건이 일어난 지 한 달 정도 지나 체사레 보르자가 회복 중인 알폰소를 방문하여 이전에 끝내지 못한 일을 '완결'하겠다며 협박했고, 이어 또다시 방문한 체사레와 그의 부하에 의하여 알폰소는 무참하게 살해당하고 말았다. 그때 루크레치아는 적지 않은 정신적 충격을 받는다.

그후 로마로 돌아와 바티칸 안에서 아버지의 일을 거들면서 지냈으나, 두 번의 결혼을 겪었음에도 여전히 젊고 아름답던 교황의 딸은 보르자

가문의 권력을 위하여 또 다른 정략결혼의 수단이 되었다. 이번에는 페라라 공작의 장남이자 후계자이면서 홀아비였던 남자였다. 그는 누가 보아도 보르자 가문이 권력을 공고히 하기 위하여 다른 유력 가문과의 강력한 유대를 모색했던 과정의 또 다른 전리품이었다.

그때 페라라 공작 에르콜레 데스테는 아들 알폰소 데스테와 보르자 딸과의 혼인에 주저할 수밖에 없었는데 그 이유는 교황과 동맹을 원하던 프랑스와의 관계 때문이었다. 그러자 교황이 자신의 제의에 동의하지 않으면 공작의 땅과 소유권을 잃게 될 것이라며 위협했고, 에르콜레는 반대로 막대한 액수의 지참금, 아들을 위한 교회에서의 직분, 일부 추가 토지, 교회에 대한 지불금 삭감 등 교황이 동의하기 힘든 제안을 했다.

에르콜레는 아들 알폰소가 결혼에 동의하지 않으면 자신이 직접 루크레치아와 혼인하는 것까지 고려했지만 결국 알폰소가 결혼에 동의한다.

1503년 여름 유난히 더워 로마에 모기가 창궐하면서 알렉산더 교황은 결국 말라리아에 걸려 갑자기 사망했고, 체사레 역시 감염되었으나 구사일생으로 살아남아 자신과 가문의 권력을 위하여 재빨리 정신을 차려 일해야 했다.

한편, 르네상스 시대 이후 통치자의 아내에게 주어진 책임 중 가장 큰 일은 자녀를 낳는 일이었고, 그렇게 생긴 자녀는 다시 통치자가 되거나 다른 가문의 유력자와 결혼하여 동맹을 강화해야 했다. 루크레치아 역시 알폰소와의 사이에서 최소 열한 번 임신했고 여러 번의 유산을 겪는다.

최근 연구에 따르면, 페라라에서 그녀는 지혜로운 사업가가 되어 상당한 규모의 재산을 성공적으로 축적했다고 한다. 그러면서 그렇게 모은 재산 중 일부를 병원과 수녀원을 짓는 데 사용하여 존경받았고, 아울러 늪지대에 투자한 후 물을 빼내 농업용지로 전환시키는 등의 수완을 발휘했다.

1512년 아라곤에 있는 로드리고가 죽었다는 소식에 그녀는 바쁘고 분주했던 사업에서 물러나 종교로 눈을 돌려 수녀원에서 많은 시간을 보내기 시작했고, 수녀 가운 차림에 헤어셔츠(hairshirt, 고행을 상징)를 입었는데 이때 페라라를 찾은 방문객들은 그녀의 우울해 보이는 모습과 함께 나이 듦을 걱정했다. 1519년 6월, 산욕열로 고생하다가 남편, 가족을 비롯한 페라라 백성들의 애도 속에 루크레치아는 세상을 떠났다.

보르자 가문
체사레 보르자

　교황 알렉산더 6세의 아들 체사레 보르자(Cesare Borgia, 1475~1507) 역시 추기경이었다. 하지만 그는 아버지의 뒤를 이어 교황이 되지 못했는데 그 이유는 지울리오 메디치, 즉 교황 클레멘트 7세처럼 오랫동안 교회 일에 애쓰지 않았으며, 오히려 정치적이며 군사적인 행동에 열중하다가 일찍 세상을 떠났기 때문이다. 사료들을 뒤져보면 체사레에게서 이해하기 어려운 정의가 나타나 있는데 바로 추기경이었으면서 금전을 목적으로 한 용병대장이었다는 사실이다. 게다가 그는 역사상 적지 않은 논란의 중심에 있는 교황 알렉산더 6세의 아들이자 스페인과 아라곤을 기반으로 했던 보르자 가문 소속으로 무소불위의 권력과 폭력으로 마키아벨리의 유명한 저서(The Prince)의 직접적인 영감이 되었던 인물이었다는 점이다.

　출생에 논란이 있지만, 그는 이탈리아 라치오의 수비아코에서 추기경이었던 아버지 로드리고와 어머니 반노차 카타네이의 아들로 태어났고, 나중에 교황 알렉산더 6세가 되는 그의 부친은 자신의 혼외자(체사레는 정식 결혼식 없이 태어난 사생아였음)들을 공개적으로 인정한 최초의 교황이었다.

　보르자 가문은 스페인 발렌시아 왕국에서 비롯되어 15세기 중반 이름이 알려지기 시작했는데 직계 조상이었던 발렌시아 주교 알폰소 보르자(Alphonso Borgia)가 1455년 교황 갈리스토 3세(Callixtus III)로 선출되면서였다. 따라서 그를 비롯한 아버지 교황, 여동생 루크레치아 모두 평상시에는 스페인어를 썼다고 한다.

집안의 전통도 그랬고 태어났을 때 부친이 추기경이었던 이유 등으로 체사레는 교회에서 경력을 쌓아갈 준비가 되어 있었으며, 페루자와 피사에서 공부한 그는 지금의 로마 사피엔차 대학교에서 법학을 공부했다.

그는 15세에 팜플로나의 주교가, 17세에 발렌시아의 대주교가 되었고 1493년에는 카스트레스와 엘네의 주교를 겸한 데 이어 1494년에 한 수도원의 대수도원장이 된 후 아버지가 교황이 되면서 18세에 추기경이 되었다. 그러면서 파시에서 팜플로나 주교가 되었을 때 교황 레오 10세가 되는 지오반니 메디치를 만나 알고 지냈다.

알렉산더 교황은 교황청 군대의 총책임자로 장남 지오반니를 임명하면서 가문의 위세를 높이고자 했으나 1497년 그가 의문의 암살을 당하면서 계획에 중대한 차질이 생겼다. 당시 사람들은 지오반니가 사라지면 오랫동안 기다려온 군사 경력을 쌓을 수 있고 지오반니와 체사레와도 관계를 맺고 있던 동생 지오프레의 부인, 즉 아라곤의 산차에 대한 질투 때문에 체사레가 암살을 실행한 당사자일 수 있다고 말했다. 하지만 따져보면 체사레의 경력에 별문제가 될 수 없었기 때문에 살인까지 벌일

발렌티노 공작 체사레 보르자(Cesare Borgia, Duke of Valentinois), 바르톨로메오 베네토, 1550s, 베니스 국립미술관, 베니스

이유가 없었음에도 불륜으로 얽히는 과정에서 우발적으로 살해되었을 가능성은 있었다.

아무튼 1498년 체사레는 군사적인 일에 보다 힘을 쏟기 위하여 추기경직에서 물러났고 동시에 프랑스 국왕 루이 12세에 의하여 발렌티누아의 공작(Duke of Valentinoi)으로 임명된다. 그리하여 스페인 발렌시아 출신이라는 사실로 그에게 '발렌티노(Valentino)'라는 별명을 얻은 체사레는 나바르의 장 달브레 국왕의 여동생 샬롯 달브레와의 혼인했고, 나바르를 오랜 기간 자신 가문의 지지 세력으로 만들었던 부친 덕분에 프랑스에서 경력을 쌓아갈 수 있었다. 그랬기 때문에 1499년 이탈리아 침공을 시작했던 루이 12세는 지안 지아코모 트리불치오로 하여금 공작 루도비코 스포르차를 축출하게 만들면서 체사레와 함께 밀라노에 입성했다.

그 후 체사레는 프랑스 왕이 보낸 300명의 기병과 4,000명의 스위스 보병과 함께 다수의 이탈리아 용병으로 구성된 교황군 사령관으로 임명되었고, 알렉산더 교황은 카테리나 스포르차가 통치하는 이몰라와 포를리를 점령하도록 아들과 군대를 그곳으로 보냈다. 그때 체사레는 여장부 카테리나를 잔인하게 짓밟으며 큰 승리를 거둔다.

한편, 여동생 루크레치아의 첫 남편인 지오반니 스포르차가 페사로에서 축출되면서 용병대장들이 1502년에 개시했던 피옴비노 포위 공격을 이어받은 체사레는 프로스페로와 파브리치오 콜로나가 방어한 나폴리와 카푸아 포위 공격에서 프랑스군을 지휘했다.

그의 군대는 카푸아 포위 공격을 끝내기 위해 기습 공격을 감행한 데 이어 1502년 6월 마르케로 향하여 반역죄라는 명목으로 우르비노와 카메리노를 점령할 수 있었으며, 그 다음으로 볼로냐를 정복할 계획을 세웠다. 그러는 동안 그의 휘하 용병대장들이었던 비텔리와 오르시니 형제들이 체사레의 잔인함이 두려워 그를 제거할 음모를 꾸민다.

하지만 충성스러운 자신의 부하들을 이몰라로 불러들여 그들이 서로 분열하기를 기다린 체사레는 화해를 빙자한 놀라운 속임수를 쓴 끝에 용병대장 세니갈리아를 가두었고 그를 목 졸라 죽였다.

아무튼 1503년 난공불락의 산마리노 공화국을 정복했던 대단히 유능한 장군이자 정치가였음에도 체사레의 실체는 교황의 지속적인 후원 없이는 자신의 영토를 유지하는 데 어려움을 겪는 존재였기 때문에 이를 두고 마키아벨리는 아버지의 통제 아래에 있는, 즉 교황의 호의에만 의존했던 일이 그의 통치에서 두드러진 약점이라고 언급한다.

1503년 체사레가 토스카나 정복을 계획하고 있을 때 아버지의 사망 소식이 전해졌고, 그 자신 역시 이름 모를 질병으로 인한 발작으로 산탄젤로성에서 회복하는 동안 그의 군대는 교황 선출을 위한 콘클라베를 통제할 수 있었다. 그리하여 새 교황 교황 비오 3세는 체사레를 지지하면서 그를 교황령 기수장(곤팔로니에레)으로 재확인했지만, 교황은 26일의 짧은 재임 기간 끝에 사망하고 말았다.

그러자 보르자의 막강한 적수였던 쥴리아노 델라 로베레가 병으로 약

신사의 초상, 체사레 보르자

(Portrait of a Gentleman, Cesare Borgia), 알토벨로 멜로네, 1515–1520, 카라라 미술관, 베르가모, 롬바르디아

해진 체사레를 속여 그의 지원 세력에게 돈을 제공하면서 로마냐에서 보르자의 정책에 대한 교황의 지원을 계속하겠다는 식의 외교전을 펼친 끝에 율리오 2세를 새 교황으로 선출했다. 나중에 자신의 잘못을 깨달은 체사레는 상황을 자신에게 유리하게 바로잡으려고 노력했지만, 교황 율리오 2세는 매번 그에게 고배를 들게 만든다.

체사레는 6개월 동안 공화국을 점령했음에도 율리오에 의하여 산마리노를 포기하도록 강요당했고, 그러면서 아라곤의 페르디난드 2세와 적대 관계로 맞섰던 체사레는 나폴리에서 자신의 동맹이라고 여겼던 곤잘로 페르난데스 코르도바에게 배신당해 그곳에 투옥되었다.

스페인으로 이송된 그는 라만차에 있는 친칠라 몬테아라곤 성에서 탈출을 시도하여 북쪽 세고비아 근처에 있는 메디나 델 캄포의 라 모타 성으로 갔고, 그런 다음 라 모타 성에서 가까스로 탈출한 그는 산탄데르, 두랑고, 기푸츠코아를 가로질러 1506년 12월 팜플로나에 도착하여 카스티야 침공을 앞에 둔 노련한 사령관 나바르의 요한 3세 국왕의 환영을 받았다.

체사레는 예전부터 아라곤의 페르디난드와 숙적 관계였기에, 요한 3세와 함께 나바르의 캐더린에 대항하던 페르디난드를 위하여 길을 열고자 하던 베아우몬트 백작과 전쟁을 벌였고, 그러는 과정에 비효율적인 포위 공격으로 적전 분열이 일어나 결국 고립 상태에 빠진다.

그가 홀로 되었다는 사실을 알게 된 적국의 기사단은 매복 끝에 그를 창으로 여러 차례 찔러 치명상을 입히면서 호화로운 옷, 귀중품, 얼굴의 절반을 덮고 있던 가죽 마스크 등을 모조리 빼앗았기에 그가 죽어서 발견되었을 때는 알몸인 상태였다.

세상을 떠난 체사레 보르자는 당초 요한 3세 왕이 건축을 명했던 카미노 데 산티아고의 중간 기착지 중 한 곳 나바르 비아나에 있는 산타 마리아 교회의 대리석 영묘에 묻혔다. 그러나 사람들에게 알려지지 않았던 그의 무덤은 1523년에서 1608년 사이에 파괴되었고, 그동안 산타 마리아 교회는 개축과 확장이 이루어졌다.

푸치 가문
루크레치아 판치아티키와
남편 바르톨로메오

푸치 가문(Pucci family) 역시 피렌체에서 오랫동안 대단한 권세를 누렸던 집안 중 하나로, 그들의 문장을 통하여 정체성을 알 수 있는데 그들은 아마도 피부색이 검은, 즉 북아프리카 계통이었던 것으로 보인다.

그들의 문장은 검은색 남자 두상 옆 모습에 흰 수건으로 머리를 질끈 동여맨 것인데 이는 1차 십자군 원정에서 비롯된 역사를 나타내면서 로마 황제의 자손 율리오 가문이 13세기경 로마와 시에나를 거쳐 피렌체에 정착했다는 사실을 알리고 있다. 그러다가 1264년경부터 푸치오라고 불린 야코푸치오에 이르러 점차 유력 가문의 자리에 오른 것 같다.

그 후 르네상스 시기 코시모 메디치로 대표되던 메디치 가문과 협력하여 정치적인 영향력을 발휘했는데 이때 대표적인 인물이 바로 푸치오 푸치(Puccio Pucci)로, 그는 코시모에게 재정적으로 큰 힘이 되었다. 그들이 당대의 유력 가문이었음은 세 사람의 힘 있는 추기경들(로베르토, 로렌초, 안토니오 푸치)을 배출했던 사실로도 알 수 있으며, 그들은 그 후 계속 메디치 가문과 정치적으로, 경제적으로 협력하면서 지냈다.

그렇지만 두 가문 사이에 쓰라린 단절의 시기도 있었는데 1559년 판돌포 푸치가 피렌체 공화정의 재건을 모의했다는 이유로 코시모 1세의 궁정에서 쫓겨났기 때문이었다. 그러자 복수를 위하여, 그리고 이념적인 이유로 피렌체의 다른 귀족 가문으로부터 지원을 받은 그는 코시모에 대

루크레치아 판치아티키의 초상(Portrait of Lucrezia Panciatichi), 브론치노, 1545년경, 우피치 갤러리, 피렌체

항하는 암살 모의를 했는데, 그것은 길을 가는 코시모에게 화승총을 쏘는 계획이었다.

하지만 실행 단계에서 메디치의 정보망에 걸려 판돌포는 공개 교수형을 당했고, 푸치가의 재산은 압수당했으며 가족 중 가장 위험한 사람들로 분류된 몇은 멀리 시실리로 추방되면서 성까지 바꾸게 되었다. 그 후 메디치는 음모를 진압했던 사실을 기념하기 위하여, 그리고 후대에 경각심을 갖도록 공격이 일어나기로 했던 건물 모퉁이에 기념 벽돌을 쌓았다고 한다.

그러다가 푸치 가문은 나중에 메디치 가문과 화해했고, 그들 중 니콜로 푸치는 푸치 궁전과 재산을 회복했으며 1662년 오라치오 로베르토 푸치가는 4,000스쿠디로 바르센토의 영지를 사들인 후 가문에 이어진 고귀한 칭호(Marchese di Barsento)를 획득하기에 이른다.

초상화의 주인공 루크레치아 디 시지스몬도 푸치(Lucrezia di Sigismondo Pucci)는 피렌체의 인문주의자이자 정치가였던 바르톨로메오 판치아티키(Bartolomeo Panciatichi)의 아내였다. 그리하여 브론치노는 부부의 초상화를 각각 그렸으나 같은 시기에 그린 것 같지 않다.

바사리는 두 초상화를 두고 "너무 자연스러워서 정말 살아있는 것처럼 보인다"라고 썼는데, 그의 말처럼 세련된 의상과 함께 귀금속 등으로 귀족 여성의 지위뿐만 아니라 사랑을 의미하는 황금 목걸이의 문구를 포함한 여러 상징을 통해 그녀의 개성과 정체성이 강조되어 있다. 아울러 어깨와 팔로 이어지는 멋진 주름이 있는 호화로운 드레스를 입은, 세련된 풍모의 그녀는 오른손에 기도서인 '시간의 책'을 쥐고 있는데 이는 귀족 푸치 가문에 대한 상징이다.

남편인 바르톨로메오 판치아티키는 프랑스 리옹과 피렌체를 오가는 커다란 규모의 무역상을 소유했던 부유한 부친의 사생아로 태어났다. 그의

바르톨로메오 판치아티키의 초상(Portrait of Bartolomeo Panciatichi), 브론치노, 1540년대, 우피치 갤러리, 피렌체

아버지는 당시 프랑스 루이 12세의 정복 작업에 자금을 지원했을 정도였기 때문에 젊은 바르톨로메오는 프랑수아 1세의 궁정에 시종으로 파견될 수 있었고, 나중에 리옹과 파도바에서 인문학 공부에 열중한 그는 자신의 가업을 가족과 친척에게 맡긴다. 그는 피에트로 아레티노의 종교적 작품을 프랑스어로 번역했던 몽트로티에 수도원장 장 드 보젤의 친구였으며 1539년 그렇게 번역한 사본을 베니스에 처음으로 전달하기도 했다.

1539년에 피렌체로 이주한 그는 1541년 1월 우미디 아카데미(피렌체 인문학 아카데미의 전신 Accademia degli Umidi)의 회원이 되었으며 1545년 코시모 1세 메디치 공작은 그를 프랑스 주재 영사로 임명했다.

그렇게 프랑스에 가 있는 동안 개신교에 크게 매력을 느껴 가톨릭에서 금지했던 여러 권의 서적을 피렌체로 가져온 그는 그랬던 까닭에 1551년 12월부터 1552년 1월까지 피렌체에서 이단자로 체포된 35명 중 한 사람이 되었지만, 더 이상 종교적인 문제를 다루지 않겠다고 약속하면서 몸값을 지불하고 풀려날 수 있었다. 그 후 그는 메디치 가문으로부터 보호

받으면서 정치 경력을 다시 시작하여 1567년에 상원의원이 되었고, 1568년에는 피사에서 장관급이 된 데 이어 1578년에는 피스토이아에서도 같은 직위에 올랐다.

베니스 사람들

바르톨로메오 달비아노 - 1(템페스트) | 바르톨로메오 달비아노 - 2
프란체스코 바이아르디(또는 한 수집가의 초상) | 안드레아 오도니
레오나르도 로레단 | 총독 알비세 모체니고 | 제롤라모 바르바리고, 아
고스티노 바르바리고

바르톨로메오 달비아노 – 1(템페스트)

르네상스의 역사와 그에 따른 초상화를 소개하면서 베니스의 위대한 화가 지오르지오네를 빼 놓을 수 없으며, 당연히 그가 남긴 명작 '템페스트(The Tempest)'를 언급하게 된다.

'템페스트'는 1506년과 1508년 이탈리아의 르네상스 시기 지오르지오네(Giorgione, 1478~1510)의 작품으로 지금도 미술사가들 사이에 많은 논란을 일으키고 있다. 작품은 원래 베니스의 부유한 상인 가브리엘레 벤드라민의 주문을 받아 그린 것이라는데, 그림 속 장면에 대한 해석은 아직도 중구난방이다.

그런 여러 해석을 알아보며 설명이 또 다시 이루어질 수 있다고 생각했는데 그렇게 쓴 글 하나를 설명으로 덧붙인다.

먼저 그림을 보면, 화면 오른쪽에서 한 여인이 아이에게 젖을 물리고 있다. 미술사가들은 이 여인을 두고 그냥 집시 여인으로 불렀기 때문에 그림 제목이 '집시 여인과 병사'였다. 그리하여 아이를 중심으로 살펴보았을 때 대개 엄마의 무릎 위에서, 혹은 몸 위에서 젖을 무는 데 반하여 그림에서는 엄마에게서 떨어져 옆 공간에 아이가 서 있게 만든 이상한 장면으로, 병사로 보이는 남자는 그림의 왼편에서 지팡이 또는 창과 같은 것을 쥐고 당시 유행했던 인체 표현 방식(contrapposto)으로 그려져 있다. 그는 웃으면서 왼편을 보고 있지만, 여인과 아이를 보는 것 같지 않다.

미술사가들은 이 남자를 일컬어 병사, 목동 또는 집시로, 아니면 근방의 미혼 남성 중 한 사람으로 파악하고 있으며, 현대에 이르러 그림을 방사선으로 투시해본 결과, 남자가 서 있는 곳에 원래 누드의 여인이 있었음이 밝혀졌다.

한편, 오른편에 있는 지붕 위에 있는 흰색의 황새를 주목할 필요가 있는데 그것은 어버이의 자식에 대한 사랑을 나타냈다고 한다. 그러면서 그림의 전체적 분위기에서 폭풍우의 전조가 보이는 것 같기도 하다.

아울러 주조 색을 살펴보면 가라앉은 중간 톤, 부드러운 광선 속에 초록색과 푸른색이 주를 이루고 있으며 형식으로 보아 르네상스 초기 풍경화에서 볼 수 있는 두드러진 구성과 달리 배경 처리는 단순한 편으로, 환상적인 기분을 불러일으키는 어떤 침묵을 가져다준다. 따라서 '폭풍우'라는 현대에 붙인 제목을 떠올리게 하는 극단적인 해석과 절대적 장면은 어디에서도 찾아볼 수 없다.

또한 종교적 관점에서 다빈치 등 여러 화가가 그렸던 어린 예수 가족의 '이집트로의 탈출'을 연상시키면서, '파리스와 오에노네' 혹은 '이아손과 데메테르'라는 그리스 신화와 이전 목가적 이야기들 역시 생각나게 만든다.

그리하여 이탈리아 학자 살바토레 세티스에 의하면, 그림 속 황폐한 도시는 낙원을, 두 인물은 아담과 이브를, 그리고 아이는 카인을 나타낸 것이라고 하면서 천둥과 번개는 고대 그리스와 헤브라이에서 신에 의하여 아담과 이브가 축출되는 것을 나타내는 방식이라는 것이다.

이상이 그림에 대한 일반적인 분석이다.

그렇다면, 바르톨로메오 달비아노와 템페스트는 과연 무슨 관련이 있는 것일까.

1508년 12월, 지오반니 벨리니의 의뢰로 카르파치오를 포함한 몇몇 유명 화가들이 베니스 공화국의 비용으로 독일인 상관(Fontego dei Tedeschi)의 정면에 재건되어 막 완성된 지오르지오네의 그림을 분석하면서 그 업적을 요약한 희귀한 문서를 하나 남겼다.

아울러 전년도의 또 다른 문서에서는 지오르지오네가 상관(Fontego, 商館)이 주문한 것 중 하나였던 총독궁의 음악당을 위한 그림 작업을 맡았었다는 관련 기록 역시 1508년 5월 완료되었지만, 불행히도 모두 분실된다.

같은 해, 보병과 기병대를 총지휘했던 이른바 '행운의 장수(Captain of Fortune)' 바르톨로메오 달비아노는 공화국을 대신하여 최근 정복한 영토와 베니스 본토 전체를 방어하는 막중한 임무를 맡는데 그 일은 베니스의 천년 역사에 있어서 독립을 잃을지도 모를 만큼 위중했다.

그 까닭은 교황 율리오 2세를 포함한 유럽의 거의 모든 국가가 베니스에 대항하면서 최소한 해상 영토 밖으로 그들을 몰아내려 했던 캉브레전쟁(The Wars of Cambrai) 때문이었다.

이때 리비아노(Liviano)라고 불리길 선호했던 장군 바르톨로메오 달비아노는 1508년 7월 공식적인 서임권, 귀족 작위와 함께 '은관 사령관으로의 칙서'를 받으면서, 위기 상황 속에서 간절한 염원을 담아 지오르지오네와 그의 제자들에게 자신의 초상화를 의뢰했다.

그리하여 우피치 갤러리에 소장된 지오르지오네가 그린 초상화는 일명 '가타멜라타(Gattamelata)'이며, 그것과 같은 크기로 이루어진 초상화를 덮는 겉 부분이 지금 보고 있는 그림 '템페스트(The Tempest)'로, 현재 베니스의 아카데미아 미술관에 소장되어 있다.

형식적인 면으로 살펴볼 때 당시에는 사실적인 초상화를 '실물 크기'의 또 다른 작품으로 덮는 게 일반적인 일이었고 그것은 다음 면에 위치하게 되는 실제 초상화의 주제와 관련 있는 욕망, 가치 등을 묘사한 내용의 우화로 제작되어 위에 얹는 방식이었다.

따라서 로렌초 로토와 티치아노 등 역시 나무와 캔버스에 따로 작업

템페스트(The Tempest), **지오르지오네**, c. 1508, 아카데미아 미술관, 베니스

을 했던 예가 알려져 있는데 현재는 모두 분리되어 보관 또는 소장되어 있지만, 원래의 형식을 일컫는 양피지 그림, 즉 작업물의 사본을 말하던 팔림세스트(palimpsest)는 고객이 원하는 정확한 기원을 통해 재구성되었었다.

그리하여 덮개가 있는 방식의 초상화는 열 수 있거나, 뒷면에 그려져 있어서 돌려볼 수 있었고, 크기가 작았으며, 사적으로 사용하기 위해 교양 있는 인문학자와 '대단한' 로렌초의 처남이기도 했던 알비아노(D'Alviano)와 같은 학식이 풍부했던 군인의 서재를 장식했다.

그렇게 초상화를 통하여 영웅적 젊은이로 표현된 알비아노가 무기와 박차를 난간에 버린 다음 칼자루 잡던 손을 자유롭게 하면서 잔혹하면서 기계적인 기술이자 예술이라고 할 수 있는, 전쟁에서 인문학적이고 자유로운 회화를 만들었다. 그것은 군대의 작전 중에서 인문학에 가깝다고 할 수 있는(civil) 공병대장이 되어 신중하고 중요한 결정을 내려 그것을 보는 이에게 아니면 자신에게 알리는 장면이다.

그때 알비아노는 이미 베네토와 프리울리 일부를 포함한 소위 마르카 트레비사나 영역안의 베니스 도시를 방어하기 위하여 요새를 만들고자 하면서 자신의 초상화 표지인 '템페스타(Tempesta)'가 그려졌고, 따라서 보는 이들은 그가 특별한 무기 없이 새로운 과제를 짊어지고 서 있는 사실을 알게 된다. 즉 그는 자신을 그린 화면 아래쪽에서 무기를 버린 상태로 서 있다.

그렇게 자신의 가문을 알리면서 도시 전체의 상징이자 색상인 흰색과 빨간색 옷을 입은 채 오른손에 높이 5트레비산(Trevisan) 1피트(약 205 cm)에 해당하는 곧은 측량 말뚝을 잡고 있는데, 그것은 당시 트레비소의 중세 성벽을 따라 측량을 수행할 때 없어서는 안 될 도구였다.

결과적으로 가장 치명적인 무력적 도구인 대포가 도입된 후 – 여기서

번개의 상징은 그렇게 이루어진 공격으로 표현됨 - 도시는 더욱 견고한 성채와 깊은 해자로 둘러쌓아야 했기 때문에 트레비소는 1514년 이후 알비아노가 만들었던 새로운 요새보다 먼저 계획되었는데, 그때가 1508년경이었을 것으로 보이며, 아울러 성문 너머의 방어 망루와 공사 중인 대성당, 전형적인 주택 역시 엿볼 수 있다. 이것들 모두 오늘날 기차역이 있는 실레(Sile) 너머 오래된 성에서 그 자취를 찾을 수 있다.

그러면서 은유와 우화라는 요소 역시 담기는데 그것의 주제가 도시 자체로, 방어 수단이 전혀 없는 상태를 걱정하는 젊은 어머니 모습의 여인이 아이에게 젖을 먹이면서, 부족한 상태이지만 흰 담요로 그녀의 자식인 시민을 보호하고 있는 상징을 만든다. 구체적으로, 영원히 거주하게 되는 굳건한 땅에 잘 심어진, 그늘진 나무 아래의 장면은 위대한 마르카 트레비사나 전체를 상징하며, 그런 까닭에 사려 깊은 공병대장은 당시 자신의 지역에 있는 사람들을 생각하면서 새롭고 튼튼한 옷, 즉 지금까지도 베니스인이 찬탄하는 성벽을 만들어 덮을 계획을 세웠는데 카라레시(Carraresi)와 산마르코(S. Marco)의 문장은 최근에 영토를 점령했던 영주들을 나타내면서 당시 비효율적으로 변한 요새를 특정하고 있다.

그렇게 화가 지오르지오네에게 자신의 삶과 지표, 계획과 목표를 설명하고 알리도록 했던 공병대장은 1509년 5월 아냐델로 전투에서 참패하여 프랑스에서 5년 동안 포로 생활을 마친 후 귀국한다. 그런 다음 그는 새로운 임무를 이어가 트레비소와 파도바의 도시를 요새화했기 때문에 베니스에서 유일하게 두 곳의 큰 문이 그에게 헌정된다. 알비아노는 1515년 10월 60세의 나이로 부상을 입어 사망하고 베니스의 산 스테파노 성당에 영예스럽게 안장되었다.

그리고 지오르지오네는 1510년 10월에 약 33세의 나이로 사망하는데 아마도 그 원인은 전염병으로 여겨진다('템페스트'에 대한 새로운 해석은 구에리노 로바토가 1996년 베네토 80, 81의 '어제, 오늘, 내일'이라는 잡지에 기고한 글, Guerrino Lovato, Article published in VENETO Yesterday, Today, Tomorrow N° 80 – 81 of 1996).

바르톨로메오 달비아노 – 2

자랑스러운 표정의 젊은 기사는 한 손에 크고 멋진 칼자루를 잡고 다른 한 손에 헬멧, 박차, 갈고리 철퇴와 앞쪽 난간에 그려진 군사적 힘을 나타내는 요소들을 가리킨다. 그 뒤에 옆모습으로 묘사된 시종은 토목 측정 막대를 잡은 채 목에 장수의 장비 중 또 다른 중요한 물건인 투구 턱받이 바르보차(barbozza)를 착용하고 있다.

프라하성에서 황실 컬렉션 기록으로 나타난 작품은 18세기 내내 비엔나의 벨베데레 궁전에서 전시되었던 지오르지오네의 작품으로, 그림 속 전사는 에라스모 다 나르니(Erasmo da Narni, 1370~1443, 이른바 '가타멜라타'로 알려짐), 그리고 시종은 그의 아들 안토니오로 알려졌다.

1792년과 1821년 사이에 비엔나 황실 컬렉션과 피렌체 대공 갤러리에서 그림을 교환 전시하기로 하면서 피렌체에 도착한 전사의 초상화는 우피치 갤러리의 컬렉션을 더욱 풍부하게 만들었다.

'가타멜라타(Gattamelata, 얼룩 고양이)'로 잘 알려진 에라스모 다 나르니는 이탈리아 르네상스 시기에 가장 유명한 용병대장 중 한 사람으로, 나르니에서 출생한 후 브라치오 다 몬토네와 함께 용병 생활을 시작하여 교황과 피렌체를 위하여 1434년 밀라노의 비스콘티 세력과 맞서는 전투에 참여했으며, 이어 베니스에서도 복무하는 등 이탈리아 여러 곳에서 활약한다.

결국 그의 남달랐던 용맹함으로 인하여 나르니의 생가에는 '가타멜라타' 기념패가 새겨져 있고 도나텔로가 제작한 말을 타고 있는 가타펠라

가타멜라타 동상(Equestrian Monument of Erasmo da Narni, Gattamelata), 도나텔로, 1443-1453, 크기 146×371 cm, 산토 광장, 파도바

타의 청동 조각상이 파도바 중앙 광장에 세워져 있다.

한편, 지오르지오네의 그림에 대하여 최근 비평가들이 내놓은 흥미로운 가설에 따르면, 알렉산더 대왕의 용감한 부관이자 친구였던 클리토가 아시아에서 벌어졌던 수많은 원정에 참여고자 말을 타기 직전의 모습을 표현한 것이라 한다. 이를 두고 당시 카스텔프랑코의 거장이자 위대한 고대 그리스의 화가 아펠레스(Apelles)가 그린 그림의 모델을 바탕으로 제작된 것으로, 플리니우스 1세가 전해준 설명을 통해 당시 잘 알려져 있던 장면이라고 주장하는데 구체적으로, 빛의 묘사와 더불어 갑옷에 반사되는 광선이 이루는 회화적으로 '특별한' 복원이 바로 아펠레스의 가르침이었으며, 그렇게 빛을 사용하여 형태와 부조를 구성한 높은 기교적 완성도로 인하여 지오르지오네와 고대인 사이에서 이상적인 거리감을 만들었다고 한다.

하지만 그렇게 이어지던 가타멜라타에 대한 동일시 작업이 희미해지

바르톨로메오 달비아노 또는 기사와 시종의 가타멜라타의 초상(Bartolomeo d'Alviano Portrait of a warrior with a squire called Gattamelata), 지오르지오네, 1502 우피치 갤러리, 피렌체

면서 그림 속 주인공은 1508년 카도레에서 신성로마제국의 막시밀리안 1세 황제에 맞서 승리할 때 베니스 군대의 지도자였던 바르톨로메오 달비아노 사령관이라는 주장이 강력하게 대두되었다.

바르톨로메오 달비아노(Bartolomeo d'Alviano, c. 1455~1515)는 이탈리아의 대표적인 용병 대장 중 한 사람으로, 앞서 말한 대로 황제 막시밀리안으로부터 베니스 공화국을 방어하는 데 큰 공을 세웠던 장군이었다.

1455년 움브리아의 토디의 귀족 가문에서 프란체스코 달비아노와 이사벨라 델리 아티 사이에서 태어난 그는 생애 초기부터 중부 이탈리아에서 싸웠으며 이어 교황령에서 복무한 다음 1496년에는 오르시니 가문의 장군이 되어 교황 알렉산더 6세와 콜로나 가문에 맞서 싸웠다.

1497년 5월 교황권 세력을 재구성하는 기간에 바르톨로메오는 토디에서 황제파를 몰살시켰고 이어 1503년 오르시니 가문에 합류할 때까지 베니스에서 근무했다.

그러다가 스페인의 페르디난드 2세에게 고용된 후 남부 이탈리아에 대

한 스페인의 지배가 시작하면서 프랑스 군대에 대항했던 가릴리아노 전투에서 승리를 거두어 크게 두각을 나타낸 후 1506년 베니스 공화국으로 돌아왔다.

그리고 이듬해 카도레(1508년 3월)에서 신성로마제국 황제 막시밀리안 1세의 제국군을 격파했고, 마우리아와 폰테바에서 고리치아와 트리에스테를 정복한 데 이어 같은 해에 포르데노네를 함락시키면서 세레니시마의 수호권을 차지했기 때문에 1539년까지 이름 그대로 달비아노 가문이 알비아노를 통치한다.

1509년(파도바에 새로운 성벽을 건설하기 시작한 해) 바르톨로메오는 선발대로 나서서 지휘하던 중 아냐델로 전투에서 패배하여 부상을 입었는데, 그때 베니스 군의 공동 사령관이었던 니콜로 오르시니가 그를 돕고자 하는 작전을 거부했기 때문에 그는 프랑스군에게 포로로 잡힌다.

그는 1513년 밀라노 공국에 대항하여 프랑스와 베니스가 동맹을 맺을 때까지 포로 생활을 한 뒤 풀려났고, 다시 베니스 군대의 총사령관으로 선출되어 프랑스군 사령관 루이 드 라 트레무아유의 지휘 아래 싸웠지만, 라모타 전투에서 스페인의 나폴리 총독 라몬 데 카르도나와 페스카라 후작 페르난도 다발로스에게 패배한다.

그러나 그는 다시 합스부르크 가문에게 함락된 포르데노네를 정복하고 약탈했으며, 1513년과 이듬해 이루어진 신성동맹 전쟁 기간 베니스를 위해 싸우며 프리울리를 점령했다. 이어 마리냐노 전투(Battle of Marignano, 1515년 9월)에서 단 300명의 기사를 이끌고 스위스 용병부대를 공격하면서 프랑스의 승리에 중요한 역할을 했고, 다시 벌어진 전투에서 베르가모를 정복하는 데 성공했지만, 같은 해 10월 브레시아 포위 공성전 중에 전사한다. 바르톨로메오는 베니스의 산토 스테파노 교회에 묻혔다.

그는 1497년 바르톨로메아 오르시니와 결혼했지만 이혼했고, 이어 용병대장으로 베토나와 스펠로의 백작이며 페루지아의 영주였던 지안 파올로 발리오니의 여동생인 판타실레아 발리오니와 결혼했다.

체사레 보르자가 그곳을 공격했을 때 발리오니는 자녀들과 함께 토디 요새에 갇혔지만, 교황 알렉산더와 발렌티누아 공작은 그들을 풀어주라고 명령한다.

프란체스코 바이아르디(또는 한 수집가의 초상)

　단순히 한 남자에 대한 초상화로 보이는데 표정으로 인하여 온갖 억측, 또는 사소한 반발을 불러일으키고 있는 작품이다. 이는 초상화의 또 다른 면모이자 어쩌면 역기능이라고도 할 수 있는, 아마도 그림 속 모델인 작품 주문자의 생김새가 원래 그랬던 까닭 아닐까.

　'긴 목의 마돈나(Madonna with the long neck)' 그림으로 유명한 매너리스트 화가 파르미지아니노(Parmigianino, 1503~1540)의 이름은 '파르마에서 온 작은 아이'라는 뜻이기 때문에 이 작품을 그린 그는 파르마에서 여전히 매우 자랑스럽게 여기는 뛰어난 화가이다.

　태어난 지 몇 년 지나 아버지가 전염병으로 세상을 뜨는 바람에 그와 형제들은 화가이자 장식미술가였던 삼촌의 집에서 자랐다. 그리하여 10대가 되었을 때 그는 삼촌이 주문받아 제작하던 파르마의 한 성당 장식을 완성하면서 일찌감치 재능을 발휘하기 시작한다.

　실력을 인정받은 그는 로마를 둘러본 다음 볼로냐에서 3년간 머물면서 몇 점의 제단화를 그린 후 고향으로 돌아왔고, 이어 1534년 엘레나 바이아르디 가족 성당을 위하여 '긴 목의 마돈나'를 제작했다. 그러나 1540년 열병으로 세상을 떠나는데 그때 그의 나이 37세였다.

　그림의 주제를 살펴보면 화면 속에 보이는 것들과 무관하지 않은데, 그것들로는 목에 두른 모피와 잘 조화가 이루어진 검정 코트, 그리고 같은 색상의 모자를 먼저 들 수 있으며, 그의 왼손에는 가톨릭교회의 성무일지가 있는데, 이것 때문에 그림의 제목에 지금까지 혼란을 만들고 있는 셈이다.

게다가 화려하게 커버 장식이 된 책자를 들고 있는 왼손에 이어 오른손은 탁자 위에 놓여있고, 손가락에서 보이는 반지는 희귀한 보석으로 되어 있으며 손 가까이에 작은 고대 동상 조각 작품이 있는데 아마도 농업의 여신인 케레스(Ceres)인 것 같다. 그리고 그 옆에 세 개의 구리 메달과 고대 은화가 있어서인지 이것들로 인하여 주인공이 문화재에 관심이 컸음을 알게 된다.

그리고 배경 왼편에는 마르스, 큐피드, 비너스의 대리석 부조 조각품이 있는데 그것들이 바로 르네상스 시기에 번성했던 플라톤 학파를 나타내고 있으며 그 오른편으로는 마치 무심한 듯 그려진 풍경이 보인다.

정체를 알 수 없는 남자는 크고 검은 모피 안감이 있는 코트와 검정 모자를 쓴 채로 상감으로 세공된 탁자에 앉아 있다. 그의 눈은 보는 이에게 고정되지 않고 약간 왼쪽에 있는 무언가를 보고 있는 듯하며 손에는 약 20년 전에 제작된 프란체스코 마르미타가 쓴 기도서인 '두라초의 시간의 서'를 들고 있다(현재 제노아의 시립 도서관에 보관되어 있음).

아울러 탁자 위를 자세히 살펴보면 청동으로 만든 여성 조각상과 네 개의 고대 주화들이 있는데 이것은 당시 파르마의 수집가들이 고대 동전에 상당한 관심을 보였음을 말해주고 있으면서 동전 세 개는 표면이 구리이지만, 네 번째 것은 은으로, 로마의 4대 국왕(기원전 642-617년 통치)인 안쿠스 마르치우스의 두상이 새겨져 있는, 기원전 56년 로마에서 주조된 것이다.

그렇게 남자를 둘러싸고 있는 골동품들로 인하여 그의 교양 있는 취향을 그대로 나타내고 있으며, 아울러 그의 손에 들려진 성무일지는 돈독한 신앙을 알린다.

파르미지아니노의 작품으로 추정되는 다른 네 점과 함께 1587년 라누

한 수집가의 초상, 프란체스코 바이아르디(Portrait of a
Collector, Portrait of Francesco Baiardi), 파르미지아니노,
1523년경, 내셔널 갤러리, 런던

치오 파르네세의 집 '벽장' 안에 개인적으로 수집된 초상화로 등재된 작품에 대하여 파르마의 공작궁 팔라초 델 지아르디노에 있는 1670년의 더 자세한 설명에서도 주제를 두고 종교인으로 알리고 있다.

그림은 19세기 초 영국으로 전해져 래드스톡경의 수집품이 되었다가 크리스티 경매에서 파르미지아니노의 자화상으로 확정되어 경매를 통해 1857년에 로섬공원의 스트래퍼드경의 소유가 된 후 1977년에 런던의 내셔널 갤러리에서 인수하여 오늘에 이르고 있다.

그러나 중요한 것은 과연 그림 속 인물이 누구냐는 문제였기 때문에 그를 두고 사제는 물론 파르미지아니노는 아니라는 사실이 확실했고, 일부에서는 그림을 그린 이를 두고 도소 도시(Dosso Dossi)라고 추정했다.

그림은 최소한 두 개 이상 더 존재하는 것으로 알려졌고, 그들 중 하나가 우피치 갤러리 수장고에 있으며 나머지 하나는 미국 미니애폴리스에 있는 워커 아트센터(Walker Art Center)에 있다고 한다.

한편, 그림 속의 모델에 대해서는 살펴본 대로 여러 의견이 있었다. 1950년에 종교인이 아니라는 주장이 재차 제기되면서 작품 속 남자가 바로 그림의 주문자였던 프렌체스코 바이아르디(Francesco Baiardi)라는 설이 제기되었다.

프란체스코 바이아르디는 파르마 출신의 시인 안드레아스 바이아르디의 후손으로, 앞서 언급했던 원제가 '성 제롬과 천사와 함께 있는 성모자(1534-1540, 우피치 갤러리)'였던 이른바 '긴 목의 마돈나'를 주문했던 엘레나 바이아르디의 남동생이자 파르미지아니노의 친구, 후원자였다.

엘레나 바이아르디는 남편 프란체스코 탈리아페리를 추모하기 위하여 성모자 그림을 부탁했고, 작품은 파르마의 산타 마리아 데이 세르비 성당에 있었다.

안드레아 오도니

베니스, 즉 이탈리아어 베네치아(Venezia)라는 명칭의 기원은 기원전 10세기까지 그곳에서 살던 유럽계 사람들이었던 베네티(Veneti)인에서 유래한 것으로, 그곳은 점차 중세와 르네상스 시기에 유럽의 해상 무역과 금융의 강력한 중심으로 변모한다. 게다가 십자군 전쟁을 비롯하여 오스만 투르크와 벌였던 레판토 해전 등 유럽의 주요 정치적 분쟁과 격랑의 중심에 섰던 도시 국가였다. 그러면서 13세기부터 17세기까지 동방의 비단, 향료, 밀 등의 교역을 서유럽의 주요 국가와 연결했기에 가장 부유한 도시 국가 중 하나가 되었다.

베니스 역사의 시작은 기원후 2세기로, 그때 로마제국의 쇠망에 따라 게르만족이 넘어와 이탈리아 도시들을 공격하면서 게르만의 고트족이 로마 영토 상당수를 차지했고 이어 아틸라가 이끄는 훈족이 로마 내부로 진격하면서 로마제국은 결국 종말에 다다른다.

그후 제국은 영토를 동·서 로마로 나누어 각자 통치하는 시스템을 만들게 되는데 이때 베니스는 동로마제국에 편입된다. 하지만 서로마 영역에 붙어 있는 지역적 특수성으로 인하여 동로마제국 내에서 독립적 위치를 고수하면서 베니스 시민들은 동로마가 임명한 지도자 대신에 자신들의 총독을 뽑고자 결정하는데, 이게 바로 117명에 이르는 총독 계보의 시작이다.

한편, 751년, 롬바르디아인들이 점차 동로마제국의 영토를 잠식해가면서 베니스는 동로마제국의 유일한 전초기지로 고립되는데 이때 동로마의

안드레아 오도니의 초상(Portrait of Andrea Odoni), 로렌초 로토, 1527, 왕
립컬렉션, 런던

총독이 안전을 위하여 물 한가운데에 떠 있는 베니스로 주거지를 옮겼
고, 그를 따라 수많은 난민이 몰려들며 베니스의 영역은 확대되었다.

828년 베니스의 상인들이 이집트 알렉산드리아에 보관되어 있던 성 마
르코의 유해, 관련 유물을 훔쳐 베니스로 옮기면서 그곳의 명성이 최고에
이르러 지금의 성 마르코 대성당의 원형 또한 그때 시작했고, 기독교 주교
좌 역시 베니스로 옮겨지면서 경제적, 정치적 권력까지 크게 확대되어 베
니스는 동로마제국의 영향권에서 완전히 벗어난다.

공화국은 해적의 위협을 막기 위해 아드리아해 동쪽의 여러 섬을 점령
하면서 전초기지를 조성했고, 본국으로 흘러드는 밀의 안정적인 수입 보
장과 소금 무역까지 장악하여 거대한 해상 제국을 건설했다. 이어 지중
해의 크레타, 키프로스 섬을 차지하면서 에게해 대부분을 장악하여 근
동 지역 최강국 중 하나로 올라섰다.

15세기, 베니스는 테살로니카를 점령하기 위해 오스만제국과 전쟁을 벌였지만, 당시 국력이 최고조에 이르렀던 오스만에게 상대가 될 수 없었다. 결국 베니스는 패배하면서 긴 쇠퇴의 시기로 들어서기 시작하는데, 결정적으로 오스만의 메흐메트 2세가 베니스가 장악했던 근동의 중심지이자 요충지 콘스탄티노플(이스탄불)을 점령하면서 베니스의 동부 무역로를 막아버려 베니스는 외교적, 경제적으로 막대한 손해를 본다.

　　그러던 시기 크리스토퍼 콜럼버스가 신대륙을 발견했고, 바스코 다 가마 등이 베니스를 거치지 않고 바로 인도로 갈 수 있는 신항로를 개척하면서 동서 중계 무역의 본거지였던 베니스의 역할은 결정적 타격을 입었고, 프랑스와 영국, 스페인 등이 빠르게 국외의 식민지들을 개척하던 시기 그대로 유럽 동부에 고립되면서 새롭게 식민지를 개척하지 못하는 상태가 되어 결국 국제 경쟁에서 영원히 뒤처지고 말았다.

　　안드레아 오도니(Andrea Odoni, 1488~1545)는 밀라노에서 베니스로 이주한 이민자의 아들로, 그곳에서 성공한 상인이었다. 그는 대부분의 베니스 초상화의 주인공이었던 귀족 계급이 아닌, 일반 시민이었음에도 대체로 잘 살았던 그곳 시민과 비교해도 훨씬 더 부유했다. 게다가 그는 삼촌으로부터 미술품과 유물 컬렉션을 물려받아 그 규모를 크게 불렸는데, 당시 피에트로 아레티노가 묘사했던 그의 집을 두고 과시적이면서 화려하다 했지만, 바사리는 '재능 있는 사람들을 위한 친근한 안식처'로 기록했다.

　　화가 로렌초 로토(Lorenzo Lotto)가 오도니를 그리면서 화면 속 물건들을 통해 전달하려는 의미를 두고 상당한 논쟁이 지금까지 벌어지고 있지만, 이 초상화는 티치아노와 팔마 베키오, 지롤라모 사볼도의 그림과 함께 오도니의 침실에 걸려 있었다.

　　오도니는 어둡고 풍성한 안감의 모피 재킷을 입고 있으며, 책과 더불어 고대 동전 몇 개가 놓여있는 테이블 옆에 앉아 있다. 그리고 작은 조각품을 들고 있는데 그것은 에베소의 다이아나(Diana of Ephesus)이며, 손을 가슴에 위치시키는 방식은 로토의 작품에서 흔히 볼 수 있는 특유의 몸짓이다.

작품은 1532년 모델이자 주문자였던 오도니의 소유였다는 기록이 마르칸토니오 미켈레에 의해 언급되었는데 아마도 1545년 베니스를 방문했을 때 바사리도 보았을 것으로 여겨진다.

오도니가 죽은 후 1555년 그의 동생이자 후계자였던 알비제 오도니의 컬렉션에 들어 있었고 이후 1623년에는 루카스 반 우펠렌이 소유했던 것으로 추정되며, 1639년 게릿 레인스트에 이어 1660년 네덜란드가 보낸 선물의 하나가 되어 잉글랜드의 찰스 2세에게 전해지면서 현재까지 그곳에서 소유하게 되었다.

작품은 로토가 제작한 베니스 시기의 전형적인 스타일로, 색상 적용에서부터 자세한 묘사, 부드러운 색상 범위와 물체 경계선에서의 대기 효과 등이 자연스럽다.

레오나르도 로레단

르네상스 시기 베니스 역시 대단히 중요했던 곳으로, 그랬던 사실은 지오르지오네, 티치아노, 벨리니 등 유명 화가를 통하여 알게 된다. 아울러 역사적으로 중요한 인물 역시 여럿 있었다.

베니스의 75대 총독(Doge) 레오나르도 로레단(Leonardo Loredan, 1436~1521)은 1501년부터 죽을 때까지 줄곧 전쟁이 이어지던 시기를 이끌었던, 그곳 역사에 있어서 가장 중요한 인물 중 한 사람이었다.

16세기 초 캉브레 동맹, 오스만제국, 맘루크, 교황, 제노아 공화국, 신성로마제국, 프랑스, 이집트, 포르투갈 등과 종횡으로 엮인 극적인 사건들 속에서 때로는 그들에 대항하며, 한편으로 연합해야 했던 로레단의 마키아벨리적 음모와 교활하기까지 했던 정치적 책략으로 결국 베니스는 여러 위기에서 벗어난다.

오랜 귀족 로레단 가문에서 태어난 그는 일찌감치 고전 교육을 받았고, 가문의 전통에 따라 아프리카와 지중해 동쪽 레반트 등지와의 무역에 몸담았다. 일설에 따르면 그때 아프리카에서 어떤 점쟁이는 그가 베니스에서 왕자가 될 것으로 예언했다고 한다.

1461년, 로레단은 모로시나 지우스티니아니와 결혼했다. 역사가들에 따르면 본인의 가계를 비롯하여 영향력 있는 가문과의 혼인으로 인하여 그가 나중에 총독으로 어렵지 않게 선출될 수 있었다고 한다.

그는 금융 문제, 파산 등을 다루는 법조계의 변호사로 정치적 경력을 시작하여 베니스의 지원을 받던 지역(Terraferma) 및 대학의 지도자

(Sage), 즉 파도바의 포데스타(Podestà)를 비롯하여, 교계 총괄역(Camerlengo di Comùn) 및 칸나레지오 공작 의원, 마지막으로 베니스 공화국에서 가장 높고 저명한 직위 중 하나였던 성 마르코의 검찰관 등을 차례로 역임한 후 1501년 10월 총독이라는 최고의 자리 총독에 올랐다.

로레단의 통치는 처참하게 치러지던 제2차 베니스-오스만 투르크 전쟁 중에 시작되었는데, 그때 그는 상당한 영토 손실을 감수하면서 1503년 평화조약을 맺을 수밖에 없었지만, 마치 앙갚음으로 같은 해 말 이탈리아 북부 교황의 영토를 점령하면서 교황 율리오 2세에 대항하는 분쟁을 일으켰다. 그것이 1509년 캉브레 동맹 전쟁으로 확대되면서 교황과 프랑스가 동맹을 맺어 베니스가 패하는 일로 이어졌다.

1513년 다시 교황 율리오에 맞서 프랑스 왕 루이 12세와 동맹을 맺었는데 그 결과 베니스는 결정적인 승리를 거두었다. 그후 1516년 베니스의 유대인들을 공식적으로 규제하면서 고립시키는 법령을 제정했는데 그것이 바로 세계 최초의 '게토(Ghetto)'였고 제도는 제2차 세계대전 때까지 이어졌다.

말년에 재정적, 정치적 문제가 많았음에도 불구하고, 로레단은 1521년 6월 최고의 명성을 누리던 상태에서 사망하면서 성 요한과 바울 대성당에 지금은 존재하지 않는 단순한 무덤(가묘)에 안장되었다. 그러다가 1572년 건축가이자 조각가인 그라필리아, 캄파냐 및 카타네오 등이 그를 위하여 카라라 대리석의 코린트식 기둥으로 제작한 기념비적인 묘지를 대성당에 만들었다.

영어로 '도우지'로 발음되는 이탈리아어 도제(Doge)는 베니스와 제노아 공화국 총독, 통령을 말하지만, 공작(duke)을 뜻하는 두카(Duca)와도 거의 같은 뜻의 어원이 되어 유명한 베니스의 공작 궁을 두칼레 궁(Ducale Palazzo)으로 부른다.

총독 레오나르도 로레단의 초상(Portrait of Doge Leonardo Loredan), 1501, 지오반니 벨리니, 내셔널 갤러리, 런던

IOANNES BELLINVS

주인공 레오나르도 로레단은 린넨으로 된 전통 르네상스식 두건(doublet)을 쓰고 세밀하고 고귀하게 장식된 상의에 공예품처럼 만들어진 앞 단추 등이 보이는, 최고 지도자를 나타내는 공식 의상을 입고 있다.

작품은 로마 흉상 조각 양식을 그대로 따르면서 전형적인 르네상스식 화면 구성과 기법을 볼 수 있다. 공식 초상화가 중 한 사람이었던 지오반니 벨리니는 작품 속에 자신의 개성적 초상화 구현을 위한 이상적 접근 방식과 확고한 신념을 체계화시켰다.

베니스에 온전히 남아 보관 중이었던 초상화를 1807년 무렵 나폴레옹이 침략하면서 전리품으로 가져가 영국으로 전해졌고, 1807년 윌리엄 토마스 베크포드의 소유였다가 1844년 630파운드(2021년 환산 액수 6만 7,032파운드)로 런던의 내셔널 갤러리에서 입수하여 컬렉션에 포함했다.

총독 알비세 모체니고

첫 번째 그림은 초상화가 아닌 것 같지만, 내용을 자세히 따져보면 그렇지 않다. 야코포 틴토레토(Jacopo Tintoretto)가 미완성으로 남겨 놓은 이 그림은 베니스의 총독 궁전을 장식하면서 당시 총독 알비세 모체니고를 기리고 있다.

모체니고는 1571년 오스만 투르크와의 싸움에서 크게 이겼던, 즉 레판토 해전 당시 베니스를 통치했기 때문에 이 밑그림의 배경에서 바다와 전함들을 볼 수 있다.

그리고 1576년 베니스에 극심한 전염병이 돌 때 구세주(Il Redentore)를 위하여 믿음과 은혜를 담은 교회를 짓겠다고 약속했기 때문에 하늘에서 내려오는 그리스도 앞에서 총독인 그 자신 무릎을 꿇으며 감사드리는 그림으로 나타났고, 그 오른쪽에서 수호성인들을 볼 수 있다(미완성 작품).

더불어 같은 화가가 그린 초상화는 1507년 10월 태어난(1577년 죽음) 그를 묘사한 것으로, 아마도 1570년에 베니스 귀족 회의에서 그를 총독으로 선출했던 일을 기념한 것으로 보인다.

알비세 모체니고는 1545년부터 1548년까지 카를 5세 궁정의 대사로 재직하면서 제국의 중요한 시기에 개신교 군주들과 맞섰던 일, 그리고 이어 트렌트 공의회에 참석하면서 1557년부터 1559년까지 교황청 대사로 재직했던 일 등 뛰어난 외교 경력을 쌓은 후 총독이 되었다.

비록 적지 않은 나이에 총독이 되었지만 차분하고 위엄 있어 보이는 그의 모습에서 당시 심각했던 베니스의 상황을 짊어졌던 책임감과 함께

구세주 앞에서 참회하는 모습의 총독(Doge Alvise Mocenigo presented to the Redeemer), 야코포 틴토렛토, c. 1577, 메트로폴리탄 미술관, 뉴욕

어딘가 예민하고 생각이 깊은 그의 표정을 알게 된다.

또한 그의 자세와 옷차림은 틴토레토 이전 공화국 공식 화가였던 티치아노에게서 가져온 총독의 공식 초상화에서 볼 수 있는 양식을 보이는데 모델은 손을 편안하게 두며 시선을 바깥으로 돌린 채 앉아 있다. 그리고 어두운 배경 속 총독은 마치 그림자에서 빠져나오는 듯한데, 그러면서 보는 이를 자신의 가장 친밀한 관심사에 동참시키고 싶어하는 듯하다.

초상화 작품은 놀라운 완성도를 자랑하여 모체니고의 회색 수염과 입고 있는 가운의 세련된 금실로 수단(brocade) 원단 등에서 뛰어난 기교를 확인할 수 있다.

베니스 공화국의 85대 총독 알비세 1세 모체니고(Alvise I Mocenigo)는 토마소와 루크레치아 마르첼로의 아들로, 그의 가족에 대해서는 알려진 바가 거의 없는 상태이다. 하지만 생전의 그는 학문적인 능력이 매우 뛰어났고 고전 유물을 좋아했다고 한다.

이미 밝힌 대로 외교 경력을 크게 발휘했던 그는 1566년 베니스 10인

위원회의 대표, 산 마르코 검찰관이었는데 이듬해 총독 선거에 출마하여
세 사람과의 경쟁 끝에 병들어 쇠약했던 피에트로 로레단에게 패한다.

그러나 로레단이 죽은 후 적극적으로 선거에 나선 끝에 마침내 총독
이 되었다. 선출된 직후였던 1570년 5월, 1480년부터 베니스의 영토였던
키프로스를 차지하고자 공격해 온 오스만 투르크에 맞선 전쟁에 돌입하
는데 그러던 중 니코시아를 차지하기 위한 전투(9월 9일)가 벌어졌다. 그때
유명한 파마구스타(Famagusta, 수비대와 함께 항복한 사령관 마르코 안토니오 브라가
딘이 산 채로 가죽이 벗겨진 곳) 성에서 격렬하게 저항했음에도 섬은 결국 적의
손으로 넘어가고 말았다.

그런 다음 늦었다는 상황 판단이 이루어진 상태에서 자세한 대책 없
이 교황 비오 5세(Pius V)의 강력한 희망 아래 유럽 기독교 국가들의 동맹
이 만들어졌고, 그렇게 이루어진 그들의 연합 함대가 레판토에서 투르크

를 격파한다(레판토 해전, 1571년 10월 7일).

그러나 베니스 입장에서는 해전의 결과와 아무런 관련 없이 키프로스를 그대로 투르크에 양도하는 상태로 1573년 평화조약이 이루어진다.

그 후 이어진 일들 역시 총독에게 엄청난 부담이 되었는데 그 중 첫 번째 일은 1574년 5월, 1577년 12월에 반복된 총독궁의 화재로, 그렇게 그곳이 거의 붕괴했고, 이어 엄청난 홍수, 그리고 1575년에는 전염병, 1576년에는 말라리아가 이어졌다.

그러는 사이 1574년 7월, 프랑스의 새로운 국왕 앙리 3세가 폴란드를 거쳐 신임 인사라는 명목으로 베니스를 방문한다. 1577년 6월 모체니고 총독은 사망하는데, 이를 두고 그를 아쉬워했던 이들이 그리 많지 않았다고 한다.

베니스에서 태어나 티치아노에게 그림을 배운 화가 틴토렛토(Jacopo Tintoretto, 1518~1594)는 미켈란젤로의 탄탄한 기초 소묘를 바탕으로 하여 베니스 화파의 특징인 색채를 크게 발전시켰고, 극적인 순간과 공간적 구성을 이루어 나갔기 때문에 매너리즘 시기를 거쳐 스페인의 엘 그레코 등에 영향을 줄 수 있었다. 그러면서 특유의 커다란 화면과 벽화에 기독교 내용을 담은 작품을 많이 남겼다.

열과 복통으로 세상을 떠난 그는 베니스의 마돈나 델로르토의 묘소에 안장되었는데 그곳은 30세에 세상을 떠난, 그가 가장 사랑했던 딸 마리에타의 바로 옆이었다. 딸 마리에타 로부스티(Marietta Robusti) 역시 평소 틴토렛타로 불렸을 정도로 뛰어난 화가였다.

제롤라모 바르바리고,
아고스티노 바르바리고

우선 첫 번 초상화 작품을 보면, 언제나 감상자들을 감탄으로 이끄는 멋진 작품임에도 모델로 그려진 주인공이 누구인가에 대해서는 논란이 이어지고 있다.

그리하여 오랫동안 유명 시인 아리오스토의 초상화 또는 화가의 자화상으로 알려졌으나, 2017년경부터 소장 중인 미술관에서 '제롤라모 바르바리고의 초상' 또는 그냥 '한 남자의 초상'으로 부르기 시작했고 그러면서 지금까지 알려졌던 제목, '푸른 소매의 옷을 입은 남자' 역시 그대로이다. 그렇게 여러 이름으로 불렸기 때문에 다른 명칭 역시 나타날 가능성이 있다.

구체적으로 그림을 살펴보면, 모델과 보는 사람 사이에 난간으로 보이는 낮은 나무 또는 돌 문턱의 선반을 배치하는 방식이 먼저 눈에 들어오는데, 이는 초상화 속 기본 형식을 어느 정도 제시해주는 효과적인 방법으로, 초창기 르네상스 초상화에서 볼 수 있던 형식이었다(다빈치가 그린 베아트리체 데스테의 초상화에서도).

티치아노는 '형태를 나누면서 주인공의 존재를 정당화시키는 방법', 즉 가슴 부분 앞쪽을 강조하듯 커다란 옷소매를 화면 앞으로 내밀면서 일반적 방식이었던 장벽 효과를 뒤집어 보는 이 중심의 '우리의 공간'으로 가져오고 있다.

게다가 머리를 약간 기울여 노려보듯 눈썹을 치켜올린 남자는 화면 속 정확히 가운데 지점에서 몸을 회전시키는 듯한 자세로, 생동감과 더불어 극적 요소를 더해준다. 또한 머리와 팔 깊이가 넓은 나선형이 되면서 개성적인 몸 돌림으로 인하여 티치아노가 당시 피렌체 회화의 발전을 어느 정도 인식하고 있었음을 암시하고 있다.

따라서 훌륭한 색감과 볼륨을 지닌 옷소매가 인물의 그림자 부분이라는 회색빛 공간 배경을 결합하면서 그림에서 볼 수 있는 혁신이 된다.

그리하여 당시 베니스가 주도하던 이탈리아 르네상스 초상화의 발전 과정 중 중요한 시점에 만든 것으로 여기게 되는데 어떤 미술사가는 티치아노가 지오르지오네의 초상화에서 가져온 '내적으로 신비한 분위기, 즉 그림을 의뢰한 사람을 구체적으로 나타내지 않을 수 있는 상태'를 유지하면서도 새로운 힘과 현실감으로 모델의 개성과 '확신에 찬 몸짓'을 보여준다고 언급한다.

또한 이 인물을 비롯하여 다른 이들에서 볼 수 있는 '열정적인 시선'은 그가 그린 기독교 회화에서도 어느 정도 차용되고 있음을 알 수 있다.

이후 모델의 자세를 주목했던 렘브란트를 비롯한 네덜란드 화가들이 자신의 자화상에 나타내기도 했는데 이런 방식은 얼마 지나지 않아 프랑스를 거쳐 영국으로 이어졌다. 작품은 1904년부터 런던의 내셔널 갤러리에서 전시되고 있다.

그러면서 작품의 소유 과정에 따른 연대를 비롯하여 스타일, 모호하기만 한 서명 등을 두고 다른 티치아노 작품과 꼼꼼히 비교하게 만드는데 그렇게 추정한 연대는 대략 1509년부터 1512년까지이다. 아울러 에르미타주 미술관에 있는 '분명히 이 그림에서 영감을 받은' 다른 작품은 1512년 것이다.

한편, 내셔널 갤러리의 관리 담당이자 미술사가 니콜라스 페니는 누비 옷소매를 입은 남자를 두고 우피치 갤러리에 있는 '몰타의 기사'를 제외

누비 소매 옷을 입은 남자(A Man with a Quilted Sleeve, Gerolamo Barbarigo), 티치아노, c. 1510, 내셔널 갤러리, 런던

아고스티노 바르바리고(Agostino Barbarigo), 파올로 베로네세, 1571, 클리블랜드 미술관, 클리블랜드, 오하이오

하고 티치아노의 초기 초상화일 수 있다고 한다.

그림을 보면, 남자가 팔꿈치를 대고 있는 나무 막대에는 넓은 간격을 이루며 두 머리글자 'T V'가 새겨져 있는데 이것은 티치아노라는 두 글자(Tiziano Vecellio)가 맞을 수 있지만, 적외선으로 살펴본 결과, 두 번째 V가 발견되어 한때 작품은 '신비한 뜻의 약어 VV'로 표시되었을 수도 있다.

그러나 그것은 티치아노의 '여인의 초상'과 함께 지오르지오네의 작품들을 포함하여, 그 시기 전후 다양한 베니스 초상화에서 나타나는데 그 내용은 '덕은 모든 것을 정복한다(virtus vincit)'에 해당하는 도덕적 구호이다.

그리고 적지 않은 티치아노의 작품처럼 이 그림 역시 20세기 초까지 지오르지오네의 작품으로 여겨졌고, 그러다가 1895년경 그림이 바르바리고(Barbarigo) 가문의 한 남자를 그렸다는 사실이 처음으로 알려지기 시작했는데 그 까닭은 화가의 친구이자 크게 존경받던 바르바리고 가문의 귀족 남자를 티치아노가 초상화로 그렸다는 가설이 독일의 역사학자 리히터에 의하여 제기되었기 때문이다.

두 번째 그림의 주인공은 당시 대단한 귀족 아고스티노 바르바리고 (Agostino Barbarigo, 1516~1571)인데 그는 주프랑스 베니스 대사를 포함하여 수많은 행정과 군사적 주요 직위에 있었던 사람으로, 1567년 키프로스 함대의 부사령관으로 레판토 해전에서 교황군의 한 축을 이끌었다.

그때 그의 갤리선은 큰 승리를 거두었지만, 눈에 화살을 맞는 치명상을 입었고, 적장 투르크의 메흐메드 시로코는 사망한다.

바르바리고 가문 출신으로 두 사람이 베니스 총독에 올랐는데 그 첫 번째였던 마르코는 1485~1486년 기간 공화국을 통치했으며 두칼레궁의 사자들의 계단에서 즉위한 최초의 총독이었다. 그의 통치 기간은 동생이자 후계자였던 아고스티노와의 원로원 회의에서 벌어진 치명적인 논쟁으로 인해 짧게 끝나고 말았다.

형의 권력을 이어받은 아고스티노는 키프로스의 여왕 카테리네 코르나로가 자신의 왕국을 베니스에 바쳤던 기간을 포함한 1486년부터 1501년까지 통치했는데, 그때 그는 총독의 손에 입맞춤하는 습관을 만들었다고 한다. 9세기 막강한 사라센 해적을 무찌르며 그들 대장의 목을 잘라 그 수염(barba)을 가져왔기 때문에 가문의 이름이 비롯된 전통 가문은 1843년 지오반니 필리포 바르바리고가 후계자 없이 세상을 떠나면서 종말을 고한다.

아무튼 이 초상화가 그려질 1509년 무렵 서른 살이 되었기 때문에 제롤라모 바르바리고(Gerolamo Barbarigo)가 가장 유력한 초상화의 모델이었다고 할 수 있다.

나폴리의 귀족과 용병대장

도나 이사벨 데 레퀘센스 | 로렌초 치보

지오반나 델리 알비치 토르나부오니 | 용병대장 알폰소 다발로스

최후의 위대한 용병대장 지오반니 델레 반데 네레

도나 이사벨 데 레퀘센스

    나폴리 왕국(Kingdom of Naples)의 공식적 역사는 1302년부터 1816년까지로, 이 시기 나폴리는 시실리(Sicily)를 제외한 이탈리아 반도 남부의 대부분을 차지했었다. 그곳은 앙주 제국(Angevin Empire, 1282~1442), 알폰소 1세(1442~1458)에 이은 아라곤(Aragon) 가문(1458~1501)의 지배를 받으며 지적으로, 경제적으로 그리고 국가 기반 환경에서 크게 꽃을 피웠고, 특히 중심 도시였던 나폴리(Naples) 일대는 이탈리아에서 가장 선진적인 발전을 이루었다.

    한편, 1520년 성금요일에 세상을 떠난 라파엘로는 불과 37세였다. 지오르지오 바사리는 "그는 말하자면, 지나친 여성 편력으로 죽은 것이다. 지중해 지역의 속담에 '건강은 바로 체액의 균형에 있다'라는 말이 있는데, 그는 그것을 잃으면서 몸을 해치기 시작했다. 침대에서 많은 힘을 쓰며 시간을 보내 결국 열이 치솟았음에도 의사들은 불만 없는 그에게 잘못된 치료를 하여 죽도록 했다"라고 썼다.

    라파엘로는 로지아에서 작업을 마무리한 다음 매일 끊임없이 여성들과 시간을 보냈다. 그러다가 고열이 나면서 병들어 몸져누웠고, 그랬던 상태가 15일 동안 지속되었기 때문에 그나마 마지막 고해성사를 할 수 있었다. 그는 유서를 써서 남겨진 돈을 숨겨둔 여인과 충성스러운 시종 바비에라에게, 그리고 스튜디오를 비롯한 나머지 모든 것을 제자들인 지울리오 로마노(Giulio Romano)와 펜니(Penni)에게 남겼다.

    그러면서 스스로 요청하여 로마 판테온에 묻혔으며, 장례식에 교황의

나폴리 총독 부인 도나 이사벨 데 레퀘센스의 초상
(Portrait of Dona Isabel de Requesens, Vice-Queen
of Naples), 라파엘로, 줄리오 로마노, 1518, 루브르
미술관, 랑스

입맞춤 의식이 있었고 추기경들이 대부분 참석하면서 조문객들로 인산인해를 이루었다. 그의 묘비에는 다음과 같이 기록되었다.

"그가 살아 있을 때 그를 두려워한 자연에 둘려진 채 역시 죽음을 두려워한 라파엘로가 여기 묻혔노라."

젊은 나이에 세상을 뜬 스승, 그러면서 그가 남긴 재산을 물려받았던 제자 지울리로 로마노(Giulio Pippi, Giulio Roman, c. 1499~1546)를 예로 들 정도로 르네상스 시기에 사제 간의 작업으로 남겨진 작품은 적지 않았다. 지오르지오네와 티치아노의 작업 역시 그런 예였는데 작품들은 라파엘로와 제자 지울리오 로마노도 함께 제작했다.

다시 바사리는 다음과 같이 그에 대하여 말한다.

"1517년부터 세상을 뜰 때까지 라파엘로(Raphael, 1483~1520)는 로마 보르고의 알레산드리나와 스코사카발리 광장 사이의 팔라조 카프리니에서 살았다. 그곳은 1514년 브라만테(Donato Bramante)가 디자인하여 만든 저택이었다. 라파엘로는 미혼으로 1514년 비비에나 추기경의 조카 마리아 비비에나(Maria Bibbiena)와 약혼한 그는, 적지 않은 연애를 하면서 로마의 한 제빵사(fornaro)의 딸 마르게리타 루티, 즉 빵집 딸을 사랑했다. 그때 그는 교황에 의하여 특별 지위를 부여받을 만큼 높은 자리에 있었다."

라파엘로가 어쩌면 추기경 자리를 원했을지도 모른다고 했던 바사리의 언급은 어느 정도 타당하다. 그런 까닭으로 인하여 약혼이 결혼으로 이어지지 않았을 것이라는 추측이 가능한데 바사리는 라파엘로가 1520년 성금요일에 세상을 떠났으며, 아마 태어났을 때도 같은 축일이었을 것으로 생각한다(1483년 3월 28일).

랑스의 루브르 미술관(Louvre Museum in Lens)에 있는 초상화는 지오반나 다라고나(Giovanna d'Aragona)를 그린 것으로 여겨지는데, 그녀의 정식 이름은 도나 이사벨 데 레퀘센스 이 엔리케즈 데 카르도나-앙글레솔라로, 1509년부터 1522년까지 나폴리 총독을 역임했던 라몬 데 카르도나의 부인이었는데 줄인 이름은 이사벨 데 레퀘센스(Isabel de Requesens, 1500~1577)이다.

일명 '나폴리 총독 부인의 초상'으로 불리는 이 그림은 1518년 교황 레오 10세가 추기경 비비에나에게 명을 내려 작업이 이루어졌는데 그때 교황은 프랑스 국왕 프랑수아 1세가 아름다운 여인들의 초상화를 수집한다는 사실을 알렸고, 그에 따라 라파엘로가 작업을 맡았다.

바사리에 의하면 라파엘로는 제자 지울리오 로마노를 보내 그림을 그리게 했지만, 얼굴을 비롯한 주요 부분은 직접 그렸다고 한다. 그러면서 그는 밀라노 공작부인이자 나폴리의 이사벨라(Isabella of Naples)로 불렸던 아라곤의 이사벨라의 그림도 로마노와 함께 그렸는데, 그때 스승과 제자는 그 작품을 두고 '아라곤의 모나리자'라고 따로 불렀다고 한다.

이 그림을 그린 후 두 사람은 조금 변화시켜 아라곤의 이사벨라 그림으로 다시 만든 것이라고 주장하는 미술사가들도 있는데 이 의견이 맞는 것 같다.

하지만 두 작품 모두 라파엘로의 디자인에는 틀림이 없으며 여인 초상화 수집에 열을 올렸던 프랑수아 1세의 컬렉션 중에는 다빈치가 그린 '모나리자'도 있다. 아울러 라파엘로가 죽은 직후 제작된 아라곤의 이사벨라 그림을 모사한 작품을 로마의 한 미술관(Doria Pamphilj Gallery)에서 볼 수 있는데 관련 작품들은 물론이고 유사 작품에 대한 복제품을 많이 만날 수 있어서 제자 로마노가 왕과 왕비로부터 저택과 아파트 여러 채를 선물 받았던 사실은 적지 않은 시사점을 던져준다.

로렌초 치보

로렌조 치보(Lorenzo Cybo, 1500~1549)는 프란체스케토 치보와 마달레나 데 메디치의 아들로 지금은 제노아가 된 삼피에다레나에서 태어났다. 그의 친할아버지는 교황 인노첸시오 8세(Innocent VIII)였고 외할아버지는 '대단한' 로렌초 메디치였다.

1524년 르네상스 시기의 또 다른 유명 화가 파르미지아니노가 그린 그의 초상화는 그가 교황 근위대 사령관으로 임명되었던 24세라는 나이와 귀족의 면모, 멋진 외모를 강조하고 있다. 커다란 칼과 함께 한 위엄과 더불어 어린 시종을 거느린 모습은 일찍이 세바스티아노 델 피옴보가 이룩한 장대한 로마 방식으로부터 영향받았을지 모르지만, 빨간 모자만큼은 파르마의 유산을 따르고 있다. 즉 북부 이탈리아 방식의 전형적인 깃털은 현재 나폴리 미술관에 있는 갈레아초 다 산 비탈레의 그것과 유사하다.

작가가 그린 다른 초상화와 달리, 그림 속 치보는 긴장하고 자랑스러운 표정에 꼿꼿한 자세로 등장하지만, 거리감을 두고 표현되었으며, 아래로 연이어 떨어지는 무거워 보이는 패턴의 옷을 입고 폰타넬라토(Fontanellato)의 천사를 나타낸 시종은 엄숙함을 중화해주는 캐릭터로 사용되었다. 전반적으로 이 그림은 파르미지아니노가 로마에 머물 때 다른 예술가들로부터 받은 영향, 형태 및 개성과 결합하여 이루어진 창의성, 독창성 등을 나타내고 있다.

장군 로렌초 치보는 페렌틸로 공작이자 마사를 공동 소유했던 후작이며 카라라의 군주였다. 1520년 치보가는 로렌초의 형인 인노첸초 치

보 추기경과 합의하여 말라스피나 가문의 후계자인 리치아르다 말라스피나와의 결혼을 주선했기 때문에 치보-말라스피나(Cybo-Malaspina)라는 새 가문이 이루어졌다. 그후 가문은 여성 지도자들을 중심으로 이어지다가 1829년 모데나 공국과 레지오 공국(Duchy of Modena and Reggio)에 합병되었다.

한편, 그들의 결혼은 결국 안정적이지 못하여, 카를 5세의 사주를 받은 부인은 공동 권력자였던 남편 로렌초를 제거하는 데 성공한다. 그러자 그들의 아들 지울리오는 아버지의 도움을 받아 1546년에서 이듬해까지 리치아르다를 쫓아냈지만 1548년 밀라노에서 반역죄로 참수형을 당했다.

로렌초 치보는 이듬해에 사망했고, 그의 어린 아들 알베리코가 페렌틸로 공작의 자리를 계승했는데 아마도 그는 어머니와 인노첸초 치보 추기경과의 불륜 관계로 태어났을 것이라는 말이 있다. 1553년에 어머니가 죽자 알베리코는 어머니의 지위를 이어받으면서 유언대로 말라스피나라는 가족 이름을 추가했다.

또 다른 명문 치보 가문(The House of Cybo)은 치보(Cybo, Cibo) 또는 치베이(Cibei)라는 이름으로 마사와 카라라 공국을 통치했던 그리스 출신으로, 제노아에 정착한 매우 오래되고 영향력 있는 귀족 가문이었다. 12세기에 도시에 정착한 그들은 1528년 제노아의 귀족 가문 연합체에 열일곱 번째로 오른 데 이어 여러 분파로 나뉘었고 다른 일파는 제노아를 떠나 토마첼리(Tomacelli)라는 이름으로 나폴리에서 살았다.

그들 중 가장 유명한 사람으로는 교황 보니파키우스 9세(Pope Boniface IX)와 더불어 교황 인노첸시오 8세를 들 수 있다. 치보가는 토스카나의 메디치, 우르비노의 델라 로베레 및 모데나의 에스테를 포함한 유력 가문과 혼인했고 유력 은행가 가문 알토비티와도 혈연 관계를 맺었다.

인노첸시오 교황은 라 파페사 디아노라 치보 알토비티의 삼촌이었고, 그녀의 아들 빈도 알토비티는 막강한 영향력을 지닌 전략적 동맹이자 은행가로 르네상스 예술의 후원자였다.

한편, 인노첸시오 8세의 사생아 역시 나중에 적법한 자식이 되는데 그가 바로 '대단한' 로렌초 데 메디치의 사위이자 교황 레오 10세의 처남인 프란체스케토 치보로, 그는 아버지로부터 라테라노 백작이라는 칭호를 받았다. 나중에 교황 율리오 2세는 그에게 스폴레토 공작이라는 칭호를 주었는데 그의 아들이 바로 로렌초 치보였다.

지오반나 델리 알비치 토르나부오니

르네상스 시기 토르나부오니 가문과 알비치 가문 역시 피렌체의 중심 세력이었다. 토르나부오니는 당초 토르나퀸치(Tornaquinci)로 불리면서 10세기경 피렌체에 도착하여 12세기경에 프레데릭 바르바로사에 맞서면서 도시를 대표하는 가문이 되었다.

1178년 카발칸티, 지안도나티 등의 가문과 함께 친 제국파와 전쟁을 벌였지만 결국 우베르티 가문에게 패하고 만다. 그럼에도 가문은 무역과 대부업, 즉 은행업으로 부유해지면서 특정 경제와 군사적인 힘을 가진 '거물급 귀족' 중 하나가 되었지만, 십자군에 참여했던 이력이 없었기 때문에 기사와 같은 이를 배출하지 못했다. 당시 그들은 상업적인 일만을 성공을 위한 목표로 여겼던 것 같다.

그들은 교황파 세력(구엘프)의 일부가 되어 1315년 8월 일어난 발디 니에볼레 전투에서 여러 명의 희생자를 냈지만, 황제 당원(기벨린) 세력을 패배하게 했기 때문에 공직 진출을 크게 원했음에도 여러 정치적 이유로 제약을 받았다.

1393년, 시모네 디 티에리 토르나퀸치에 속했던 가문의 본가가 편의상 이름을 바꾸기로 하면서 서민(popolani)의 편에 서고자 토르나-부오니(Torna-'buoni')라는 명칭을 선택한다.

그렇다면 알비치 가문(Albizzi family)은 어떤 집안이었을까.

알비치 가문은 당초 아레초에서 시작되어 피렌체에 자리 잡았던 가문으로, 메디치 가문과 알베르티 가문과 앙숙 관계였다. 그들은 1382년부터 치옴피 반란 이후의 반동 시기에서부터 1434년 메디치 가문의 등장 시기까지 피렌체 과두제의 중심에 있었으며, 피렌체의 양모 길드(Arte della Lana)를 이끌었던 세력이었다. 길드는 당시 피렌체 공화국의 시스템에서 중심적인 역할을 했기 때문에 길드 회원 가문들이 피렌체의 정치적, 경제적 과두제를 구성하고 있었다.

알비치 가문에서 가장 유명하고 영향력 있는 사람으로는 마소(Maso)와 그의 아들 리날도 델리 알비치(Rinaldo degli Albizzi, 1370~1442)가 있었는데, 그들은 코시모 데 메디치의 등장에 맞서기도 했다. 특히 마소의 또 다른 아들인 루카(Luca)는 피렌체 갤리선의 책임자가 되었는데 그가 남긴 일지는 역사가들에게 중요한 연구 자료가 되고 있다.

루카가 코시모 데 메디치의 충실한 친구였기 때문에 1434년 그의 형제를 포함한 나머지 일족이 메디치 정권에 의하여 추방될 때 그는 피렌체에 그대로 머물렀기 때문에 그의 일가는 최고 행정관(Gonfaloniere)이 되어 코시모가 다스리던 피렌체에서 중요한 동맹 세력으로 남았다.

지오반나 델리 알비치 토르나부오니(Giovanna degli Albizzi Tornabuoni, 1465~1488)는 그림으로 그려질 당시 피렌체의 귀족 알비치 가문에서 가장 아름다운 여인으로 일컬어졌다. 게다가 기를란다이오가 그린 그녀의 초상은 15세기 르네상스 이탈리아에서 가장 뛰어난 작품 중 하나이다. 여기 실린 초상화 스타일은 르네상스 초기(Quattrocento) 양식 중 가장 인기 있는 방식이었는데, 이는 고대 로마의 동전에 나타난 양식을 따른 것이다.

아울러 그림에 나타난 여인의 머리와 몸은 '황금분할'이라는 이상적인 구분법에 따른 옆 모습으로, 팔을 앞으로 구부려 모아 두 손을 깍지 끼고 있는 자세로 묘사되어 있다. 옆얼굴임에도 숨길 수 없는 지적인 면모와 화려한 의상에 의한 세련된 자세는 그림의 투명에 가까운 선명함, 섬세한 완성도로 후대 사람들을 놀라게 한다.

지오반나 델리 알비치 토르나부오니의 초상
(Portrait of Giovanna degli Albizzi Tornabuoni), 도
메니코 기를란다이오, 1488, 티센-보르네미차
미술관, 마드리드

ARS VTINAM MO
ANIMVM QVE EFFING
POSSES PVLCHRIOR IN
RIS NVLLA TABELLA FO
MCCCCLXXXVIII

352

그런 면모에 더하여 모델이 된 여인은 '굳건한 자부심'이라고 정의할 수 있는 이탈리아어 피에레차(fierezza)를 여실히 나타내며 금이 입혀진 수단으로 제작된 우아한 이탈리아식 긴 상의(gamurra) 조끼 역시 매우 세심하게 제작되어 감탄이 나올 정도이다. 블라우스 소매는 틈새들을 만들며 이루어진 듯 복잡한 디테일을 보이지만, 전체적으로 보아 입고 있는 의상은 정교하면서 무조건 화려하지 않은, 상대적으로 절제미를 보이는데 이를 통하여 부유한 집안 출신으로 품위 있는 여인임을 강조한다.

다소 복잡한 머리단(le sue Trecce) 역시 세련미와 고귀함을 높이고 있으며, 등 뒤로는 이어진 산호 목걸이(또는 묵주)와 함께 살짝 펼쳐진 기도서와 더불어 로마시인 마르쿠스 발레리우스 마르시알리스(Martial, Marcus Valerius Martialis, 마르시알)의 에피그램에서 알 수 있는 피렌체의 아름다움과 고귀함의 개념에 대한 비밀을 담은 "오 예술이여, 만약 당신이 성격과 영혼을 표현할 수 있다면, 이보다 더 아름다운 그림은 세상에 없을 것이다"라는 구절에 들어맞는 그녀는 세 개의 빛나는 진주로 세팅된 귀중한 루비를 섬세한 끈으로 꿰어 목에 걸고 있다.

이것이 검은 배경 속 붉은 산호 구슬과 결합하여 작품에 또 다른 고귀함을 가져다주고 있다. 묵주 일부를 이루는 구슬들의 똑바로 매달린 부분이 그녀의 등에서 수직으로 강조되면서 보는 이의 시선을 기도서로 향하게끔 한다.

주인공인 지오반나는 1488년 초 23세의 나이로 출산 중에 사망했기 때문에 이 초상화는 그녀에 대한 애절한 기억을 담고 있다. 기를란다이오는 살아 있을 때 그녀를 그리고 싶어했음에도, 너무 아름답고 매우 고결했던 존재였기 때문에 그리기에 겁이 났었다고 한다.

그림을 통하여 화가는 주인공의 사적인 면과 더불어 당시 피렌체 귀족들의 개인적인 아름다움에 대한 개념, 그리고 그림과 모델이라는 두 요소를 고귀한 예술로 끌어올리면서 미와 예술의 지속적인 가치에 대한 삼단논법을 만들고 있다.

이미 마르시알리스의 경구가 은유했듯이, 그것은 꾸미지 않은 자연의 진정한 아름다움보다 더 아름다운 것은 없다는 기본적인 사항에 더하여 삶과 자연, 과학과 예술에서 역시 아름다움을 인식할 수 있다는 뜻이다.

용병대장 알폰소 다발로스

이탈리아 르네상스 시기 이탈리아에는 용병대장들이 적지 않았는데 그중 유명했던 그들에 대하여 살펴보면, 그들로부터 삶과 더불어 전쟁, 전투에 따른 중요한 역사적 전개 등을 알게 된다. 그래서 여기 실린, 티치아노가 매우 멋지게 그려 남긴 알폰소 다발로스의 초상화를 통하여 과연 그가 누구였는지 궁금증을 더한다.

페스카라의 6대, 바스토의 2대 후작 알폰소 다발로스 다퀴노(Alfonso d'Avalos d'Aquino, 1502~1546)는 아라곤 출신의 이탈리아 용병대장으로, 신성로마제국 황제이자 스페인 국왕이었던 카를 5세를 위해 측근이기도 했기에 더욱 유명하다.

이스키아에서 이니고 다발로스와 그의 부인 라우라 산세베리노의 아들로 태어난 그는 프란체스코 페르디난도 1세 다발로스의 사촌으로, 1525년 이후 그로부터 후작위를 물려받았다. 그런 다음 페르디난도 1세의 부하 지휘관이 되어 프랑스, 베니스와 싸웠으며, 1525년의 파비아 전투에 참전한 데 이어 1526년부터 1528년까지 몬카다의 우고 휘하에서 싸우다가 카포 도르소에서 제노아 선장 필리피노 도리아에게 포로로 잡혔다.

1535년 7월, 알폰소는 북아프리카의 튀니스를 재정복하는 전쟁에서 제국군의 주요 지휘관 중 한 사람으로 복무한 데 이어 프로방스를 침공하려는 프랑스를 방어하는 3차 전쟁에서 실패한 후 밀라노 공국의 첫 번째 총독이었던 안토니오 데 레이바가 사망하자 1538년 두 번째 총독이었

알폰소 다발로스의 초상(Portrait of Alfonso d'Avalos, Marchese del Vasto, in Armor with a Page).
티치아노, c. 1533, 게티 센터, 로스앤젤레스, 캘리포니아

연설하는 알폰소 다발로스
(Allocution of Alphonso d'Avalos), 티치아노, 1541, 프라도 미술관, 마드리드

던 마리노 카라치올로를 대신하여 총독의 자리에 올랐다.

그는 문학인과 음악인의 보호자가 되었고, 프랑스 및 북이탈리아와의 전쟁을 크레스피 조약 (1544)으로 멈추게 했던 일로 인하여 영예로운 '황금 양털 기사단'의 일원이 되었고, 1538년 그는 새로운 베니스 공화국 총독인 피에트로 란도의 뒤를 이어 카를 5세 황제의 역할을 대신하는 대사가 되었다.

1542년 이탈리아 전쟁 기간에는 제국군을 지휘하면서 세레솔레 전투에서 프랑스군에게 패배했지만, 전쟁의 연장이었던 1544년 6월의 세라발레 전투에서 프랑스에서 새로 규합된 피에트로 스트로치와 피틸리아노 백작 지오반니 프란체스코 오르시니가 지휘하던 이탈리아 용병부대를 격파했다.

1523년 11월, 알폰소는 페르디난도 디 몬탈토 공작과 그의 아내 카탈리나 카르도나의 딸이자 나폴리 국왕 페르디난드 1세의 친손녀 마리아 다라고나와 결혼했고, 두 사람에게는 자녀가 다섯 있었는데 추기경 이니코 다발로스 다라고나, 롬바르디아와 피에몬테 주둔 스페인군 총사령관 프란체스코 페르디난도 다발로스와 도나 안토니아 다발로스, 체사레 다발로스, 베아트리체 다발로스 등이 그들이다.

1533년 겨울 볼로냐에서 티치아노가 그린 알폰소 다발로스의 초상화는 서양 미술사에서 가장 영향력 있는 원형 중 하나이자 공식적 초상화의 전형이랄 수 있다. 그림 속 알폰소는 자신을 보호하는 작은 시종의 모습과 정반대의 모습으로 강하며 크고 단단한 갑옷을 입은 채 밀라노의 총독이자 신성 황제 카를 5세를 위한 이탈리아제국 군대의 밀라노 총사령 신분을 과시하고 있다.

당시 브란톰의 대수도원장이 관찰한 기록에 따르면, 알폰소 다발로스는 외모에 세심한 주의를 기울였다고 하는데, 저명한 스페인계 나폴리 귀족 가문에서 태어난 그는 제국군 지도자에 걸맞게 정교하고 아름답게 완성된 갑옷 위에 기사단의 왕실 목걸이 장식을 착용하고 있다. 그러면서 그는 아래의 호위무사가 건네주는 투구를 받고 있는데 티치아노는 교양 있고 명상적인 인물로 보이도록 그에게 진지함을 부여하는 동시에 존엄과 권위가 있는 모습 역시 알리고 있다.

최후의 위대한 용병대장
지오반니 델레 반데 네레

1526년 11월 25일 저녁 고베르놀로 근처에서 벌어진 치열한 전투에서 지오반니 델레 반데 네레는 결국 총에 맞는다. 총알이 그의 오른쪽 다리 무릎 위를 산산 조각냈기 때문에 그는 근처 산 니콜로 포로 후송되었지만, 의사를 찾을 수 없었다. 결국 만토바에 있는 알로이시오 곤차가의 궁전으로 다시 옮겨져 수술받는데, 그의 사지를 단단히 붙잡아야 할 남자 열 명이 동원되었다.

그때 장면을 목격했던 피에트로 아레티노는 프란체스코 알비치에게 보낸 편지에서 이렇게 썼다.

"미소를 지은 그는 '20대 나이에', '붙잡아 줄 수 있지'라고 말하면서 촛불을 손에 들어 자신을 비추었다. 나는 그때 그곳에서 뛰쳐나오며 귀를 막았지만, 두 사람의 목소리만 들렸고, 그러다가 크게 외치는 소리가 들려 다시 그에게 달려갔을 때 그는 주변을 돌아보면서 '이젠 괜찮아요'라고 말하며 크게 기뻐했다."

그러나 수술에도 불구하고 지오반니 데 메디치는 닷새 후인 1526년 11월 30일에 패혈증으로 사망한다. '이탈리아 최후의 위대한 용병대장(the last of the great Italian Condottieri)' 지오반니는 결국 명성에 걸맞게 치열한 전투 중 사망하는데, 그는 알려지거나 알려지지 않은 무척 많은 전쟁에 참전했었다.

우선 1517년 1월부터 9월까지 벌어진 우르비노 전쟁(The War of Urbino)

지오반니 델레 반데 네레의 초상(Giovanne Delle Bande Mere), 카를로 포르
텔리, 1565-1570, 미니애폴리스 미술관, 미니애폴리스, 미네소타

을 들 수 있는데 그 일은 이탈리아 전쟁 중 두 번째 장면으로, 한 해 전
캉브레 동맹 전쟁이 마무리된 후 프란체스코 마리아 1세 델라 로베레가
교황권의 힘을 빌려 우르비노 공작령을 회복하고자 했기 때문에 일어난
일이었다.

 델라 로베레는 고향으로 돌아가는 베니스 군대를 고용하여 우르비노
로 쳐들어가 교황군 용병대장 프란체스코 델 몬테를 물리치고 주민들의
환영을 받으면서 도시에 입성한다.

그러자 교황 레오 10세는 로렌초 2세 메디치, 렌초 다 체리, 지울리오 비텔리 등이 이끄는 1만 명의 군대를 급히 규합하여 우르비노로 보냈는데, 그들 중 로렌초 메디치는 4월 4일 몬돌포 성 포위전에서 총에 맞아 부상을 입어 토스카나로 돌아간다. 그리하여 그 자리를 비비에나 추기경이 대신하는데 추기경이 군대를 제대로 통제하지 못했기 때문에 몬테 임페리알레 전투에서 패배하면서 페사로로 후퇴해야 했다.

결국 전쟁은 자금이 바닥난 프란체스코 마리아 델라 로베레가 자신이 고용한 군대에 급여를 줄 수 없게 되면서 끝났고, 교황과 합의를 모색한 끝에 9월 조약에 서명했다.

지오반니 달레 반데 네레는 이때의 전투에서 처음 등장했고, 그러면서 이후 용병 조직을 만들었는데 그들이 바로 '검은 휘장(Bande Nere)'을 뜻하는 '블랙 밴드(Black Band)'였다.

그 무렵 메디치 가문의 8촌 형에 해당하는 교황 레오 10세의 죽음을 마주했던 그는 존경했던 교황을 추념하기 위하여 검은 휘장을 했는데, 그것이 바로 자신의 부대 상징물이 되었다.

그러면서 그들은 정식으로 훈련받은 조직적 군대가 되어 카를 5세를 위한, 프랑수아 1세를 위한, 그리고 다시 카를, 이어 프랑수아의 휘하로 편을 바꾸어 가며 여러 전쟁에 고용되었다.

그의 군대는 유럽 최고의 수준의 이탈리아를 말해주듯 당시 최고의 신무기였던 화승총(arquebus)으로 무장한 기병대였기 때문에 이탈리아 전쟁에서 천하무적의 가장 뛰어난 군대였다.

그러다가 1526년 초 코냑동맹 전쟁에서 롬바르디아로 진군하는 게오르그 프룬츠베르크의 제국 군대에 맞서는 과정에 용병대장 지오반니 메디치는 만토바 근처에서 적탄에 맞아 세상을 떠난다.

그럼에도 그의 죽음 이후 2년 정도의 기간에 블랙 밴드는 프랑스와 교황의 급여를 받으며 싸움을 이어갔고, 오데 드 푸아, 드 로트렉 자작이 지휘하는 나폴리 원정에도 참여했지만, 전염병으로 인하여 프랑스 군대와 함께 포위 공격에서 후퇴한 데 이어 1528년 말에 제국군에 항복한 후 얼마 지나지 않아 해산되었다. 그렇게 그들이 직간접적으로 참여했던 전쟁은 제노아 포위전, 나폴리 공성전 등도 포함된다.

최후의 용병대장 루도비코 데 메디치(Ludovico de' Medici), 즉 지오반니 델레 반데 네레(Giovanni delle Bande Nere, 1498~1526) 또는 지오반니 메디치는 이탈리아 북부 도시인 포를리에서 지오반니 데 메디치 일 포폴라노와 르네상스 시기 유명한 여장부였던 카테리나 스포르차 사이에서 태어났다.

어린 시절부터 그는 승마와 검술 같은 당시의 무술을 포함하여 여러 운동에 큰 관심과 능력을 보였고 12세에 살인을 저질렀다고 하며, 이어진 멋대로의 행동으로 인하여 피렌체에서 두 번이나 추방당했다.

그는 루크레치아 메디치와 야코포 살비아티 사이의 딸이었던 마리아 살비아티 결혼하여 토스카나 대공이 되는 아들 코시모를 둔다. 따라서 최후의 용병대장이라는 용맹함, 카테리나 스포르차가 가장 사랑했던 막내아들, 그리고 토스카나의 대공 코시모 1세의 부친이었던 사실만으로도 그는 매우 중요한 르네상스의 인물 중 하나였다고 할 수 있다.

한편, 1526년 사망하며 매장되었던 그의 시신이 1966년 일어난 아르노강의 홍수로 손상되었기 때문에 유해를 보존하고 사망 원인을 제대로 확인하기 위해 2012년 아내의 시신과 함께 발굴되었다.

조사 결과 다리의 무릎 아래가 절단된 것으로 밝혀졌고, 총에 맞았던 것으로 추정되는 허벅지에는 손상이 없었으며, 하퇴부의 뼈 경골과 종아리뼈는 절단으로 인해 잘려 나간 상태였다. 또한 대퇴골에는 손상이 없었는데, 그랬던 결과를 종합하여 그는 패혈증에 따른 괴저로 사망했던 것으로 여겨진다.

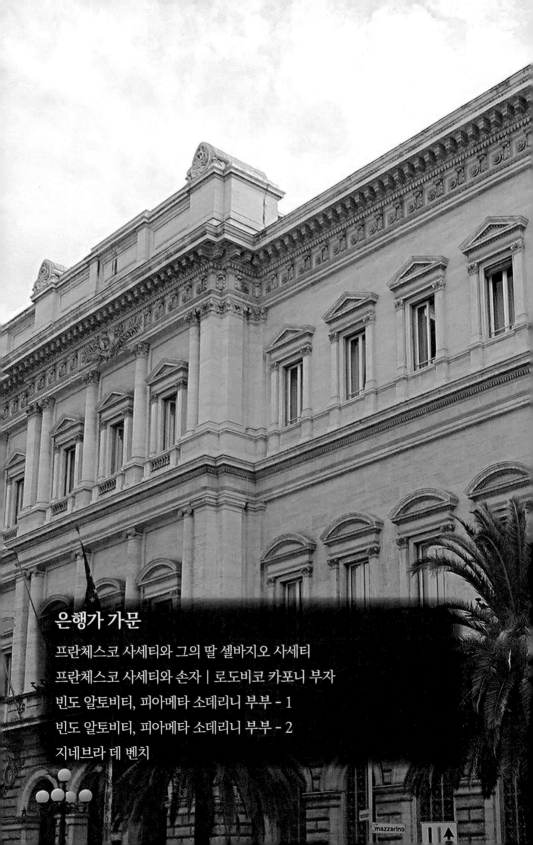

은행가 가문

프란체스코 사세티와
그의 딸 셀바지오 사세티

피렌체에서 태어난 유명 은행가 프란체스코 사세티(Francesco Sassetti, 1421~1490)는 토마소 사세티의 막내아들로, 1439년 또는 이듬해에 처음으로 메디치 은행에 합류한 것으로 기록에 나타나고 있다. 코시모 메디치에 의하여 아비뇽 지점에서 근무를 시작했는데 능력을 발휘하며 빠르게 진급하면서 지점의 총책임자가 되었고, 그러는 사이 자기 돈을 투자하여 큰 이익을 만들었다.

그렇게 일과 투자를 병행하면서 1453년 제노아 지점으로 옮긴 후 1458년 고향인 피렌체로 돌아와 피에로와 코시모의 후계자 로렌초 데 메디치의 재정 고문으로 일했고, 결혼과 동시에 메디치 은행의 최고위직인 총지배인이 되었다.

무엇보다도 사세티는 그 무렵 자신이 보관하도록 했던 일부 문서로 인하여 메디치 은행 연구에 있어서 매우 중요한 인물이 되었는데 그때 그가 만든 '비밀 계좌 장부'는 1462년에서 1472년 사이에 꼼꼼하게 작성하여 숨겨두었던 개인 장부 세트이다.

그것은 재정에 관하여 철저하게 정직했던 사실과 더불어 총지배인이었을 때 은행의 내부 업무를 상세히 기록한 것으로, 후대에 매우 중요한 자료로 평가받고 있는데 그가 메디치 은행에서 얻은 수입을 다른 기업에 재투자하는 방식 등을 비롯하여 예금 이자를 자유롭게 사용하는 등의 방법 모두 매우 흥미롭다.

프란체스코 사세티와 아들 테오 도로(Francesco Sassetti and his son Teodoro), 도메니코 기를란다이오, 1488, 메트로폴리탄 미술관, 뉴욕

그랬기 때문에 그는 종종 메디치 은행의 궁극적인 쇠퇴와도 함께했다고 여겨지기도 한다. 그랬던 초기 징후는 관리자의 비방에 리옹 지점이 거의 파산할 뻔한 일이 있었음에도 그가 위기로부터 은행을 살렸다는 사실이다. 하지만 총지배인이 된 이후 그는 좋지 않은 일을 막기 위하여 장부를 꼼꼼히 확인해야 했으며, 지점 담당 관리자가 보고한 높은 수익에 대해서도 감사를 책임져야 했다.

그렇게 각 지역 관리자를 통제하고, 그들의 계정에 대한 감사와 함께 따라야 할 규칙을 정하는 것이 그의 의무였기 때문에 가끔 부주의한 관리자를 질책하는 과정에 일어났던 결과 보고를 위하여 피렌체로 소환되었다. 또한 그는 정책을 변경하여 계열사 관리자에게 훨씬 더 많은 권한을 부여했던 것으로 여겨진다.

그러다 일어난 브뤼헤 지점에서의 실패는 그에게 큰 책임이었다. 그 일의 원인은 지점장 토마소 포르티나리의 무모한 계획에 반대했던 안젤로 타니를 견제하면서, 지점 실패의 직접적인 빌미가 되었다. 즉 포르티나리

젊은 여인의 초상, 셀바지아 사세티(Portrait of a young woman, Selvaggia Sassetti), 도메니코 기를란다이오, 1490, 칼로스트 고벵키안 미술관(Calouste Gulbenkian Museum), 리스본

가 지역 통치자들에게 과도한 금액을 빌려준 일을 따져야 했던 적절한 시기를 놓친 일이었다. 결국 그 일은 메디치 가문의 장기적인 이익에 엄청난 손실을 초래한다.

그랬던 사세티는 1460년대 내내 인문학에 관심이 컸기에 1460년 빌라라 피레트라를 인수하여 복원했고, 산타 트리니타 대성당의 장례식장에 대한 권리를 사들여 이루어진 사세티 예배당에 대한 장식 개조 작업이 1483년에서 1485년 사이 도메니코 기를란다이오에 의해 이루어졌다. 그리하여 그곳에는 사세티의 이름을 따서 성 프란치스코에게 헌정된 프레스코 제단화의 목자들, 그의 가족 초상화, 당시 피렌체의 이미지 등이 제작되었다.

한편, 기를란다이오가 사세티 가족 구성원을 그린 초상화 중 하나가 매우 밝은 이미지의 여인 모습이다. 그녀는 몸에 꼭 맞는 옷을 입고 목 주변을 장식한 산호 목걸이로 당시 피렌체의 유행을 분명히 나타내고 있다.

또한 보티첼리와 마찬가지로 기를란다이오의 여성 표현 역시 부르주아들 틈에서 인물의 사실적인 묘사에 이에 대한 취향을 나타냈던 초상화의 대중화 시대를 보여주면서 이상주의를 지향하는 방식과 함께 장식적 통일성을 선호하는 미학적 타협을 따르면서 형태의 섬세한 균형과 색채의 조화로, 화가가 구성의 원리에서 이상적 질서를 지향했음을 드러낸다.

이러한 방식은 인문주의 미술을 지향하는 일반화된 경향과 일치하며 15세기(Quattrocento) 초상화의 아름다운 예라고 할 수 있으며, 중립적 배경에 3/4 정도 외면한 옆모습의 모델로 인하여 풍경이 배경으로 도입되기 전부터 널리 퍼져 있던 관습을 자연스럽게 나타내고 있다. 또한 어깨와 얼굴이 약간 아래로 잘린 모습은 비록 세세한 부분까지 지나치게 신경 쓰지 않고 묘사되었음에도 자연주의적 형상에 대한 추구, '진짜를 창조'하고자 하는 욕망을 드러내고 있다.

그렇다면 초상화의 실제 모델은 누구였을까.

그녀는 사세티와 그의 아내(일곱 명의 딸을 두었음) 사이의 다섯 번째 딸 셀바지아 사세티(Selvaggia Sassetti)인 것으로 확인되고 있다.

1488년 셀바지아가 시모네 다메리고 카르네세키와의 결혼을 앞두고 그려진 이 초상화에서 눈길을 사로잡는 것은 목걸이인데, 이것은 당시의 미적 이상에 따라 아내라는 여인의 덕목을 전달하려는 풍부한 상징적 소재로 제작되었고 아래로 내려진 산호 한 가닥은 그녀의 순수함을 상징한다. 아울러 16세기의 가장 멋진 액자 외에 단순, 건전해 보이기만 하는 배경은 원래 파란색이었는데, 남동빛 색소가 오래됨에 따라 색이 변한 결과라고 한다.

프란체스코 사세티와 손자

할아버지와 손자는 사람을 따뜻하게 만드는 사랑의 눈길을 서로 주고받고 있다. 그야말로 화면 속에는 사랑이 감돌고 녹아들어 보는 이로 하여금 미소 짓게 만든다.

서양화에서 이토록 가슴 훈훈하게 만드는 그림도 드물 것이다. 한 미술사가는 "15세기 예술(Quattrocento)에서, 이탈리아를 언급하기 전에 세상에 이렇게 인간적인 그림은 없다"라며 감탄한다.

르네상스 회화, 조각들이 기독교와 그리스 신화 등을 묘사했지만, 그런 구현을 위한 뛰어난 기법에 담긴 실제 정신은 사실적 추구에 집중되었고 그런 면에서 작품에는 그럴듯한 상징과 은유 역시 담겨 있다.

도메니코 기를란다이오(Domenico Ghirlandaio, 1448~1494)는 15세기 피렌체 문예부흥 시기 가장 성공한 초상화가였다. 그는 형제, 아들 그리고 미켈란젤로 같은 젊은 작가들과 함께 매우 괜찮은, 커다란 스튜디오를 운영했는데, 지오르지오 바사리는 그를 일컬어 "자질과 위대함, 수많은 작품으로 당대의 가장 성공한, 뛰어난 대가 중 하나라고 불러도 이상하지 않다"라고 칭했으며, 또 다른 현대의 미술사가들 역시 그를 두고 '지오토(Giotto)처럼, 피렌체 미술의 가장 기념비적인 작가 중 하나'라고 언급한다.

그림 속 노인의 얼굴을 보면 코를 중심으로 사마귀 같은 것을 볼 수 있지만, 그 정도는 그림의 분위기와 아무런 관련이 없고 다만 화면 속에는 자연스럽게 애정을 불러일으키는 모습과 더불어 당시의 인상학적(physiognomic) 이론에 따라 인물의 내면과 외면을 연결하는 변화와 조정

노인과 손자, 프란체스코 사세티(Portrait of an Old Man and his Grandson), 도메니코 기를란다이오, 1490, 루브르 미술관, 파리

을 알 수 있다.

붉은 옷을 입은 노인은 마치 한 몸으로 연결하는 듯 같은 색상의 모자와 옷차림의 어린아이를 안고 있는데 어두운 벽의 실내를 통하여 창문 밖 울퉁불퉁한 땅, 굽어진 길이라는 작자 특유의 배경을 볼 수 있으며 화가는 노인의 지혜로운, 그리고 기형의 코와 함께, 즉 할아버지와 손자를 끈끈하게 연결하고 있다.

1880년경 한 큐레이터가 자비로 사들였던 작품이 루브르 미술관에서 소장되기 전, 즉 작품이 제작된 이후 구체적 소장처(소장자)는 분명치 않았고 다만 직전 소장처였던 베를린의 카이저 프리드리히 미술관(Kaiser Friedrich Museum)은 작품의 상태가 매우 좋지 않아 소장을 거의 포기했었다.

그때 노인의 얼굴에 도저히 회복시키기 어려운 흠집이 있었다는 기록이 남아있고, 이후 작품을 넘겨 받은 루브르 미술관의 끊임 없는 노력으로 1996년 완벽한 복구에 성공했다.

그후 그림은 루브르 미술관에서 인기 있는 초상화 중 하나가 되는데, 그렇다면 화면 속 주인공은 과연 누구일까?

가장 유력한 가설은 피렌체의 매우 부유한 은행가로 로렌초 공작으로부터 큰 신뢰를 받았던 사람인 프란체스코 사세티라는 사실이다. 그는 당시 피렌체 최고의 화가였던 기를란다이오에게 산타 트리니타 교회의 장식을 맡겼는데 아마도 사세티가 세상을 떠날 무렵 기를란다이오가 기념 또는 추모를 위하여 뜻깊은 그림을 그렸던 것 같다.

화가는 압도적으로 안정적인 노인 중심 구도 속의 두 사람은 배경 멀리 어렴풋이 다빈치 풍의 풍경을 보여주는 창문 사이에서 완벽하게 균형을 이루고 있는데 가파른 언덕을 향해 오르는 구불구불한 길이 깊이 있는 효과를 이루면서 빨간색과 검은색이 조화를 만들고 있다.

또한 노인이 입고 있는 긴 주홍색 겉옷(robe)은 매우 사실적으로 표현

되었으며, 그의 전체적인 모습과 백발에서 보이는 사실성은 대단할 뿐만 아니라 기를란다이오가 피렌체 초상화에서 적용했던 것처럼 지나치게 사실에 몰두하여 어떤 결함도 찾아볼 수 없다. 게다가 거의 플랑드르식 세심함과 뜻밖의 자세로 당시로서는 거의 혁명적인 작품으로 여겨졌을 것 같다.

노인의 시선은 슬프면서 다소 체념적이지만, 마주하고 있는 눈길은 조용히 함께 무언가를 도모하고 있는 듯한 분위기이며, 아름답고 귀여운, 그러나 할아버지가 보여주는 표정 속 감정보다 덜 복잡한 아이는 아마도 화가가 어떤 상점 주인과 협력하여 그린 것으로 보이는데, 마치 카니발 같은 일을 예상하는 듯한 표정에 아주 작은 손으로 할아버지의 관심을 끌고자 애쓰고 있다.

하지만 사세티가 은행가였으면서 당시 차갑고 무자비했던 고리대금업자였다는 사실을 기억해야 한다. 게다가 그는 가장 부유하며 매우 힘 있는 사람 중 하나였고, 어쩌면 잔인할 정도로 돈과 권력을 좇았다고 한다.

따라서 기를란다이오 같은 당대 최고의 화가가 그의 가족 예배당에 프레스코화를 그린 일은 단지 사세티의 막강한 지위에 따른 상징에 불과했다고 할 수 있는데 그런 일은 르네상스 시기 들어 부자와 권력자들에게 일반화되기 시작했던 호사스러운 사치와 그에 따른 과시였다고 할 수 있다.

그림에 대한 소유권이 명확하지 않았고, 그러는 가운데 기를란다이오는 단순히 다빈치가 그렸던 작은 천사처럼 나타내면서 손자로부터의 사랑을 즐기는, 약간 자세가 흐트러진 할아버지를 묘사하고자 했을 것이라는 의도가 맞는 것 같다. 노인의 이마에서 보이는 상처 또는 사마귀로 인하여 부유했고 힘도 있었지만, 그 과정에 겪었던 인간적인 아픔도 엿볼 수 있다.

로도비코 카포니 부자

　15세기와 16세기에 걸쳐 피렌체에는 메디치 가문을 비롯한 유명 은행가가 여럿 있었는데 그들 중에 카포니 가문의 아버지와 아들 역시 빼놓을 수 없다.

　어린 시절 이미 은행업에 발을 들여놓은 후 로마에까지 진출했던 아버지 로도비코 카포니(Lodovico Capponi senior, 1482~1534)는 지노 카포니와 아드리아나 지안필리아치의 아들이었다.

　그는 마르텔리 은행에서 일하면서 은행 임원의 딸 마리에타와 결혼했으며, 로마의 산 지오반니 데이 피오렌티니 교회를 설립했던 발기인 중 한 명이 되어 라파엘로를 포함한 교황 궁정의 주요 미술가들과 교류하면서 지냈다. 그러다가 40세가 된 1525년에 브루넬레스키가 세운 건축물이자 이전 바르바도리 예배당이었던 산타 펠리시타 교회를 파가넬리 가문으로부터 구입하여 자신과 가족의 묘지공원으로 만들기 시작했다.

　또한 유명한 '십자가에서 내려짐'을 포함한 그림으로 교회를 장식하도록 폰토르모에게 의뢰했으며, 멀지 않은 비아 데 바르디에 그들 가족의 궁전 카포니 델레 로비나테를 만들었다. 당시 제단화 제작, 수태고지 프레스코화 등의 작업이 1528년까지 3년 동안 지속되면서, 이때 젊은 화가 아뇰로 브론치노도 참여한다.

　그러나 궁륭에 그려진 '최후의 심판' 프레스코화는 유실되었는데 그 까닭은 바사리 회랑을 통해 교회에 접근할 수 있도록 18세기에 개조했기 때문이다. 따라서 카포니궁에서는 폰토르모가 그린 '성 모자'도 볼 수 있었는데 최근 연구에 따르면, 그 작품은 유명했던 예배당의 정면에 있다가 나중에 궁전의 개인 예배당으로 옮겨졌다고 한다.

로도비코 카포니는 아들이 태어난 지 불과 몇 달 만에 사망했기 때문에 아기에게 아버지의 이름이 그대로 주어졌다.

같은 이름의 아들 카포니(Lodovico Capponi junior, 1534~1614) 역시 피렌체 태생으로 은행가이자 궁정인, 피렌체 예술의 주요 후원자였다. 특히 그는 코시모 1세 메디치 공작이 총애했던 궁정 인사가 되어 세련된 매너를 갖추고 예술 및 문화를 매우 사랑하면서 후원에 힘썼던, 그리하여 브론치노와 알레산드로 알로리 등을 발굴하고 지원한 사람이었다.

그는 부유했을 뿐만 아니라 당시 매우 인기 있던, 매혹적인 남성 중 한 명이었기 때문에 브론치노가 그린 유명한 초상화는 19세기까지 카포니 사유지에 있다가 비엔나의 리히텐슈타인 컬렉션에서 보관된 후, 수 세기가 지나 뉴욕의 프릭 컬렉션에 소장되면서 마치 타고난 것처럼 보이는 주인공의 매력, 당당한 품격을 여전히 강조하고 있다. 그래서인지 그는 로마의 보르게세 미술관에 있는 브론치노가 그린 세례 요한과 알레산드로 알로리가 그려 우피치 갤러리에 남아있는 초상화의 실제 주인공일 가능성이 크다.

한편, 카포니 2세는 살비아티 가문과 가까운 곳에 있던 자신의 별장에 머물고 있을 때 만난 젊은 여인 마달레나 베토리(Maddalena Vettori)와의 가슴 아픈 사랑으로 더욱 유명하다.

당시 마달레나는 어머니가 홀로 된 후 피에로 살비아티의 의붓딸이 되었다. 그때 살비아티는 마달레나를 아들과 결혼시킬 계획을 세웠지만, 약혼자가 전장에 나가 사망하여 결혼은 없던 일이 된다. 그후 살비아티는 로도비코를 만나 사랑에 빠진 마달레나를 수녀원에 가두어버렸는데, 그럼에도 카포니는 포기하지 않고 그녀의 의붓아버지에게 지속적으로

로도비코 카포니 2세(Lodovico Capponi), 브론치노,
1550-1555, 프릭 컬렉션, 뉴욕

청혼했지만 완강하게 거부되었다.

그러자 마달레나는 가까스로 수녀원을 빠져나와 피티 궁에 있는 톨레도의 엘레노라 궁정의 시녀가 되었다. 하지만 혼자 외출하는 일조차 금지되었기 때문에 카포니가 그녀를 볼 수 있는 유일한 곳은 그녀가 비아 마지오와 산타 트리니타 다리(Santa Trinita Bridge)를 공식적으로 지날 때뿐이었다. 그리하여 로도비코는 다리 근처에 있는 베토리-카포니 궁(Palazzo Vettori-Capponi)을 매입했기 때문에 헤어진 두 연인 사이의 열정적인 시선을 보기 위해 많은 구경꾼이 그 아래로 모일 정도였다.

결국 코시모 대공이 중재하면서 살비아티가 로도비코의 제안을 받아들인 후 두 사람은 우여곡절 끝에 결혼식을 올릴 수 있었다. 한 연대기 작가의 글에 의하면, 그들의 결혼식이 지금도 있는 산타 트리니타 광장에서 열려 봄에 쏟아지는 우박처럼 온갖 색종이들이 쏟아졌고 포도주가 강물처럼 넘쳤다고 한다. 하지만 어렵게 결혼에 이른 그들의 마지막은 아들 베르나르디노로 인하여 비극으로 끝나고 말았다.

한편 그들이 살던 베토리-카포니 궁은 개축과 증축이 반복되면서 리카르디 가문의 소유로 되었다가 아르노강 쪽으로의 전면부가 넓혀진 채로 현재까지 존재하고 있다.

빈도 알토비티, 피아메타 소데리니 부부 – 1

최근 스트라스부르 미술관에서 어떤 젊은 여성의 초상화와 관련된 문헌을 검토하다가 여인의 손이 나중에 추가되었다는 사실을 알게 되었다고 한다. 작품은 라파엘로 또는 그의 제자 지울리오 로마노의 것으로 알려졌다. 그리하여 어딘가 연결된 것으로 여겨지는 두 초상화는 프라도(2012년 6월 12일~2012년 9월 16일), 모건 라이브러리(2010년 1월 22일~2010년 5월 9일), 에르미타주(2020년 12월 10일~2021년 3월 28일) 미술관에서 연이어 열렸던 '라파엘로 이후'라는 제목의 전시회(After Raphael Exhibition)에서 공개되었다.

전시회의 주제에 따라 라파엘로의 작품으로 워싱턴 내셔널 미술관에서 소장 중인 '빈도 알토비티 초상화'를 새삼스럽게 주목하게 되는데 이 초상화가 알토비티의 아내인 피아메타 소데리니(Fiametta Soderini)를 묘사한 스트라스부르 소장 작품의 동반 초상화인 것 같다.

게다가 빈도 알토비티와 스트라스부르 미술관 소장의 '젊은 여성의 초상화(피아메타 소데리니)'는 크기가 거의 같아서 당연히 사람들은 부부가 살아 있을 때 함께 제작된 것으로 여긴다. 따라서 라파엘로가 그린 매우 현대적인 모습의 젊은 남자, 그리고 같은 크기의 스트라스부르 미술관의 여인 초상화를 나란히 놓고 부부에 대하여 구체적으로 알아보게 된다.

우선, 보는 이의 시선을 사로잡는 한 청년의 이미지는 19세기까지 라파엘로 자신의 자화상으로 여겨졌다. 하지만 이 잘생긴 청년은 피렌체의 부유한 은행가로, 화가의 친구이자 당시 로마에서 근무하던 빈도 알토비티(Bindo Altoviti, 1491~1557)였다.

라파엘로는 보는 이의 시선을 고정하고자 거의 연극적인 방식으로 그를 변신시키면서 관객 중 한 사람에게 남자의 매혹적인 외모에 집중하도록 했는데 그녀가 바로 빈도의 아내 피아메타 소데리니 아니었을까.

그래서인지 그림 속 그의 붉게 물든 뺨은 매우 열정적인 인상을 주면서 가슴 위로 올린 손에 있는 반지가 눈에 들어온다. 그리고 그의 어깨에서 흘러내리는 겉옷에서 부드럽게 구불거리는 머리채가 어루만지고 있는 듯한 목덜미가 드러나면서 그것들의 황금빛이 사랑의 고귀함과 순수함이라는 이야기를 만든다.

피렌체 저명한 가문의 딸이었던 피아메타는 빈도가 20세 무렵이던 1511년에 그와 결혼했다. 부부는 여섯 명의 자녀를 두었지만, 빈도가 자신의 아버지에 이어 교황청에서 일하게 되면서 로마에 있어야 했기에 그녀는 피렌체에서 따로 아이들과 살았다. 따라서 피렌체에 있는 그들의 집에 걸렸던 것으로 보이는 이 초상화는 아내에게 멀리 떨어져 있는 남편을 언제나 생생하게 상기시켜 주었을 것이다. 그래서인지 작품은 거의 300년 동안 알토비티 가문 소유로 남았다.

'빈도 알토비티의 초상'은 빛과 그림자 사이의 강한 대비와 함께 그의 우아하면서 거의 여성적인 자세는 라파엘로의 작품, 특히 남성 초상화에 있어서 매우 이례적인 모습이 되어 후기 로마 시기에 다양한 스타일과 형태를 사용했던 예를 보여준다. 아울러 그가 집중하여 연구했던 다빈치 작품의 영향이 뚜렷하게 드러난다.

작품은 1808년 바이에른의 루트비히 1세에게 팔릴 때까지 알토비티 후손들의 소유였다가 1936년까지 뮌헨의 알테 피나코테크(Alte Pinakothek)의 소유가 되기까지 귀속 여부에 대하여 많은 논쟁이 이어지며 우여곡절을 겪었다. 그러다가 어떤 '수완 좋은 영국 상인'에 의하여 나치로부터 회수되었고, 그렇게 사뮤엘 헨리 크레스가 소유했던 초상화는

빈도 알토비티의 초상(Bindo Altoviti), 라파엘로, c. 1515, 국립미술관, 워싱턴(D.C.)

이후 미국 워싱턴(D.C.)에 있는 국립미술관의 소유가 되었다. 아울러 벤베누토 첼리니가 제작한 알토비티의 청동 흉상은 보스턴의 이사벨라 스튜어트 가드너(Isabella Stewart Gardner) 미술관에 전시되어 있다.

당시 알토비티 가문이 장악했던 이탈리아 은행업계에서 빈도 역시 그 세대에서 가장 영향력 있는 교황 전속 은행가 중 한 명이었으며, 첼리니, 라파엘로, 미켈란젤로, 및 지오르지오 바사리와 같은 미술인들과 긴밀한 우정을 쌓았던 대단한 예술 후원자였다.

그의 아버지는 교황청 화폐 주조소의 책임자 안토니오 알토비티였고, 어머니는 교황 인노첸시오 8세(Innocent VIII)의 조카였던 치보가 출신의 라 파페사 디아노라 디 클라렌차 알토비티로, 교황 클레멘트 12세(Clement XII)는 그의 직계 후손 중 한 사람이었다.

빈도는 피렌체의 귀족 출신이었기 그의 알토비티 가문은 치보 및 메디치 가문과 혈연 관계였고 델라 로베레 가문과 동맹을 맺었기 때문에 교황 율리오 2세, 즉 지울리오 델라 로베레는 빈도의 멘토였다. 그는 이후 교황 후계자인 레오 10세(지오반니 데 메디치) 및 클레멘트 7세(지울리오 데 메디치)의 멘토가 되었다.

그때 그는 교황 궁정 안에서 교육받았던 젊은 귀족 중 하나였으며, 그 곳에서 당시 인질이었던 이사벨라 데스테의 아들이자 미래의 만토바 공작이 되는 페데리코 곤차가와 함께 지냈다.

하지만 당시 알토비티 가문이 강한 공화주의 성향을 갖고 있었고, 빈도는 외모보다 더 대단한 경제적 능력을 갖춘 멋진 귀족으로 유명했을 뿐만 아니라 권력지향적이었기 때문에 관련 이상 실현을 위하여 부를 활용할 준비가 되어 있었다.

빈도는 피렌체 공화정 행정부의 책임자였던 피에로 소데리니의 조카인 피아메타 소데리니와 결혼했고 그 무렵 두 번째 행정 총리였던 니콜

젊은 여인의 초상(피아메타 소데리니), 라파엘로, c. 1515-1520, 스트라스부르 미술관, 스트라스부르

로 마키아벨리와 함께 축출된 메디치가의 귀환을 반대하면서 피렌체를 방어하기 위해 민병대를 창설했지만 실패했다.

그럼에도 빈도는 교황 레오 10세와 클레멘트 7세 시기 더 번영을 누렸는데, 바티칸 기록 보관소의 관련 문서를 통하여 빈도가 은행가로서 명성을 얻게 되는 과정을 추적할 수 있다. 즉 교황 궁정에서 존경받던 그는 레오 10세가 벌인 여러 행사에 적지 않게 도움을 주면서 스피넬리, 리치, 푸치 및 루스폴리와 공동 전선을 구축하여 파르네세 가문의 실력자로, 향후 교황이 되는 알레산드로 파르네세(바오로 3세)의 친밀한 동료이기도 했다.

그리고 은행업계 경쟁자였던 아고스티노 키지가 사망한 뒤 1527년 일어난 로마의 약탈 이후, 소수의 매우 견고한 은행만이 경제적 혼란을 예방할 수 있을 정도의 자본을 보유한 상태가 되었을 때 제노아의 막강한 은행가였던 독일인들(Fugger, Welser)과 경쟁해야 했다. 그러면서 스트로치, 살비아티 및 알토비티 가문은 대규모 신용 거래에 참여할 기회를 얻어 교황의 재정 확대 영역을 통제하면서 피렌체 및 교황청을 위한 주거래 은행 가문의 위치로 올라설 수 있었다.

빈도는 교황령 담당 주요 은행가이면서 성 베드로 대성당 재건에 할당된 세금 징수를 책임졌던 최고 위원이자 보관소장으로 임명되어 금융 활동을 점진적으로 확장, 다각화시켜 프랑스, 네덜란드, 잉글랜드 같은 외국의 자본 시장에 알토비티 은행의 지점을 설립했다.

그러면서 사보이 공작 샤를 3세와 프랑스 국왕 앙리 2세를 고객으로 확보했기 때문에 그는 현명한 정치적, 재정적 통찰력으로 이탈리아에서 가장 큰 개인 재산가 중 한 사람으로 떠오를 수 있었다.

말년에 들어 그의 삶과 부는 피렌체가 아닌 영원한 도시(Eternal City, 로마)에 집중되었지만, 그래도 자신의 고향 피렌체의 정치 문제를 주목하면서 종종 직접 개입했다. 그때 알토비티 가문과 스트로치 가문 사이에는 친족 관계뿐 아니라 정치적 성향에 따른 유대 관계가 강력했고, 특히 부유한 사업가 필리포 스트로치 2세는 메디치 통치를 회복시키기 위하여 황제 카를 5세의 군대와 그들의 피렌체 포위 공격에 자금을 지원했다.

빈도 알토비티, 피아메타 소데리니 부부 - 2

　알레산드로 데 메디치는 로렌초 2세 데 메디치 공작의 사생아(다른 사람들은 그가 실제로 교황 클레멘트 7세의 아들이라고 믿고 있었음)이자 캐더린 메디치의 동생이었고, 피렌체 공작으로 불렸는데 이때 빈도는 공작의 공식적 주요 행정 조언자 중 한 사람이었다.

　자신의 사촌이자 라이벌이었던 이폴리토(Ippolito de' Medici)가 사망한 이후 알레산드로 공작은 로렌초 메디치의 누나였던 클라리체 메디치와 함께 캐더린 메디치의 보호자였던 필리포 스트로치(Filippo Strozzi)와의 사이가 더욱 나빠졌다.

　그리하여 로렌차치노가 알레산드로를 암살했을 때 빈도는 여러 족벌 관계에 따른 정치적, 재정적 이익 사이에서 갈등을 겪는다. 그 이유는 삼촌이라는 입장에서 암살자에게 돈과 함께 도주 방법을 조언했으면서 또 다른 한편으로 자신이 메디치 가문의 고위직이었기 때문이었다.

　그러면서 로마에 있는 피렌체 망명자들의 지도자 중 한 사람이 된 그는 스트로치가 이끄는 피렌체 망명군에게 막대한 재정적 지원을 제공했음에도 몬테무를로 전투에서 패배한 필리포 스트로치는 체포되어 고문받다가 감옥에서 자살한다.

　하지만 새로운 공작 코시모 1세 데 메디치와 은행가 빈도 사이에 있었던 갈등은 그리 오래가지 않았는데 코시모의 이모였던 카산드라 알토비티와 빈도의 처제였던 마리아 데 메디치 소데리니가 중재하여 서로 화해하라고 하면서 적지 않은 돈이 필요했던 코시모가 알토비티 은행을 찾았

빈도 알토비티(Bindo Altoviti), 야코
피노 델 콘테, 1550년경, 몬트리올
미술관, 몬트리올, 퀘백

기 때문이었다.

새롭게 잡은 권력의 동
맹을 공고히 하는 일에
신중했던 코시모는 빈도
를 피렌체 영사로 임명했
는데 그 일로 빈도는 그
는 다시 피렌체로 돌아
오지 못했고, 그렇게 만
들어진 상호 불신과 경

멸은 결코 다시 회복되지 못했다.

그후 바오로 3세와 빈도는 제노아의 지울리오 치보와 필리포 스트로
치의 아들 피에르를 지지했는데, 그때 피에르는 자신의 아버지처럼 피
렌체의 자유에 대한 진정한 옹호자는 아니었지만, 가족을 위하여 더 큰
권력을 확보하려는 야망을 갖고 있었다. 그리하여 시에나 전쟁 기간 빈도
는 아들 지암바티스타가 지휘하는 3,000명의 보병으로 구성된 5개 중대
를 구성하여 반군에 합류했다.

그러나 피에르 스트로치는 마르시아노 전투에서 패배한 후 프랑스에
있는 캐더린 메디치의 궁정으로 도망쳤고, 스트로치 및 소데리니 가문의
많은 구성원이 추방, 투옥되거나 반군으로 규정되었다. 그때 코시모는 빈
도 역시 반역자로 선언하면서 라파엘로가 그린 '임파나타 성모'를 포함
하여 토스카나에 있는 그의 모든 재산을 압수하여 피티 궁에 있는 개인

빈도 알토비티의 초상(Bindo Altoviti), 프란체스코 살비아티, c. 1545, 메트로폴리탄 미술관, 뉴욕

예배당으로 가져갔다.

그러나 빈도는 여전히 자신의 배후 세력이었던 바오로 3세와 율리오 3세로부터 보호를 받으면서 교황들이 소유했던 기업을 기반으로 삼아 거대 금융 제국으로 발전시켰고, 결과적으로 그의 세대에서 가장 영향력 있는 은행가라는 위치를 확실히 했다.

그는 프랑스로 도주한 망명자들을 비롯하여 프랑스 발루아 왕가를 계속 지원했는데 캐더린 메디치의 남편인 앙리 2세에게 상당한 금액의 대출을 해주면서 피렌체 손봐주기를 기대했음에도 앙리 4세는 잉글랜드와 스페인 틈에서 그들과 맺었던 군사적 공약으로 어쩔 수 없었다.

그렇게 피렌체의 해방을 원하던 빈도는 1557년에 사망했고, 그의 유해를 피렌체에서 안장하기 위하여 그의 가족은 당시 비어 있던 산티 아포스톨리 교회에 장례식 기념비를 세웠고 그는 로마의 산타 트리니타 데이 몬테 교회에 있는 가족 예배당에 묻혔다.

생전의 빈도는 교황의 수입에 대한 권리를 담보 삼아 교황에게 대출을 제공했던 전형적인 피렌체 출신 은행가들처럼 번영을 누렸으며, 아버지로부터 물려받은 부동산과 티베르 강변의 교외 별장을 대대적으로 개조하는 등 예술에 대한 열정을 키웠을 만큼 재정적으로 여유가 있었다. 그리하여 그는 유능하고 재능이 뛰어났던 예술가 첼리니, 라파엘로, 미켈란젤로, 바사리 등과 친구 사이였다.

라파엘로가 그린 초상화로 인하여 불멸의 존재가 된 그는 피렌체에서 로마로 도망쳤던 미켈란젤로에게 매우 중요한 기회를 제공했기 때문에 미켈란젤로는 빈도를 매우 존경했다. 따라서 미켈란젤로의 작품을 상당수 소유했었지만 대부분 분실된다.

또한 바사리는 빈도의 가족 예배당에 '무염시태의 은유'를 그렸고, 로마에 있을 때 알토비티 궁에 머물면서 프레스코화 '세레스의 승리'를 그렸다. 그러나 티베르 강의 제방을 만들기 위해 궁전이 철거되었을 때 프레스코화가 제거되어 지금은 베네치아 궁전 국립미술관에서 볼 수 있다.

바사리는 로마 교외 빈도의 빌라에 있는 거대한 복도방(loggia)을 위해 커다란 프레스코를 그렸고, 안드레아 산소비노(Andrea Sansovino)는 자신이 피렌체의 두오모를 위해 조각한 '성 야고보' 동상의 테라코타를 빈도에게 선물로 주었다.

그리고 빈도의 아들 지오반니 바티스타 알토비티는 '대단한' 로렌초 메디치와 클라리체 오르시니의 손자이자 로렌초 리돌피의 딸인 클라리체 리돌피와 결혼하면서 알토비티, 메디치 및 스트로치 가문 사이에 화해를 가져왔다.

이로 인해 빈도의 다른 아들인 피렌체 대주교 안토니오 알토비티가 마침내 자신의 주교령을 만들어 그곳을 장악할 수 있었으며, 지오반니 바티스타 자신은 로마에서 은행가로 남으면서 피렌체를 대표하는 영사직을 두 번이나 지냈다. 아울러 교황 비오 5세(Pius V) 때에는 사도들의 장군직과 교황청을 위한 물자 저장소(Depositario dell'Abbondanza)를 책임지는 직무를 수행했다.

빈도의 딸 마리에타 알토비티는 지암바티스타 스트로치와 결혼하여 스트로치와 메디치 가문 사이의 유대를 강화했고 그들의 후손은 바뇰로의 스트로치 공작과 포라노의 왕자, 시스마노의 코르시니 왕자, 카실리아노와 치비텔라의 공작, 그리고 가장 유명했던 교황 클레멘트 12세로 이어졌다.

먼훗날 그들의 손녀 루크레치아 마리아 스트로치는 폴란드와 리투아니아의 권력자였던 라지비우(Radziwi) 가문의 왕자(Aleksander Ludwik Radziwi)와 결혼했는데, 부부는 19세기 베를린 예술의 중요한 후원자였다. 이들의 직계 자손이었던 스타니슬라브 라지비우(Stanisaw Albrecht Radziwi) 왕자는 미국의 재클린 케네디 오나시스의 여동생이자 케네디 대통령의 처제였던 사교계의 명사 캐롤라인 리 라지윌(Caroline Lee Radziwill)과 결혼했다.

지네브라 데 벤치

　　작품 속의 주인공 지네브라 데 벤치(Ginevra de' Benci)는 르네상스 시기 피렌체의 부유한 은행가의 딸이었다. 그녀가 결혼할 무렵이었던 16세 때 그려진 이 초상화는 아마도 미국에서 볼 수 있는 거의 유일한 다빈치의 그림일 것이다.

　　작품은 당시 새로운 재료에 해당하던 유화 물감으로 실험하듯 사용하면서 화면 윗부분에 만든 주름과 같은 모습에서 그가 아직 익숙하게 다루지 못했음을 나타내고 있다. 하지만 자연스러운 마무리로 마치 입체처럼 보이는 얼굴은 다빈치가 만든 르네상스 최고 작품 중 하나임이 분명하다.

　　게다가 그녀 얼굴의 윤곽선은 충동적, 감정적으로 적용된 색상에 더하여 점증적으로 마치 증기로 이루어진 그림자 속에서 점차 베일을 벗고 나타나는 스푸마토의 전형을 보여준다.

　　그녀를 그린 다른 그림들을 통하여 다빈치가 역시 대단한 혁신가였음을 확실히 알게 되는데 그 까닭은 그가 모델을 위하여 별도의 스튜디오를 만들어 그 안에서 자세를 취하도록 한 후 작업을 했기 때문이다. 이전까지 화가들은 모델의 집에 가서 창문 밖으로 배경이 보이는 정도의 범위에서, 그 집의 벽을 뒤로한 채 소극적인 화면 구성으로 여인 초상을 그렸었다. 게다가 여인이 4분의 3 정도로 비스듬히 정면을 바라보는 자세를 취하게 한 일 역시 당시 이탈리아 회화에서는 성별 불문하고 처음 시도한 방식이었다.

그런데 그림이 그려진 후 액자를 떨어뜨리는 등의 손상이 있었는지 그림의 밑부분이 유실되면서 그녀의 손이 보이지 않게 되었다. 그러한 사실은, 당시 르네상스 회화에서 여인의 초상화를 그릴 때 헌신이나 덕목을 상징하는 핑크빛 꽃과 같은 작은 식물 가지를 손에 들고 있는 것이 관례였다는 점과 초상화와 관련하여 그가 그린 밑그림 소묘로 알 수 있다.

그리고 그녀의 머리 부분 뾰족한 나뭇잎의 노가주 나무(로뎀나무의 일종)는 그녀의 정숙함을 알리면서 동시에 르네상스 시기 여인 묘사를 위한 전형적 방식이다. 즉 주인공 지네브라의 이름과 유사한 그것(노가주, Ginepro)의 명칭은 이탈리아어로 주피터 신을 일컫는 나무이기도 하다 (ginepro, plant juniper, Juniperus).

이 무렵 이탈리아에서 여인 초상은 크게 두 가지 이유로 만들어졌다. 즉 결혼 상대자 아니면 매춘부(유력자의 정부)를 그렸는데 결혼 기념 초상화는 주로 오른편에 여인을 위치시키면서 한 쌍으로 제작이 되었기 때문에 이 그림에서 그녀의 얼굴이 오른편을 향하고 있는 것으로 보아 이는 약혼을 나타낸다.

그럼에도 초상화 속 그녀에게서 어떤 장신구나 장식 등을 찾아볼 수 없다는 사실이 놀랍기만 하다. 화려하게 수를 놓아 공들여 만들어진 의상 등은 신부의 지참금처럼 가족의 부를 과시하는 것이었기 때문이었다. 매우 잘 살던 은행가 집안의 딸이라 생략했던 것일까?

다빈치는 1474년에서 1478년 사이에 피렌체에서 이 초상화를 그렸는데, 아마도 16세의 지네브라와 베르나르도 니콜리니의 결혼 또는 약혼을 기념했던 것 같다.

당시 미인으로 알려졌던 지네브라는 메디치 가문의 일원이었던 크리스토포로 란디노와 알레산드로 브라체시가 쓴 열 편의 시를 비롯하여 로렌초 데 메디치 자신이 쓴 두 편의 소네트의 주제가 되었다.

지네브라 데 벤치의 초상(Ginevra de'Benci), 레오나르도 다 빈치, c. 1474–1478, 국립미술관, 워싱턴 (D.C.)

바사리에 따르면 피렌체의 산타 마리아 노벨라 교회에 도메니코 기를 란다이오가 마리아의 엘리자베스 방문을 그린 프레스코의 모델이 그녀였다는 말이 있지만, 실제로는 기를란다이오가 지오반나 토르나부오니를 그린 것이다. 그리고 지네브라의 오빠 지오반니가 다빈치의 친구였기 때문에 바사리가 자신의 책에 쓸 무렵 다빈치가 그린 미완성 작품 '동방 박사에 대한 경배'는 지오반니의 아들인 아메리고 벤치의 집에 있었다고 한다.

또 다른 르네상스인들

크리스토퍼 콜럼버스 | 지오르지오 바사리

크리스토퍼 콜럼버스

2024년 10월 13일 스페인 법의학자 미구엘 로렌테 박사는 22년간에 걸쳐 세비야 대성당에 안치된 크리스토퍼 콜럼버스 유해와 아들의 체세포를 분석한 결과 Y염색체와 미토콘드리아 DNA로부터 유대계와 합치하는 특성이 있음을 밝혔다. 즉 콜럼버스는 당초 스페인계 유대인이었던 셈으로, 이는 곧 공식적인 발표와 확정 절차만 남았다. 당시 스페인에는 무려 30만 명의 유대인이 살고 있었으나 반종교개혁 이후 가톨릭으로의 개종을 강제당하면서 네덜란드 등지로 뿔뿔이 흩어진다.

콜럼버스의 항해로 인하여 인류의 역사가 큰 전환점을 맞게 되었다는 사실을 달리 말한다면, 그만큼 지리학적으로, 상업적으로, 경제적으로, 사회적은 물론 정치적으로 대단한 변화를 가져왔던 엄청난 일이었다고 할 수 있다. 그럼에도 사람들은 별다른 느낌 없이 그냥 당연했던 일로 여긴다.

엄연한 역사적 사건이었던 그의 탐험은 떨어져 있던 반구 양쪽에 본격적인 접촉이란 개념을 가져왔기 때문에 '콜럼버스 이전(Before Columbus)'이라는 말이 콜럼버스와 그의 유럽 후계자들이 도착하기 전의 아메리카 문화를 일컫는 말이 되었고 이어진 '콜럼버스 교환(Columbian Exchange)'으로 인하여 동물, 식물, 곰팡이, 질병, 기술, 광물 자원 및 정보 콘텐츠 등의 대규모 이동이 이루어졌다.

콜럼버스가 남긴 결과물로 인하여 16세기 후반부터 그가 이탈리아와 스페인의 희곡과 시에 등장했음에도 이른바 신대륙 발견 이후 1세기도 못 되어 그의 모습은 역사의 뒤안길에서 크게 시들해졌고, 관련 업적은 식민지 행정관직에서의 실패로 인해 훼손되었다.

그러면서 19세기 들어 가톨릭에서 그를 성인으로 만드는 시도가 있었지만 실패한 후 그의 신화는 20세기 후반 앵글로-색슨 계통이 아닌 유대인, 이탈리아인, 아일랜드인과 같은 이들에 의하여 영웅으로 받들어지면서 재구성되기 시작했다.

그렇게 콜럼버스가 서유럽 중심 사회에서 아메리카를 발견한 최초의 유럽인이었으나, 또 다른 사실이 있었기 때문에 지금은 미묘한 쟁점이 되고 있다. 그 까닭은 이미 10세기에 노르웨이인들이 아이슬란드에 정착했고, 이어 그린란드의 무인도 남부에서 살기 시작하면서 콜럼버스가 카리브해에 도착하기 거의 500년 전, '붉은 에릭'으로 불린 이 등이 이미 캐나다 뉴펀들랜드 지역에 해당하는 북미 본토에 도달했고, 그것이 사실로 입증되었기 때문이다.

그러면서 역사학자들은 콜럼버스가 죽을 때까지 자신의 여행이 원래 의도했던 대로 아시아의 동쪽을 목표로 했음을 확신했기 대문에 세 번째 항해에서 그는 남아메리카를 두고 '지금까지 알려지지 않은' 대륙으로 단언하면서 그곳이 '동양의 끝'에 위치한 '지상 낙원'이라고 주장했다는 것이다.

이어 콜럼버스는 아시아에 도착했다고 하면서 1502년 교황 알렉산더 6세에게 보낸 편지에서도 자신이 발견한 쿠바가 아시아의 동해안이라고 우겼고, '특권서(Book of Privileges, 1502)'라는 문서를 통하여 그곳을 서인도제도(West Indies)로 일컬으며 그곳 모두 "세상에 알려지지 않았다"라고 말했다.

그럼 콜럼버스는 어떻게 서쪽으로의 항해를 시작하게 되었을까?

크리스토퍼 콜럼버스(Christopher Columbus, 1451~ 1506)의 초기 생애는 분

명하지 않은데 학자들
은 그가 1451년 8월 25
일부터 10월 31일 사이
에 제노아 공화국에서
태어났다고 믿고 있다.
그의 아버지는 제노아
와 사보나에서 일하던
양모 직공인 도메니코
콜롬보로, 그는 어린 아들 크리스토퍼가 일했던 작은 치즈 판매대를 소유
하고 있었고 크리스토퍼의 어머니는 수산나 폰타나롯사였다. 그리고 그에
게는 세 명의 형제와 한 명의 자매가 있었다.

그가 남긴 글을 보면 자신이 14세 되었을 때 처음 바다에 갔다고 하
며, 1470년에 그의 가족은 사보나로 이사했고, 그곳에서 아버지는 작은
술집을 운영했다고 한다. 1473년 콜럼버스는 제노아의 부유한 여러 가문
의 사업체로 들어가 견습생 생활을 시작했고 그러다가 에게해에 있는 그
리스의 섬 키오스(당시 제노아가 통치하던 곳)에 갈 수 있었다.

1476년 5월, 그는 귀중한 화물을 북유럽으로 운반하기 위해 제노아가
조직한 무장 호송대에 참여했는데 이때 아마도 잉글랜드 브리스톨과 아
일랜드 골웨이에 들러 그곳에서 성 니콜라스 대학 교회에 방문했던 것
같다. 아울러 이듬해 아이슬란드에도 갔던 것으로 보인다.

그리고 1477년 가을, 포르투갈 배를 타고 골웨이에서 리스본으로 항해했고, 그곳에서 동생 바르톨로메오(Bartholomew Columbus)를 만났는데, 두 사람은 당시 제노아를 대표했던 센츄리온(Centurione) 가문과 관련된 일을 한 것으로 알려져 있다. 1477년부터 1485년까지 리스본을 근거지로 일할 때, 센츄리온 가문은 설탕 수입을 위하여 콜럼버스를 대서양에 있는 마데이라(Madeira) 제도로 보냈다.

그때 그는 마데이라 근처의 섬 포르투 산투의 부유한 상속 선장이었던 롬바르디아 출신의 포르투갈 귀족 페레스트렐로의 딸인 펠리파 페레스텔로 모니츠와 결혼했고, 이어 1479년 또는 1480년에 아들 디에고(Diego)가 태어났다. 그리고 1482년에서 1485년 사이에 서아프리카 해안을 따라 무역하면서 현재 가나의 기니 해안에 있는 포르투갈 교역지 엘미나에 도착했지만 1484년경 포르투 산투로 돌아와 아내가 사망했다는 사실을 알게 되었다. 그후 그는 부인의 재산을 정리하면서 어린 디에고와 함께 포르투갈로 돌아왔다.

1485년 포르투갈을 떠나 카스티야 왕국으로 간 콜럼버스는 1487년 그곳에서 베아트리즈 엔리케츠 데 아라나라는 20세의 고아와 동거하기 시작했고, 1488년 7월 아라곤 군주의 이름을 딴 콜럼버스의 둘째 아들 페르난도(Fernando)를 낳은 베아트리즈는 장남인 디에고도 돌보았다.

그때 라틴어, 포르투갈어, 카스티야어를 배운 콜럼버스는 프톨레마이오스, 피에르 다일리, 마르코 폴로와 존 맨드빌 경의 여행기, 플리니우스의 박물지, 교황 비오 2세가 쓴 역사를 포함하여 천문학, 지리 및 역사 등에 대하여 폭넓은 지식을 쌓았다. 비록 학자는 아니었음에도 그는 자신이 읽던 책들에 몰두하면서 세상에 대한 탐구를 시작했고 잘못 알려진 사항을 바로잡고자 했다.

그 무렵 아시아와 팍스 몽골리카를 이룬 몽골제국의 지배 아래 유럽인들은 귀중한 상품의 원천인 중국을 비롯한 동남아시아를 포함하여 동아시아 일부, 인도로 가는 실크로드를 통해 오랫동안 안전한 육로 교역을 누렸지만 1453년 콘스탄티노플이 오스만제국에 함락되면서 실크로드가 영구 폐쇄된다.

그러자 1474년 피렌체의 천문학자 파올로 달 포초 토스카넬리(Paolo dal Pozzo Toscanelli)는 포르투갈의 아폰수 5세(Afonso V) 국왕에게 대서양을 건너 서쪽으로 항해하는 것이 아프리카를 돌아가는 항로보다 말루쿠(Maluku, 향신료) 제도, 중국, 일본, 인도에 도달하는 더 빠른 방법이 될 것이라고 제안했지만 국왕은 이를 거절했다.

이때 콜럼버스 형제는 서쪽으로 항해하여 동인도 제도에 도달하려는 계획을 수립하면서 1481년에 앞서 언급한 토스카넬리에게 편지를 썼는데 천문학자는 그에 대하여 아폰수 국왕에게 보냈던 지도 사본과 함께 아시아로 가는 서쪽 항로가 실제 가능하다는 답장을 보내왔다. 그렇지만 콜럼버스의 계획은 바르톨로뮤 디아스(Bartolomeu Dias)가 1488년 계획한 항해로 인해 복잡해졌는데, 그것은 아프리카 아래쪽을 거쳐 아시아로 가는 희망봉 길(Cape Route)을 알린 일이었다.

1484년경 콜럼버스는 포르투갈의 주앙 2세 국왕(King John II)에게 새로운 항해 계획을 제안했고 국왕은 자신의 가신들에게 그것을 고려해보라고 했다. 그런데 그의 각료는 콜럼버스가 추정한 2,400해리의 항해 예상 거리가 알려진 거리의 4분의 1에 불과하다는 이유로 이를 바로 거부했다. 이를 두고 콜럼버스는 법적 조치까지 고려했지만 얼마 지나지 않아 바르톨로뮤 디아스가 아프리카 남단 항해를 성공적으로 마쳤다는 소식으로 인하여 포르투갈에서 그의 계획은 무산되었다.

그후 콜럼버스는 이베리아 반도의 여러 왕국을 통일한 후 공동 군주로 스페인을 다스리던 아라곤의 페르디난드 2세(Ferdinand II of Aragon)와

카스티야의 이사벨라 여왕(Isabella I of Castile), 이름 모를 화가, c.1490, 프라도 미술관, 마드리드

카스티야의 이사벨라 1세(Isabella I of Castile)를 만났다. 그러면서 1486년 5월 그의 계획을 청취한 여왕은 이를 위원회에 옮겼지만, 스페인 학자들도 포르투갈 학자들과 마찬가지로 콜럼버스가 아시아까지의 거리를 너무 짧게 평가했다면서 심지어 비현실적이라고까지 하면서 가톨릭 군주들에게 직접 소통하여 협조를 구하라는 조언을 했다.

그러면서 그들은 콜럼버스가 아이디어를 다른 곳으로 가져가는 일을 막았는데, 그렇게 선택의 여지를 남긴 군주들은 그에게 연간 총 1만 4,000마라베디(금화), 즉 선원의 연봉에 해당하는 수당을 지급했다. 이어 1489년 5월, 여왕은 그에게 1만 마라베디를 추가로 보내며 모든 도시와 마을에서 그에게 음식과 숙소를 무료로 제공하라는 명령을 내렸다.

이때 콜럼버스는 동생 바르톨로메오를 잉글랜드 헨리 7세의 궁정으로 파견하여 그곳 왕실이 그의 탐험을 후원할 여지가 있는지 알아보고자 했지만, 가는 도중 해적들에게 잡힌 그는 1491년 초에야 그곳에 도착할 수 있었다.

그 무렵 콜럼버스는 라비다 수도원으로 물러났지만, 스페인 왕궁은 그에게 새 옷을 준비하라며 2만 마라베디를 보내면서 논의를 다시 하기 위해 궁정으로 돌아오라는 지시를 내렸다.

콜럼버스는 1492년 1월 페르디난드와 이사벨라가 이베리아반도의 마지막 무슬림 요새인 그라나다(Granada)를 정복할 때까지 그들의 막사에서 기다렸는데 이때 이사벨라의 고해 신부인 에르난도 데 탈라베라가 이끄는 의회는 인도에 도달하겠다는 콜럼버스의 계획을 타당하지 않다고 판단했다.

그러자 콜럼버스는 페르디난드가 중재에 나섰음에도 프랑스로 떠나면서 한편으로 탈라베라와 디에고 데자 주교를 보내 여왕에게 자신의 의향을 재차 알렸고, 이사벨라 여왕은 콜럼버스 자신이 계획한 아이디어를 다른 곳으로 가져갈 것이라고 여기면서 그의 자금 마련을 도우라고 제안했던 궁정 서기의 말을 승인한다.

드디어 1492년 4월 '산타페의 항복'으로 알려진 콜럼버스와 이사벨라 여왕, 페르디난드 국왕과 사이의 계약이 그라나다의 산타페에서 이루어졌고, 이어 통합 스페인의 부부 국왕은 그가 성공할 경우, 그를 치하하는 명예로 새로운 땅의 총독으로 임명할 것이라고 약속했다. 아울러 그는 새로운 땅에서 발생하는 모든 수익의 10%를 영구적으로 받을 자격과 함께 새로운 땅의 모든 상업적 사업에 대한 지분의 8분의 1과 이익의 8분의 1을 받을 수 있는 선택권을 갖는다.

하지만 1500년 아메리카 대륙으로의 세 번째 항해 도중 콜럼버스는 체포되어 직위에서 해고되고 말았는데, 그 까닭은 히스파니올라 섬(현재의 아이티, 도미니카 공화국이 있는)에 도착하여 일어난 내부 반란 때문이었다. 그후 그와 그의 아들인 디에고와 페르난도는 플레이토스 콜롬비노스로 알려진 카스티야 왕실을 상대로 일련의 법적 소송을 진행하여 궁정이 콜럼버스와 그의 상속인에 대한 계약상의 의무를 불법적으로 위반했다고 주장한다.

콜럼버스 가문은 1511년 판결로 디에고의 총독 지위가 확정되었고 그의 권한이 줄었지만, 첫 번째 소송에서 어느 정도 성공을 거두었다. 그러나 디에고는 1512년에 소송을 재개하여 1536년까지 지속했으며, 상속인들에 의해 시작된 추가 분쟁은 무려 1790년까지 이어졌다.

1492년에서 1504년 사이에 콜럼버스는 스페인과 아메리카 대륙을 왕복하는 네 번의 항해를 완수했는데, 항해 모두 카스티야 왕가의 후원에 따른 것이었다.

아무튼 아메리카에 도착한 첫 번째 항해에서 그는 유럽인의 대륙 탐험과 식민지화는 물론 이른바 '콜럼버스 교환'도 시작했는데 그렇게 그가 이룬 대항해와 발견의 시대는 세계 역사를 통틀어 엄청난 사건이었다.

지오르지오 바사리

1545년 어느 날 저녁 식사를 상상해보자. 그냥 식사가 아니라 '저명한 파르네세 추기경과 많은 문필가, 신사들'을 비롯하여 지오비오 주교 및 바사리 등이 참석한 자리였음을.

바로 그때 혁명적인 주제가 탄생했는데 당시 전기물들이 엄청난 인기를 누리면서 점점 더 많은 독자를 끌어들였음에도 예술가에 대한 전기를 쓴 사람이 아무도 없었기 때문이었다.

1550년에 지오르지오 바사리(Giorgio Vasari, 1511~1574)는 중세와 르네상스 사이에 활약했던 미술인에 대한, 일종의 여러 사람에 대한 전기인 '가장 뛰어난 화가, 조각가, 건축가의 삶(The Lives of the Most Excellent Painters, Sculptors, and Architects)'이라는 제목의 첫 번째 판을 출판했다. 그러면서 그는 미켈란젤로를 제외하고 세상을 떠난 당시 이탈리아 출신 유명 미술가들을 거의 모두 수록했다.

두 권으로 나온 책의 상세는 세 부분이었고, 각 부분에 대략 1세기를 할애했는데 대표적인 인물들로는 지오토, 필리포 브루넬레스키, 미켈란젤로 부오나로티 등 이었다. 총 400쪽에 약간 못 미치는 분량의 초판은 피렌체로 이주했던 플랑드르 출신 인쇄 업자 로렌초 토렌티노(Lorenzo Torrentino, 본명 Laurens van den Bleeck)가 인쇄했기 때문에 '토렌티니아나(torrentiniana)'라고 부른다.

책은 나오는 즉시 성공을 거두었다. 이어 1568년 바사리는 세 권으로 된 두 번째 판을 계속 업데이트하여 다시 내놓았는데 피렌체에서 인쇄했

지오르지오 바사리의 초상(Portrait of Giorgio Vasari), 야코포 추키, 1571-1574, 우피치 캘러리, 피렌체

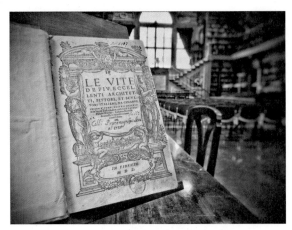

1568년도 판 바사리의 저서, 우피치 도서관 사진 ⓒ la Biblioteca degli Uffizi(photo)

지만, 이번에는 다른 전문업자 가문인 지운티(Giunti)가 인쇄를 맡았기 때문에 '지운티나(Giuntina)'라고 했다.

바사리는 미술인들과 그들이 만든 작품에 대한 전기적 정보는 물론 구전 자료와 허구의 이야기까지 집어넣으면서 인물과 관련된 일화, 뜬소문, 심지어 사소한 스캔들까지 추가하여 결과물에 윤색을 가했다. 이때 미술가들의 초상화(때로는 순전히 허구적)도 포함했는데, 그게 첫 번째 판에는 없던 흥미로운 요소가 되었고, 다른 면으로는 미술인의 초상화를 다룬 첫 번째 사례 중 하나가 되었다. 그리하여 새로운 판이 전형적인 '그림책(illustrated book)'이 되면서 의심할 여지 없이 첫 번째 판보다 훨씬 더 크게 성공했던 이유가 되었다.

한편, 우피치 도서관에서 1568년도 판 바사리 저작물 사본을 보관하고 있다는 사실을 아는 사람은 그리 많지 않을 것이다.

르네상스의 역사와 초상화

초판 1쇄 발행일 2024년 12월 24일

저자 | 김인철
펴낸이 | 김현중
디자인 | 박정미
책임 편집 | 황인희
관리 | 위영희

펴낸 곳 | ㈜양문
주소 | 01405 서울 도봉구 노해로 341, 902호(창동 신원베르텔)
전화 | 02-742-2563
팩스 | 02-742-2566
이메일 | ymbook@nate.com
출판 등록 | 1996년 8월 7일(제1-1975호)

ISBN 979-11-986702-4-3 03900